中国博士后科学基金项目资助

国家精准扶贫政策的
乡村执行

刘欣 著

WUHAN UNIVERSITY PRESS
武汉大学出版社

图书在版编目(CIP)数据

国家精准扶贫政策的乡村执行/刘欣著.—武汉：武汉大学出版社，
2020.9(2022.4 重印)

ISBN 978-7-307-21584-9

Ⅰ.国… Ⅱ.刘… Ⅲ.农村—扶贫—研究—中国 Ⅳ.F323.8

中国版本图书馆 CIP 数据核字(2020)第 106190 号

责任编辑:林　莉　沈继侠　　责任校对:汪欣怡　　整体设计:韩闻锦

出版发行:**武汉大学出版社**　(430072　武昌　珞珈山)

(电子邮箱:cbs22@ whu.edu.cn　网址:www.wdp.com.cn)

印刷:武汉邮科印务有限公司

开本:720×1000　1/16　印张:14.25　字数:215 千字　插页:1

版次:2020 年 9 月第 1 版　2022 年 4 月第 2 次印刷

ISBN 978-7-307-21584-9　定价:48.00 元

序　言

党的十八大以来，以习近平同志为核心的党中央把脱贫攻坚摆在治国理政突出位置，在习近平总书记关于扶贫工作的重要论述指引下，明确目标任务，确定精准扶贫基本方略，全面打响脱贫攻坚战。经过 7 年多的精准扶贫、5 年的攻坚战，新时代脱贫攻坚取得决定性进展。近年来，学术界围绕精准扶贫政策及其执行开展的研究日益增加，特别是在梳理精准扶贫政策顶层设计的形成、发展与完善，探讨精准扶贫政策背后的理论与哲学意涵，提炼政策运行实践中产生的经验模式、存在的问题及完善意见等方面，形成了相当数量的成果。但是，这些研究大多是宏观层面的整体性研究，或强调进一步完善贫困治理的问题和实践导向，缺乏对一线的政策运行过程，特别是具体政策执行者及其与作为政策对象的农民微观互动的观察和深描，这些具体而细微、鲜活、生动的发生在扶贫"最后一公里"村庄层面的扶贫故事，往往淹没于脱贫攻坚背景下的宏大叙事之中。一些专注政策执行的研究，在主体上也没有作出明确的界分，而统以地方政府、基层政权等组织形式表征，缺乏行动者的阐释视角。因此，当我们深入挖掘探讨定点扶贫、驻村帮扶、"第一书记"等中国特色贫困治理方式的同时，亦不能忽略政策执行者特别是活跃在田间地头、墟里农舍，掌握第一手贫困信息的乡村干部。聚焦扶贫一线的乡村干部，深描村庄层面精准扶贫政策的运行过程和实践，展示作为政策对象与反贫困主体的农民在扶贫开发中的参与和互动过程，对于理解中国脱贫攻坚进程以及贫困治理的基层样态具有重要的意义。

基于上述背景，针对国家政策执行研究存在的不足，《国家精准扶贫政策的乡村执行》一书从行动者视角出发，以国家精准扶贫政策在乡村社会的执行实践为切入点，基于西方政策执行的街头官僚理论以及社会学有关互动、场景的理论和概念，将街头官僚的身份属性扩展到政策执行中流动的、暂时性的"街头"行政空间以及与政策对象面对面的、直接的互动关系，从而构建了扩展的街头官僚分析框架，即兼具街头性与官僚性身份、面临科层组织和乡土社会双重空间、正式互动与非正式互动并存的中国式街头官僚。并基于对中国西省州县河乡岩村精准扶贫政策执行的个案分析，展示了在村庄国家贫困治理体系的末端和一线场域，乡、村两级干部进行贫困人口识别、扶贫项目运作以及应对上级考核检查等一系列政策执行过程中产生的行为和策略选择，以及其所形塑的基层贫困治理形态。

总体来看，本书属于国家贫困治理体系和治理能力现代化的研究范畴，其主要贡献主要体现在以下三个方面。

第一，本书以一个村庄为微观的观察场域，对于农村精准扶贫政策的实施进行了相应的观察和深描，揭示了国家精准扶贫政策在农村基层社会的执行和运作过程，对国家扶贫政策实施及乡村干部政策执行行为提出了反思。不同于以往贫困治理研究中将政策执行者与政策的过程和内容相分离，或仅仅从贫困人口识别、扶贫项目实施、扶贫项目评估检查等某一政策阶段或政策内容出发，本书将政策执行的行动者视角和过程、机制研究相结合，对于理解和认识乡村干部的行为模式以及以精准扶贫政策为核心的农村贫困治理实践形态提供了素材和脚本。同时，本书虽未将精准扶贫政策执行过程中的农民作为文本的主要分析对象，但贫困治理的村庄运作实践中无不体现出农民作为政策对象的行动和选择，从一个侧面加深了有关贫困治理过程中农民主体的认识和理解。同时，基于解决实际问题的研究导向，本书进一步提出激励和约束乡村干部政策执行行为、提高基层组织政策执行能力等政策建议，这对于进一步推进精准扶贫政策体系为核心的国家贫困治理在农村贫困地区运作实施具有一定的政策意义和实践价值。

第二，本书着重从行动主体的视角，对基层贫困治理中乡村干部的变通性执行策略和行为予以解释，有助于丰富和深化有关乡村干部政策执行行为的认识。贫困治理的政策执行实践，在一定程度上就是乡村干部与作为政策对象的贫困人口及其他利益群体的互动过程。由于中国特殊的基层治理生态，乡村干部往往同时面临科层组织的压力以及复杂的乡村社会，因而其治理实践也被视为充满各种"变通""选择性执行"等"正式权力非正式运作"的程序与过程，进而产生政策目标的"转移""偏差"等意外性后果。而事实上，近年来国内许多研究开始关注基层非正式运作中的"柔性策略"及其成效，意识到基层干部政策执行中的灵活变通有助于达致上级目标的实现。在本书中，同样揭示了乡村干部在基层政策执行的特殊行动情境中，通过治理规则、场景以及结果的生产再造，以变通性策略推进国家贫困治理的村庄实现。本书进一步指出，由于身份、空间与互动场域的差异，乡村干部在政策执行过程中又具有不同的行为选择和策略，即追求"做好事情"、主导结果自由裁量的乡镇干部，以及注重"好做事情"、主导过程自由裁量的村干部，这对于进一步观察和理解贫困治理及基层治理中乡镇干部、村庄干部的行为选择提供了相应视角和解释机制。

第三，在研究分析的理论框架上，本书从身份、执行空间以及与政策对象的关系出发，建立起基于中国政策执行情境的、拓展的街头官僚分析框架，对中国农村扶贫政策执行中以乡村干部为代表的街头官僚及其政策执行行动进行分析，展示中国乡村干部在基层扶贫政策执行中的行为策略和行动模式。同时，与西方街头官僚理论强调政策执行中突显自由裁量而造成政策结果与目标偏差，以及中国语境下效率低下、缺乏回应、寻求个人利益等备受"污名化"的基层行政人员形象相比，本书中乡镇以及村庄干部能够对政策执行规则、场景以及呈现结果的生产再造，以变通性的策略推动国家贫困治理目标的村庄实现。这对于重新认识和把握中国乡村干部的形象和行为特征，进一步丰富有关乡村干部及街头官僚理论和实践研究具有重要意义。

本书是刘欣博士在其博士论文的基础上修改而成的。相信本书的出版，可以为这一领域研究的深化提供基础和参考。希望作者始终不忘学术初心和使命，"立时代之潮头，通古今之变化，发思想之先声"，一如既往积极参与和投身于贫困治理理论研究中，耐心扎根田野，扎实深入思考，为讲好中国扶贫故事，传播中国扶贫理念和模式，推动中国特色贫困治理理论体系的完善作出贡献。

黄承伟

国务院扶贫办中国扶贫发展中心主任、研究员

2020 年 5 月

目　　录

第一章　导　　论

一、问题提出与研究意义

（一）问题的提出

贫困是人类社会发展进程中的产物，并在不同历史阶段，呈现出不同的表现形态。同时，人类对于公平、平等、共同富裕等社会理想的追求以及各类民间慈善救助实践的产生，事实上包含了社会对于贫困及反贫困问题的基本认识和看法。西方进入工业化社会以后，贫困及贫富差距被视为严重的现实问题，并作为社会公共问题进入国家和公众视野。由此，贫困及其缓解开始成为一种国家建构，世界各国均形成了相应的贫困和减贫话语体系、制度安排以及专门性的组织机构等。在西方，资本主义国家逐渐建立起普遍的济贫及社会保障制度来消减贫困问题，中国封建王朝及近代政府也通过开展救灾、济贫、恤孤、养老等临时性或长期性的济贫救助实践，来应对普遍存在的社会贫困问题。长期以来，在各国政府及各类组织机构的倡导及努力下，世界范围的减贫发展事业取得了显著成就，但贫困无疑仍然是影响人类文明进步与发展的重大挑战。消除贫困、实现公平而有效率的发展也依然是世界各国尤其是发展中国家经济社会发展的共同目标。

作为世界上最大的发展中国家，同其他国家和地区一样，中国也面临着十分艰巨的减贫和发展任务。由于90%以上的贫困人口分布在广大农村地区，农村成为中国贫困治理的主战场。自中华人民共和国成立以来，历届政府一直致力于实行有效的农村反贫困政策以减缓普遍存在的贫困问题。20 世纪 80 年代中期，中国正式启动了有组织、有计划、大规模的农村扶贫开发进程。总的来看，中国农村贫困治理大致经历了计划经济体制下的广义扶贫①阶段、制度性变革引发的大规模缓贫阶段、高速经济增长背景下以区域瞄准为主的开发式扶贫阶段以及 21 世纪以来全面建设小康社会进程中的扶贫开发阶段。② 纵观农村扶贫开发政策模式的发展变迁，中国农村贫困治理经历了从非制度化扶贫到制度化扶贫、从救济式扶贫到精准扶贫的转变，并产生了区域瞄准为主的开发式扶贫（1980—2000 年）、整村推进的参与式扶贫（2000—2010 年）、扶贫开发与社会保障"两轮驱动"以及精准扶贫（2011 年以后）等不同的治理阶段。③ 特别是改革开放以来，中国取得了显著的减贫成就，实现了"迄今人类历史上最快速度的大规模减贫"。《中国扶贫开发报告 2016》数据显示，按照 2010 年农民年人均纯收入 2300 元的扶贫标准，农村贫困人口从 1978 年的 7.7 亿人减少到 2015 年的 5575 万人。④ 中国不仅成为世界上减少贫困人口最多、速度最快的国家，也是世界上首个提前完成联合国千年发展目标的国家，为推进世界减贫事业发展作出了突出贡献。

在此过程中，中国形成了以政府为主导的扶贫开发道路，制定了有关农村扶贫开发的一系列制度安排和管理规范，建立起党政一把手负总责的扶贫开发

---

① 从全球来看，有关反贫困的实践和研究主要形成了减少贫困、减缓贫困以及消除贫困三种不同的表述，分别强调减少贫困人口的数量、减缓贫困的程度以及实现消除贫困的最终目标。在中国，国家习惯于用"扶贫"或"扶贫开发"来概括表述政府主导下反贫困的具体行为过程。近年来国内学者还提出"贫困治理"的表述，强调反贫困主体的多元性以及主体间合作、协商的伙伴关系，与当前国家治理、社会治理等理念相照应。在当前研究中，大多数学者并未对这些概念进行严格的界定或区分，并在研究中形成一定的惯例。因此，本书中扶贫、减贫、贫困治理等皆为反贫困的同义语。

② 张磊主编：《中国扶贫开发政策演变（1949—2005 年）》，中国财政经济出版社 2007 年版，第 1~3 页。

③ 凌文豪、刘欣：《中国特色扶贫开发的理念、实践及其世界意义》，载《社会主义研究》2016 年第 4 期。

④ 李培林、魏后凯主编：《扶贫蓝皮书：中国扶贫开发报告（2016）》，社会科学文献出版社 2016 年版，第 79~82 页。

工作责任制以及"片为重点、工作到村、扶贫到户"的工作机制。作为一项国家治理行动,农村贫困治理主要是国家通过制定相应的扶贫开发政策,向贫困地区输入资源,对贫困问题进行纾解和干预,以期实现贫困地区发展以及贫困人口减贫脱贫的目标。长期以来,国家主导成为中国农村贫困治理的显著特征,"中央统筹、省负总责、县抓落实"的政策原则和管理体制构成国家扶贫开发的总体性要求,即国家作为宏观扶贫开发政策的制定者和资源供给者,主导农村贫困治理的整体进程;地方各级政府根据中央宏观政策的目标和原则,进一步完善地区扶贫开发的政策建构以及扶贫资源分配;乡镇基层政府则主要负责扶贫政策在村庄的具体实施和资源传递。因此,从政策研究的视角出发,农村贫困治理可以视为一项由中央、省、市、县(区)、乡镇政府共同建构的政策行动,即依靠科层组织体系内的目标和任务传递,实现国家贫困治理的村庄生产。

在有关中国农村贫困治理的既有研究中,扶贫开发政策及其执行是研究的重要方面。一方面,研究者关注作为扶贫政策设计主体的国家以及作为政策执行单位的各级地方政府及其行为特征,特别是探讨扶贫开发的国家顶层设计、地方政府功能角色以及政府扶贫开发行动对于贫困治理绩效的影响;另一方面,在以村庄为单位的具体研究中,乡镇及其村庄代理人的角色和行动逻辑日渐受到研究者的重视。包括从乡村政策执行者的行为选择方面分析其对政策执行效果的影响,以及从乡村社会基础、治理情境、乡村文化网络等外部环境因素出发,探讨非正式的乡村社会对于基层政策执行的影响。这些研究在总体上侧重对政策执行偏差的分析和判断,尤其认为各级政府在扶贫政策执行过程中存在瞄准偏离、精英俘获、形式主义、目标偏离等现象,并提出"变通"策略、选择性执行、目标替换、基层"共谋"等概念用以描述基层政策执行过程中的偏差现象。在解释层面,研究者则侧重从政府科层组织或乡村社会本身的结构性因素出发,提出国家运动式治理、压力型体制、激励惩罚机制、地方"锦标赛"体制以及乡村社会非程式化特征、地方性治理情境等外部的正式或非正式环境对于政策执行的影响,在一定程度上模糊了国家、地方政府与基层政府或村庄在政策执行当中的角色分属和组织边界。

事实上，国家扶贫政策的基层执行和实践运作，既是一个理论问题，也是一个现实问题。它关系着国家贫困治理目标的实现程度以及农村的稳定和发展问题，也是国家与农民、中央政府与地方基层社会等多重政治和社会关系的重要体现形式。同时，农村贫困治理不仅处于国家经济社会发展的总体性治理框架中，也位于国家与农民交汇的基层乡村治理场域中。国家的实体代表及其抽象存在、基层政府组织、村民自治组织以及各式各样的农户家庭，共同构成了国家贫困治理政策行动过程中的参与者和行动者，并在制度化的政策规则与情景化的生活体验当中形成既冲突又有序的互动图景。尤其是基层乡镇政府及其村庄权力延伸的村民委员会组织，构成了中国大多数公共政策执行终端的直接行动主体。位于国家与农民、政府与社会、中央政府与地方政府、国家正式权力与乡村非正式权力交界处的乡村干部，负责执行国家和地方政府交办的工作任务，并直接与分散的农民个体进行面对面的接触和互动，扮演了政策执行的"街头官僚"角色，其选择和行动不仅提供了政策实际执行的意义[①]，也直接决定着政策执行的结果，以及国家治理目标的实现和民众对政府的评价态度。因此，乡村政策执行作为农村扶贫政策执行的末端以及国家贫困治理的"最后一公里"，乡村干部的政策执行行动，将在很大程度上影响政策意图与政策效果之间的差距，以及国家贫困治理目标的实现程度。

新世纪以来，中国农村贫困治理的现状和背景均发生显著变化。一方面，伴随农村贫困人口数量大大减少，贫困人口温饱问题得到基本解决；另一方面，经济发展带来的大规模减贫效益日益递减，剩余农村贫困人口插花分布在生产条件恶劣、生态环境脆弱、基础设施不完善的偏远地区，自身发展能力弱、公共服务水平低下，贫困程度深、减贫成本高、脱贫难度大，成为扶贫攻坚最难啃的"硬骨头"。因此，调整农村扶贫开发战略模式成为国家贫困治理的新要求。中共十八大以后，中国逐渐提出并开始实施精准扶贫、精准脱贫的农村贫困治理政策，要求各级政府采取超常规举措，举全党全社会之力，坚决

---

① ［美］多丽斯·A.格拉伯著：《沟通的力量——公共组织的信息管理》，复旦大学出版社2007年版，第251页。

打赢脱贫攻坚战。与此同时，伴随国家取消农业税以及各项惠农政策的实施，国家进一步由"汲取型"治理向"给予型"治理转变，并试图扭转基层"悬浮型政权"特征以及村级组织"空壳化"运转的颓势。通过新一轮干部包村、党建扶贫、结对帮扶等形式，国家进一步发挥其特有的政治动员和组织整合优势，建立起国家与贫困人口的直接联系；实施扶贫开发目标、任务、资金、权责"四到县"政策，更加强化了县乡基层政府在农村贫困治理中的作用和意义；建档立卡、数字下乡等信息技术普遍应用于农村精准扶贫，大数据时代国家之于贫困人口的识别和管理日益精准化和技术化，国家之于贫困村庄联系的加强以及传统科层体制激励和约束机制均产生变化，这些构成了基层乡村贫困治理的主要制度背景，也将对乡村干部的政策执行行动产生重要影响。

作为国家治理体系的一部分，农村贫困治理也是一个包含目标设定、任务分解、基层动员、具体实施、验收评估的完整的政策过程。特别是在中国独特的压力型体制以及政治"锦标赛"模式下，贫困人口的精准识别、精准管理、精准帮扶和精准考核成为各级地方政府，尤其是基层乡镇政府面临的政治任务和中心工作。作为政策具体落实者的乡村干部，则按照国家精准扶贫的政策要求，在乡村这一政策执行的终端和实践场域，落实和完成上级政府交办的各项指标和任务，实现国家贫困治理的村庄生产，包括贫困人口信息收集、指标分配、政策和项目落实以及应对上级检查考核，构成贫困治理行动中的信息认证者、政策落实者、资源分配者、资源传递者以及成果展示者。同时，乡村不仅是国家贫困治理的最终实践场域和政策终端，也是农民日常生产生活的共同体单元以及国家与农民、国家与社会相交汇的节点，以熟人社会、伦理道德表征的非程式化的乡土社会以及贫困治理问题本身的特殊性，都将增添国家精准扶贫政策执行中的复杂性和不确定性。因此，村庄贫困治理政策的实施实践，成为管窥乡村干部政策执行行动、国家贫困治理实现过程以及实践结果的绝佳"窗口"。为此，本书试以中国西部省区的一个贫困村庄——河乡岩村的精准扶贫政策实施过程为分析个案和蓝本，借用街头官僚理论以及社会学有关互动和场景的理论和概念，从街头官僚的身份属性以及政策执行特点出发，构建基于身份、空间及互动关系的拓展的街头官僚分析框架，将乡村干部视为位于政策执行行动现场和一线的街头官僚，探讨政策执行过程中，国家贫困治理的目标是如何在村庄予以实现或呈现的，乡村干部在贫困人口精准识别、扶贫项目实施推进以及应对上级检查考核等精准扶贫政策执行过程中具有怎样的行动策略和行动逻辑，中国乡村街头官僚是否具有西方街头官僚理论中的行为特征，乡镇干部与村庄干部的政策执行行为和行动策略是否具有差异，当前以精准扶贫政策为核心的中国农村贫困治理在基层将呈现怎样的运作形态等一系列理论和实践问题。同时，乡村作为国家治理政策的最终落脚点以及政策执行的最终对象，无疑是国家、各级政府、村民自治组织以及分散的村民等多元利益主体互动博弈的"角斗场"，基层政策的运作执行也将折射出国家与社会、中央政府与地方政府以及基层乡村治理的运作图景，从中可以进一步展望国家贫困治理当中国家与农民、贫困治理与基层治理的关系问题。

（二）研究意义

1. 理论意义

（1）基层政策的执行在本质上是不同行动主体在特定空间或场域内进行的互动，进而形成的一系列事件和过程。处于政策执行一线和现场的乡村干部，实际上扮演了政策执行中的"街头官僚"角色。本书基于街头官僚理论以及社会学有关互动、场景的理论和概念，结合中国乡村场域独特的政策执行情境，从街头官僚的身份属性和政策执行特点出发，构建了基于身份、空间以及互动关系的街头官僚分析框架，对以往自由裁量为核心的西方街头官僚分析框架进行了拓展和延伸。研究假设，处于中国政策执行场域一线的乡村干部，除具有西方理论所描述的街头官僚身份特征以外，还具有与西方社会不同的政策执行空间以及与政策对象正式与非正式互动相交织的复杂关系，因而在基层政策执行过程中能够基于这一特定的政策执行者身份、执行空间以及互动关系，进行相应政策规则、场景以及结果的生产再造，实现国家贫困治理的村庄生产。因此，本书将对街头官僚理论的本土化应用进行一次探索性的尝试，检视西方街头官僚理论在中国政策执行中的适用性问题，并为解释基层政策执行中的偏差现象以及乡村干部的变通性策略行为提供一种可能的思路和方法。

（2）在西方经典理论研究中，街头官僚在政策执行过程中突显出自由裁量行为及其造成的政策结果与目标偏差现象，中国语境下的街头官僚往往也表现为效率低下、缺乏回应、寻求个人利益等备受"污名化"的基层行政人员形象。本书从身份、执行空间以及与政策对象的关系出发，建立基于中国政策执行情境的、拓展的街头官僚分析框架，对中国农村扶贫政策执行中以乡村干部为代表的街头官僚及其政策执行行动进行分析，展示中国乡村干部在基层扶贫政策执行中的行为策略和行动模式，有利于重新认识和把握中国乡村干部的形象和行为特征，进一步丰富有关乡村干部及街头官僚的理论和实践研究。

（3）基于对案例村庄精准扶贫政策执行过程的实地调查研究，本书进一步总结概括出基层农村贫困治理中任务性扶贫的运作形态以及乡村干部的变通性执行策略。不同于以往贫困治理研究中将政策执行者与政策的过程和内容相分离，或仅仅从贫困人口识别、扶贫项目实施、扶贫项目评估检查等某一政策阶段或政策内容出发，本书将政策执行的行动者视角和过程机制研究相结合，并在研究上细化了精准扶贫政策的实施过程，以揭示基层贫困治理中乡村干部实施扶贫政策的具体运作过程和实践形态，从行动主体的角度对基层贫困治理中乡村干部的变通性执行策略和行为予以解释，这将有助于丰富和深化公众对中国农村贫困治理，特别是当前精准扶贫的研究以及乡村干部政策执行行为的认识。此外，本书虽未将精准扶贫政策执行过程中的农民作为文本的主要分析对象，但贫困治理的村庄运作实践中无不体现出农民作为政策对象的行动和选择，这将有助于从侧面加深有关贫困治理过程中农民主体的认识和理解。

2. 实践意义

（1）本书展示了国家贫困治理进程中扶贫政策在村庄的具体运作过程，对于当前农村精准扶贫政策的实施进行了相应的观察和深描，将有助于揭示当前国家精准扶贫政策在农村基层社会的执行和运作过程，对国家扶贫政策实施及乡村干部政策执行行为提出进一步反思。

（2）本书从行动者视角出发，阐述了村庄精准扶贫政策的执行过程，尤其是以基层乡镇以及村级自治组织为主的街头官僚在不同执行阶段所采取的行为策略和行动方式，对于理解和认识当前乡村干部的行为模式以及中国以精准扶贫政策为核心的农村贫困治理实践形态提供了素材和脚本。

（3）本书通过分析乡村干部的政策执行行动以及基层贫困治理的运作形态，以解决实际问题为导向提出本书的政策含义，对当前及未来阶段激励和约束乡村干部的政策执行行为，提高基层组织政策执行能力，进一步推进以精准扶贫政策体系为核心的国家贫困治理在农村贫困地区的运作实施具有一定的政策意义和实践价值。

二、文 献 回 顾

作为公共权力以及社会系统整合的产物，现代国家主要通过实施政治统治与政治管理来推动社会秩序的建立。因此，公共政策的制定和执行成为国家治理活动的主要内容。一方面，传统国家向现代民族国家转变过程中，国家管辖的权力不断向社会延伸，并实现对社会的整合和掌控；另一方面，传统国家行政控制能力的有限性，不足以进行现代意义上的"统治"，因而催生了高度密集的行政等级体系以及城乡关系消解。① 中国是从城邦国家转变为官僚—继嗣帝国，继而经历绝对主义国家以后，再进入到民族—国家时代。在此过程中，中国也经历了与西方社会相似的国家与社会分离（城乡分离）到国家与社会充分一体化的历史变迁。② 20 世纪 50 年代，中国通过实行合作化运动，在基层建立起与国家政权相联结的各级组织，实现了民国以降一直未完成的国家政权建设任务。③ 半个多世纪以来，通过在农村实施土地改革、乡镇改革及村级组织建设、农村义务教育等一系列经济、政治和社会发展政策，国家对基层乡村的政权建设和社会整合从未间断，行政渗透、政党下乡、政权下乡、法律和

---

① ［英］安东尼·吉登斯著：《民族国家与暴力》，胡宗泽等译，生活·读书·新知三联书店 1998 年版，第 5 页。

② 王铭铭：《小地方与大社会——中国社会的社区观察》，载《社会学研究》1997 年第 1 期。

③ ［美］杜赞奇著：《文化、权力与国家：1900—1942 年的华北农村》，王福明译，江苏人民出版社 1996 年版，第 240 页。

教育下乡、宣传下乡等都成为国家向基层社会施加影响和权力渗透的各种手段。① 特别是新世纪以后，国家与农村社会的关系发生重大变化，国家开始由以往的汲取型角色转变为供给型角色，取消农业税、推进城乡统筹发展、实施新农村建设、促进公共服务一体化、全面建设小康社会等农村建设议题，成为国家继续扩大基层社会影响力而进一步建构的主流政策话语实践。

作为现代国家治理的主要形式，公共政策成为国家实施统治和治理职能的重要工具。② "政策把一系列行动划入到一个共同的框架之中"③，是 "国家领导人利用其机构制定新规则并改变公众行为的具体表现"④，在一定程度上代表了国家对公民公共福利和集体需要的态度，即国家通过树立社会公共政策的理念，以及制定和实施具体的政策来满足人民群众的真实需要。换言之，公共政策决定了国家干预的方向和内容，它们决定了哪些社会风险或社会再分配将进入国家实施干预或强化的层面，公共政策的制定和实施成为现代政府的中心任务。⑤ 贫困及减贫话语的出现实际上也是一种从属于国家治理的政策建构。20 世纪末，伴随西方政策研究的发展和引入，国内公共政策研究开始兴起。目前，研究者对于公共政策执行作为国家治理的重要形式和内容已经形成了基本的学术共识。有关公共政策的界定和内涵、政策议程形成、政策制定和执行以及政策评估等内涵和过程性研究也取得了相当数量的研究成果。梳理现代国家建设和治理视野下的一般政策的执行研究、农村贫困治理进程中的政策执行研究，以及基层政策执行中乡村干部角色及其行动的研究，有助于理

---

① 徐勇：《"政党下乡"：现代国家对乡土的整合》，载《学术月刊》，2007 年第 7 期。

② 马翠军：《国家治理与地方性知识：政策执行的双重逻辑——兼论 "政策执行" 研究现状》，载《中共福建省委党校学报》2015 年第 8 期。

③ ［英］H. K. 科尔巴奇著：《政策》，张毅、韩志明译，吉林人民出版社 2005 年版，第 11~12 页。

④ ［美］乔尔·S. 米格代尔著：《社会中的国家：国家与社会如何相互改变与相互构成》，李杨、郭一聪译，江苏人民出版社 2013 年版，第 68 页。

⑤ 岳经纶：《中国公共政策转型下的社会政策支出研究》，载《中国公共政策评论》2008 年第 2 卷。

解和把握农村贫困治理进程中扶贫政策的基层运作实践以及乡村干部的政策执行行为。

（一）政策、组织、环境与行动主体视角的政策执行研究

公共政策的执行，是将政策方案付诸实践，解决实际问题的过程，也是将政策理想转变为政策现实的过程。作为国家治理活动的基本工具和主要手段，有关公共政策特别是其执行运作问题在实践和理论研究中备受关注。从历史上看，西方公共政策研究始于 20 世纪中期第二次世界大战结束以后，并在研究初期形成了实证主义、经济理性的研究范式。这一时期，"政治—行政二分法"成为政策研究的主要理论背景，政策制定过程中的利益博弈成为研究者关注的主要内容，政策执行往往被视为行政系统的常规过程而受到忽视。[1] 20世纪 60 年代以后，后实证的、社会理性的研究范式开始出现，对传统公共政策的研究范式进行了批判，认为政策问题不仅仅是政策问题本身，也包括人们思考行动的环境或对环境进行思考的内容。尤其是 20 世纪 70 年代美国政策执行问题频发引起的"执行研究运动"热潮，促使政策执行进入研究者的视野，并逐渐形成了"自上而下"（top-down）、"自下而上"（bottom-up）以及"综合模型"三种主要的研究路径。[2] 其中，"自上而下"的研究路径以普雷斯曼、维尔达夫斯基、梅特尔、马兹曼尼安等学者为代表，主要表现为研究者以高层政府的政策制定为出发点，并将政策执行看作由上而下、层层分解并付诸行动的行政组织的活动过程[3]，这一研究路径是以政策设计者具有理性制定政策目标、明晰陈述政策内容的权威和能力为前提假设，认为行政组织存在着"完美行政"或完美的政策执行模式，并以此为标准对现实政策执行过程中出

---

① 陈家建、边慧敏、邓湘树：《科层结构与政策执行》，载《社会学牙研究》2013 年第 6 期。

② 陈丽君、傅衍：《我国公共政策执行逻辑研究述评》，载《北京行政学院学报》2016 年第 5 期。

③ 寇浩宁：《政策何以落实？——政策执行研究的源起、演进及主要理论》，载《广东行政学院学报》2014 年第 4 期。

现的偏差进行考察。① 基于此，美国学者豪格伍德和冈恩提出了理想的执行模式，包括良好的外部环境、足够的时间和资源、资源配置有序、政策基于可靠的因果理论、较少中间环节、较少依赖其他组织、目标一致性共识、任务具体化、良好的沟通交流、完全服从领导人物十个方面的标准。② 20世纪70年代末期，由于过分关注高层的政策目标和策略，"自上而下"的研究路径日渐受到批判。研究者开始认识到政策执行的实际过程是一个复杂的、包含多方行动者参与的互动和博弈过程且政策的执行最终是在基层行动场域进行的，因而应从基层存在的实际问题或政策执行的实际情况出发开展研究。因此，"自下而上"的研究路径否定了以往基于官僚组织内部、单向的、线性执行观，倡导从多元行动者的互动角度来研究政策执行的过程③，并对"街头官僚"及其自由裁量权进行关注，反对对政策执行的绝对控制。在此，埃尔默提出的"前向摸索"以及"后向摸索"概念都是这一研究路径的典型代表。其中，"前向摸索"主要研究决策者对执行过程的影响，"后向摸索"则以基层行政组织为出发点，将研究重点放在基层执行者的具体行为上。④ 赫恩和波特还提出"执行结构"的概念，认为政策涉及的各种组织（不同于传统行政组织或市场组织），通过公共政策的纽带，将发展出一种内部的、相互依赖的结构性联系，并影响政策的执行。⑤ 20世纪80年代以后，政策执行研究开始出现整合性的研究路径，研究者进一步提出组织、联邦制、联盟、互动过程等影响政策执行的因素，如萨巴蒂尔的"支持联盟框架"理论，以公共政策的子系统政策作

---

① 胡薇：《关注政策执行：西方及中国社会政策执行研究综述》，载王思斌主编：《中国社会工作研究（第6辑）》，社会科学文献出版社2008年版，第49页。

② ［英］米切尔·黑尧著：《现代国家的政策过程》，赵成根译，中国青年出版社2004年版，第112页。

③ 寇浩宁：《政策何以落实？——政策执行研究的源起、演进及主要理论》，载《广东行政学院学报》2014年第4期。

④ Elmore R F. "Backward mapping: Implementation research and policy decisions". *Political Science Quarterly*, Vol. 94, No. 4, 1980, p. 601.

⑤ Hjern B, Porter, David O. "Implementation structures: A new unit of administrative analysis". *Organization Studies*, Vol. 2, No. 3, 1981, pp. 211-227.

为分析单位，提出由系统内来自不同政府组织和部门的行动者形成政策的支持联盟，将对政府的政策和结果反馈产生影响。同时，社会经济环境、公共舆论的变迁等也构成影响公共政策执行的外部因素。①

伴随西方公共政策研究的发展和引入，国内学者于 20 世纪 90 年代开始关注中国的公共政策研究问题。与西方最初关注政策制定和形成过程的传统研究范式相比，国内政策研究一开始就突出鲜明的实际问题导向，将研究的关注点置于政策制定完成以后的执行阶段。总体上看，国内有关政策执行的研究主要基于政策本身、组织结构、制度环境以及政策参与者等视角，并在整体上呈现出制度主义及泛制度主义的研究范式。

1. 基于政策本身的执行研究

政策是现代国家治理形式的主要工具和手段，也是国家公共利益的重要体现。可以说，国家治理活动主要依靠政策的生成、变迁、修缮、成型与执行过程来进行。② 政策规定并影响着其进一步的执行过程和结果，进而影响国家治理目标的实现。长期以来，政策目标模糊、政策内容混乱、政策标准不合理等成为研究者诟病政策执行失败的主要因素。总的来看，这些研究主要着眼于政策设计及其内容、目标、特点等政策本身对于政策执行的影响。其中，许多学者基于 Richard Matland 的"模糊—冲突"模型③，解释地方政府政策执行过程中的权变策略及其产生的目标偏离。一方面，中央制定政策的缺陷以及宏观性和抽象性，成为解释政策实施中基层政府"变通"行为的逻辑起点。④ 如艾云提出，政策规定目标过高、过严，也是导致基层大规模作假应付考核检查现象

---

① 李允杰、丘昌泰著：《政策执行与评估》，北京大学出版社 2008 年版，第 72～77 页。

② 梅立润：《政策试验的国家治理定位与研究述评》，载《理论研究》2016 年第 4 期。

③ Matland R E. "Synthesizing the implementation literature：The ambiguity-conflict model of policy implementation". *Journal of Public Administration Research and Theory*，Vol. 5，No. 2，1995，p. 49.

④ 马翠军：《国家治理与地方性知识：政策执行的双重逻辑——兼论"政策执行"研究现状》，载《中共福建省委党校学报》2015 年第 8 期。

的主要原因①；另一方面，由于多部门利益协调下的公共政策，往往产生"指导性与宏观性"表述的政策文本②，政策的模糊性不应被视作政策质量低下的标志，而被界定为坏的政策。③ 政策的模糊性在研究中也被视为是必然和必要的。如周芬芬在对农村中小学布局调整的政策执行分析中，指出采用模糊的政策表述方式是中央政府的一种策略选择，且政策目标的模糊性是必需的，含有模糊性的政策才可能被充满差异的各地方政府所接受，因而模糊的政策目标与手段将更加有利于激发地方政府发挥政策执行中的积极性。④

2. 基于组织结构视角的政策执行研究

组织视角的执行研究主要是从政策执行的组织及其结构特征出发，探讨央地关系、科层组织、街头官僚等纵向和横向的组织机构行为及其对政策执行的影响或形塑。陈丽君等概括了中国公共政策执行的独特结构，即"以党领政"的政治生态形成了以党为主导、高位推动的政策执行体制，以及中央与地方二分的府际关系和组织网络下形成公共政策执行网络和政策目标的多重属性和层级性。⑤ 这些一方面形成了官僚模式与动员模式两种相互结合的执行方式⑥，另一方面，这一复杂的政策执行结构也造成了政策执行结果与制定初衷之间的偏差。现代国家普遍采取科层制官僚组织作为政府组织的形式，这一组织形式除具有分工、等级以及非人格化基础上的高效率以外，往往也会产生行政业务、政府各部门、各地方政府、垂直部门与地方政府以及各行政层级之间的分

---

① 艾云：《上下级政府间"考核检查"与"应对"过程的组织学分析：以 A 县"计划生育"年终考核为例》，载《社会》2011 年第 3 期。

② 贺东航、孔繁斌：《公共政策执行的中国经验》，载《中国社会科学》2011 年第 5 期。

③ 胡业飞、崔杨杨：《模糊政策的政策执行研究——以中国社会化养老政策为例》，载《公共管理学报》2015 年第 2 期。

④ 周芬芬：《地方政府在农村中小学布局调整中的执行策略》，载《教育与经济》2006 年第 3 期。

⑤ 陈丽君、傅衍：《我国公共政策执行逻辑研究述评》，载《北京行政学院学报》2016 年第 5 期。

⑥ 胡伟著：《政府过程》，浙江人民出版社 1998 年版，第 304 页。

散与分割①，这种"碎片化"的分割管理模式也将对公共政策的执行产生重要影响。同时，科层组织的决策结构、激励结构、监督结构或信息结构以及任务性质等都是影响科层组织行为的重要因素。基于这些因素所产生的不同情境组合导致了科层组织采取不同的行为策略（包括正式行为、非正式行为以及异化的行为），并产生相应的行动结果（即有效的治理和无效的治理）。② 贺东航等指出，中国特色的政策执行模式包含"以纵向的高位推动和中间层级的协调为策略的层级性治理"以及"横向上的高位推动和以合作、整合及信任为基础的多属性治理"。③ 具体来看，政策执行的"逐级行政分包制"④，为地方政府干预政策实践运作过程提供了体制性基础；中国权威治理与有效治理的对立，制造了政策一统性与执行灵活性的矛盾，成为政策低效执行的内生原因⑤；陈家建等指出，在目标、激励与约束差异的情况下，高度分化的科层机构会产生政策与科层组织之间的摩擦，从而降低政策执行力。⑥ 由此，产生了上下级政府间的"讨价还价"⑦、基层政府的"共谋"⑧、政策"变通"⑨、

① 蔡立辉、龚鸣：《整体政府：分割模式的一场管理革命》，载《学术研究》2010年第5期。

② 何艳玲、汪广龙：《不可退出的谈判：对中国科层组织"有效治理"现象的一种解释》，载《管理世界》2012年第12期。

③ 贺东航、孔繁斌：《公共政策执行的中国经验》，载《中国社会科学》2011年第5期。

④ 周黎安：《行政发包制与雇佣制：以清代海关治理为例》，载周雪光、刘世定、折晓叶主编：《国家建设与政府行为》，中国社会科学出版社2012年版，第152页。

⑤ 周雪光：《权威体制与有效治理：当代中国国家治理的制度逻辑》，载《开放时代》2011年第10期。

⑥ 陈家建、边慧敏、邓湘树：《科层结构与政策执行》，载《社会学研究》2013年第6期。

⑦ 周雪光、练宏：《政府内部上下级间谈判的一个分析模型》，载《中国社会科学》2011年第5期。

⑧ 周雪光：《基层政府间的"共谋现象"——一个政府行为的制度逻辑》，载《开放时代》2009年第12期。

⑨ 王汉生、刘世定、孙立平：《作为制度运作和制度变迁方式的变通》，载应星、周飞舟、渠敬东编：《中国社会学文选》，中国人民大学出版社2011年版，第98页。

"选择性执行"① 等由于政府组织体系内部利益、自主性差异等形成的政策执行特征。同时,当地方政府以"变通"或"共谋"等形式规避风险存在现实困难时②,地方政府也会通过"申诉"过程说服决策层变革治理目标,并实现软化风险约束的目标。同时,国家政策在农村层面的运作和落实,必然经过基层政权的执行行动,而深受国家政治体制影响的基层治理模式,又将进一步影响到政策的执行效果,进而形成国家政策执行与基层治理相互形塑的治理结果和形态。因而在中国特有的基层治理结构影响下,国家政策的基层执行往往表现为基层政权的中心工作与一线政策。③

3. 制度环境视角的政策执行研究

政策执行的制度环境可以划分为正式制度环境以及非正式制度环境,基于这一视角进行的研究主要探讨政策实践在相应制度环境下产生的不同运作模式和执行特征。欧博文、李连江在基层政策执行的个案研究中,提出基层干部普遍存在政策"选择性执行"的现象,"许多干部尽职尽责地执行着不受村民欢迎的政策,但却拒绝执行那些受村民欢迎的政策。"④ 而"下管一级"制⑤、目标管理责任制、"一票否决"制度、"连带"制度等,既构成国家约束地方政策执行的制度性规则体系,实际上也催生了这类政策选择性执行、目标置换等现象。陈家建等将政策执行的基层适应性以及政策执行压力视为影响政策执行的主要制度环境。⑥ 尤其是政策执行体制与监督体制的重合,使得地方政府

① O'Brien, Kevin J, Lianjiang Li. "Selective policy implementation in rural China". *Comparative Politic*,Vol. 31, No. 2, 1999, p. 13.

② 吕方:《治理情境分析:风险约束下的地方政府行为——基于武陵市扶贫办"申诉"个案的研究》,《载社会学研究》2013 年第 2 期。

③ 吕德文:《中心工作与国家政策执行——基于 F 县农村税费改革过程的分析》,载《中国行政管理》2012 年第 6 期。

④ 欧博文、李连江:《中国乡村中的选择性政策执行》,唐海华译,载豆丁网,http:www. docin. com/p-1825451626. html. 2018 年 3 月 7 日访问。

⑤ O'Brien, Kevin J, Lianjiang Li. "Selective policy implementation in rural China". *Comparative Politic*,Vol. 31, No. 2, 1999, p. 5.

⑥ 陈家建、张琼文:《政策执行波动与基层治理问题》,载《社会学研究》2015 年第 3 期。

成为专注"执行性"的政府，每一级地方政府都是相对的执行者和监督者（乡镇政府除外）①，在这种垂直监督约束不足的制度环境下，极易发生政策执行过程和结果的走样。也有学者关注地方性知识、乡土环境等非正式的制度环境因素对政策执行的影响。如欧阳静在桔镇基层政府行为研究中，提出了非程式化乡村社会对于政策运作实践的影响，提出处于"上下之间"特殊处境以及嵌入三元结构的基层乡镇政权，必须不断对自身结构与权力技术进行调整，包括与乡土社会互动时的权力策略与技术以及与上级科层组织互动时的"变通"和自身组织结构的置换。② 吕方也提出治理情境的概念来对地方政府政策执行行为进行解释，即达成治理目标的难易程度、刚性程度、可资动员的资源和手段，以及采取特定行动所支付的成本和潜在风险③将影响地方政府政策执行的策略和行为。马翠军借用吉尔兹"地方性知识"概念，从国家治理与地方性知识两个视角建构了政策执行的解释逻辑。④ 寇浩宁提出"社会基础"的概念，即村庄在经济状况、贫富分化、社区内聚力、家族竞争和派系竞争等方面的差异，会形成特定类型的政策执行模式。⑤ 尹利民也指出，中国基层治理受制度与实践逻辑非均衡性的影响，进而能够衍生出乡镇政府与村干部各自的行为逻辑。⑥

4. 行动者视角的政策执行研究

政策参与者或说行动者视角的研究主要是基于政策执行者、政策对象或其他参与主体的利益、需求、态度等产生的政策执行研究。政策执行本质上是相

① 马翠军：《加强中央监督地方权力的思路创新》，载《领导科学》2013 年第 11 期。

② 欧阳静：《运作于压力型科层制与乡土社会之间的乡镇政权：以桔镇为研究对象》，载《社会》2009 年第 5 期。

③ 吕方：《治理情境分析：风险约束下的地方政府行为——基于武陵市扶贫办"申诉"个案的研究》，载《社会学研究》2013 年第 2 期。

④ 马翠军：《国家治理与地方性知识：政策执行的双重逻辑——兼论"政策执行"研究现状》，载《中共福建省委党校学报》2015 年第 8 期。

⑤ 寇浩宁：《村庄社会基础与农村低保办理模式——基于三个调查村庄的比较》，载《江汉论坛》2015 年第 8 期。

⑥ 尹利民、全文婷：《村委会选举、目标管理与"治理乱象"：多重逻辑下的基层治理——以新华村第八届村委会换届选举为切入视角》，载《中国农村研究》2013 年第 1 期。

关政策主体基于利益得失考量所进行的一场博弈过程。政策执行主体的行为从根本上受利益驱动，主体利益矛盾或冲突的客观必然性决定了政策执行阻滞现象发生的现实可能性。① 作为政策执行中的主要行动者，各级政府组织基于个体或组织利益、风险等往往会作出相应的政策执行调试或变通行为。特别是当中央政策不符合地方局部利益时，地方政府容易在政策执行的具体化、操作化过程中出现政策内容附加、局部执行失败、政策目标替换、政策内容抵制等执行偏差情形。② 如折晓叶提出，国家项目在地方实施过程中，地方政府会通过变通国家政策的方式，将本地发展问题融入国家项目运作当中，运用"偷梁换柱"的非正式手段实现本地利益。③ 丁煌等将政策网络与博弈模型进行整合和建构，通过房价宏观调控政策执行阻滞的个案研究，提出政策网络结构制约行动者博弈，从而共同影响执行结果，进一步拓展了政策网络理论的解释力。④ 同时，政策执行个体并非被动的支配者，而是能够对影响其行为方式的社会进行改造，并产生具有个人化特征的执行风格。在政策执行过程中，政府与农民之间的关系恰如福柯所揭示的"规训"与"监管"的权力关系，农民作为政策执行对象往往是被动的角色，并在政策空间内追求自身利益的最大化，同时可能产生抗争性的行动和实践，造成国家政策的失灵。⑤ 詹姆斯·C.斯科特基于东南亚农村小农行为的研究中，就以"弱者的武器""隐藏的文本"等经典概念描述了底层政策对象的行为选择。⑥ 事实上，行动主体视角的研究与从组织结构或政策出发的研究存在一定的重合，即政策执行研究大多采

① 丁煌：《利益分析：研究政策执行问题的基本方法论原则》，载《广大行政学院学报》2004 年第 3 期。

② 王国红：《公共权力失范与政策执行失序》，载《学术论坛》2007 年第 9 期。

③ 折晓叶、陈婴婴：《项目制的分级运作机制和治理逻辑——对"项目进村"案例的社会学分析》，载《中国社会科学》2011 年第 4 期。

④ 丁煌、杨代福：《政策网络、博弈与政策执行：以我国房价宏观调控政策为例》，载《学海》2008 年第 6 期。

⑤ 路战远：《国家政策与农民行为关系研究与展望》，载《中国软科学》（增刊）2010 年第 2 期。

⑥ ［美］詹姆斯·C.斯科特著：《弱者的武器》，郑广怀等译，译林出版社 2011 年版，第 97 页。

用个案分析方法，政策执行中的参与主体往往也被视为具有成本——利益分析能力和风险规避取向的行动者，选择性执行、变通、共谋等政策执行行为同样也体现了行动者视角下的政策执行。

伴随政策研究的深入，有关基层政策执行的研究更加凸显出综合性视角的阐析。如彭华安指出政策执行内化与国家、政府科层体制以及乡村社会是一种多重逻辑的互动过程，处于不同制度场域的政策行动者，往往会采取不同的态度、行为方式对特定的政策加以阐释和践行。政策作为一种规则实践抑或实践的规则，不仅仅是一种外在的制约结构，更是在政策实践中由各方参与者行动"结构化"的产物。① 邹东升、陈达则也指出，执行主体本身的素质和执行能力、目标群体对政策的认同度、政策资源的分配、政策环境状况、政策工具的选择以及政府利益冲突等都是影响政策执行的因素。②

（二）贫困治理中的政策执行研究

作为一个理论和现实问题，农村贫困治理是探讨国家与社会、国家与农民关系，地区经济、社会发展，多元组织主体互动，政策制定和政策执行等研究问题的重要"窗口"和切入点，也是关乎国家通过减贫实现共享发展治理目标的现实问题。由于政府主导的基本特点，中国农村贫困治理主要依赖科层组织内各项扶贫开发政策在贫困地区的实施，因而政策执行的过程和效果成为研究中国农村贫困治理的重要内容。同时，由于贫困治理本身的目标政治性、资源扶持性以及内在的公平和正义性要求，使其具有独特的政策设计、提出和实施背景，并在政策执行中呈现一定的特殊性。近年来国家精准扶贫政策的提出和实施，迅速吸引了学者们的研究和讨论。但总体上看，包括精准扶贫在内的贫困治理政策研究虽然突出以村庄等基层场域为研究单元，将政策执行的过程贯穿其中，但很少将其作为专门性的问题进行研究，而更多关注扶贫政策设计

① 彭华安：《独立学院政策执行困境研究——多重制度逻辑的视角》，载《复旦教育论坛》2012 年第 4 期。

② 邹东升、陈达：《公共政策执行困境的解决之道：宏观逻辑与微观机制的统一》，载《探索》2007 年第 2 期。

本身、政策执行过程中政府的功能角色以及政策执行的效果等方面。

　　杨亮承从场域理论的视角出发，将扶贫治理视为行动者的实践过程，认为行动者拥有不同的资本并占据不同的关系位置，并能够通过策略性互动影响扶贫资源的分配格局。因而在扶贫场域，国家的扶贫政策并非简单的自上而下的执行过程，而是一个资本运作和策略选择的实践过程。① 唐睿、肖唐镖从农村扶贫当中的政府行为出发，提出政府行为缺乏制度性约束，在很大程度上将影响到扶贫开发的绩效。② 印子考察国家低保政策的执行过程，认为其政策实践的异化并非由于政策关联利益过大导致的利益博弈，而是与基层治理中的信息不对称以及基层政府能力有关。其提出"治理消解行政"的概念，认为基层治理模式所形塑的国家政策实践机制使得政策执行出现大量的目标偏移与执行异化。③ 李祖佩以西部某农业型乡镇为例，探讨项目下乡背景下乡镇运作逻辑以及由此形塑的基层治理样态。其指出，与税费时期乡镇政府的自利性表达需要回应农村社会的治理诉求不同，项目下乡背景下，乡镇政府的自利性表达基于项目资金使用效益的最大化以及官僚体制本身的逻辑，而并非农村社会的治理诉求，由此产生了非均衡的指标供给以及新的基层治理困境。④ 应小丽等也指出，"项目进村"的政策执行中具有技术治理的运作特征，即突出事本主义导向、权威主导、程式化线性控制与经营理性等运行逻辑⑤，一旦其适用边界被放大，也会产生"整体与碎片""权威主导与参与表象""公益与效益"以及"发动与自动"等悖论性难题，进而对政策执行中的简单线性技术治理提

---

① 杨亮承：《扶贫治理的实践逻辑——场域视角下扶贫资源的传递与分配》，中国农业大学 2016 年博士论文。

② 唐睿、肖唐镖：《农村扶贫中的政府行为分析》，载《中国行政管理》2009 年第 3 期。

③ 印子：《治理消解行政：对国家政策执行偏差的一种解释——基于豫南 G 镇低保政策的实践分析》，载《南京农业大学学报（社会科学版）》2014 年第 3 期。

④ 李祖佩：《项目下乡、乡镇政府"自利"与基层治理困境——基于某国家级贫困县涉农项目运作的实证分析》，载《南京农业大学学报（社会科学版）》2014 年第 5 期。

⑤ 应小丽、钱凌燕：《"项目进村"中的技术治理逻辑及困境分析》，载《行政论坛》2015 年第 3 期。

出批判和质疑。李博通过对竞争性扶贫项目运作逻辑的探析发现，依附于科层制之下的扶贫项目在实施过程中的一系列弊端，如实施前的选择性平衡、实施中的反科层制逻辑以及落地后的短期效应，共同造成项目制在扶贫开发中的功能式微，即扶贫项目在地方实践中的非均衡分配规制了贫困地区脱贫的步伐，项目进村时呈现出的"委托—代理"关系使地方在扶贫项目打包中以"反控制"的策略从中谋利，项目制追求"短、平、快"的目标导向则弱化了地区扶贫开发的可持续性。①

当前精准扶贫政策的实施背景下，许汉泽考察西南某国家级贫困县的扶贫治理实践发现，基层政权在进行贫困治理过程中采用了将贫困标准问题化、以扶贫工作为中心以及目标责任制与运动式治理相结合的动员型治理策略。这种治理策略一方面能够在短期内筹集大量资源和项目投入地区扶贫领域，改善贫困村公共物品供给状况，另一方面也产生了"扶贫致贫""精英捕获""碎片化治理"等一系列意外性政策后果。② 同时，精准扶贫过程当中也产生了"军令状"式的扶贫管理机制，但压力性体制下的"扶贫军令状"，在由上而下的巨大工作压力和运动式治理中，往往会导致地方政府扶贫工作的一系列应对策略，从而扭曲扶贫工作的初衷和本质，造成政府贫困治理的失灵。③

（三） 基层政策执行中的乡村干部及其行动研究

在中国，乡镇是国家政权体系的最低层级，国家公共政策的执行必然离不开基层乡镇的参与和配合。长期以来，学术界对乡镇政府强化还是弱化、撤销还是保留的问题观点不一，但乡镇无疑是当前国家政策实施过程中重要的行动力量。同时，由于乡村之间特殊的"责任—利益"共同体关系，以及"党和

---

① 李博：《项目制扶贫的运作逻辑与地方性实践——以精准扶贫视角看 A 县竞争性扶贫项目》，载《北京社会科学》，2016 年第 3 期。

② 许汉泽：《精准扶贫与动员型治理：基层政权的贫困治理实践及其后果——以滇南 M 县"扶贫攻坚"工作为个案》，载《山西农业大学学报（社会科学版）》2016 年第 8 期。

③ 邢成举：《压力型体制下的"扶贫军令状"与贫困治理中的政府失灵》，载《南京农业大学学报（社会科学版）》2016 年第 5 期。

国家相互嵌入"的政治生态①，不仅造就了农村党委与村委会之间的复杂关系，也使得村民自治组织的村庄干部行动首先要与国家政治导向保持一致，成为基层政权的延伸或乡镇的手脚，扮演着上级政府代理人、国家利益代理人以及村庄代理人等多重复杂角色。② 因此，位于国家与社会相交接的乡村社会，成为管窥国家与农民、中央政府与基层政府、政府与社会等多重关系的重要窗口。乡村干部作为国家政策意志的实际执行者，其政策执行行动不仅关乎国家治理目标和政策意志的实现过程和结果，也折射出基层政策执行运作的具体形态以及乡村干部的行动策略。

从本质上看，乡村干部具有不同的产生过程和机制，因而在政策执行研究中也表现出不同的角色和行动。乡镇干部作为国家干部系统的一员，其主要领导干部如党委书记、乡镇长等基本上是通过上级党委指派、任命或经上级组织提名、选举产生，其他编制包括公务员、事业单位干部以及招聘人员等。而村干部则是指以行政村党支部、村委会的主要干部为代表的群体。广义的村干部群体包括了党支部正、副书记，村委会正、副主任，治保主任，民兵连长，妇联主任，共青团书记和会计等；狭义的村干部则仅仅指代党支部正、副书记以及村委会正、副主任等主要干部。在产生和来源上，村干部一般由本村村民担任，由党员或村民通过某种形式的选举或推举，经乡党委、乡政府认定后任职或先由乡党委、乡政府提出人选，再由村民选举通过。可以说，村干部的产生本身就是国家和社会上下两种力量结合或协商的结果，这一产生机制也决定了他们与村民和乡镇基层政权具有密切关联，实际上处于干部、民众两个系统的联结处。③ 由于中国独特政治生态下乡村干部之间具有的复杂关联，二者在研

---

① 朱亚鹏、刘云香：《制度环境、自由裁量权与中国社会政策执——以 C 市城市低保政策执行为例》，载《中山大学学报（社会科学版）》2014 年第 6 期。

② 见吴毅：《"双重角色""经纪模式"与"守夜人"和"撞钟者"》，载《开放时代》2001 年第 12 期；徐勇：《村干部的双重角色：代理人与当家人》，载《二十一世纪（香港）》2002 年第 7 期；郑明怀：《"引领者""当家人""经营者"：富豪村干部角色研究》，载《唯实》2011 年第 1 期；杨善华：《家族政治与农村基层政治精英的选拔、角色定位和精英更替——一个分析框架》，载《社会学研究》2000 年第 3 期。

③ 王思斌：《村干部的边际地位与行为分析》，载《社会学研究》1991 年第 4 期。

究当中往往同时出现。在有关乡村干部的研究中，既包括从静态层面揭示二者的角色定位和相互关系，也包括从动态层面揭示乡村干部的行动特征。

1. 政策执行中的乡村干部及其相互关系

在有关国家基层治理、地方政治变迁、村庄权力结构等方面问题的研究中，研究者也揭示了乡村干部的角色形象、行为特征以及相互关系。如刘杰从宏观层面概括了乡镇干部等公务员日常行为的特征，包括文字行为、会议行为和走访行为（包含检查、接待和跑项目）三类主要的公务行为且这些行为方式是基于集权约束、官僚内卷、文化惯性等构成的权力场而形成的。① 夏春林基于村庄个案的研究，描述了村干部形象资本的获得过程、对地位维持发生作用的过程以及形象资本再创造的过程，提出村干部的形象资本与地位维持策略，即在日常政策执行及完成工作任务过程中，通过紧跟上面形势，努力树立起先进分子形象，从而最终获得上级在其地位维持上的支持。而形象资本策略的形成来源于当前干部考核机制、奖惩机制、树典型的政治运作机制以及能力显现机制和责任连带机制，这些使得追求典型的形象成为村干部维持其地位的一种策略。② 税费改革以前，乡镇政权或乡镇干部往往被形容为经营者、谋利者或"企业家"，出现了"干部经营者"③"政权经营者"④"谋利型政权经营者"⑤ 等研究概念。基于农村税费改革的背景，周飞舟认为其改变了"以农立国"传统社会中国家与农民的"汲取型关系"，在一定程度上减少了乡镇政权与乡村社会之间的日常性互动，农户不再需要面对"要粮、要钱、要命"的基层乡镇政府。但税费改革并未实现国家—农民之间由"汲取型"关系向

---

① 刘杰：《权力结构与个体行动：公务员日常公务行为研究》，复旦大学 2013 年博士学位论文。

② 夏春林著：《形象资本与村干部的地位维持策略：对山东一个村庄的实地研究》，北京大学 1998 年硕士学位论文。

③ Shue, Vivienne. *The reach of the state: sketches of the Chinese body politic*. Stanford University Press, 1990, p. 49.

④ 张静著：《基层政权：乡村制度诸问题》，浙江人民出版社 2000 年版，第 247 页。

⑤ 杨善华、苏红：《从"代理型政权经营者"到"谋利型政权经营者"》，载《社会学研究》2002 年第 1 期。

"服务型"关系的转变，乡镇政府不但没有转变为政府服务农村的行动主体，反而在分税制以后以四处借贷、向上"跑钱"为中心工作，并且逐渐与农民脱离了旧有的联系，甚至变成了似乎无关紧要、可有可无的一级政府组织。① 就乡村关系而言，经典理论认为村庄干部在日常运作中往往扮演村庄代理人与政府代理人的双重角色。② 一方面，村干部的主要工作在于协助乡镇干部完成上级政府任务，而伴随国家权力对基层社会影响的加大，村干部的政府代理人角色更加突出，与乡镇干部的联系也更加紧密；另一方面，在国家与农村社会双重边缘群体状态下，村干部不仅拥有一定的自主性政治空间，产生谋取个人利益的非规范行为，也会成为既敷衍国家也脱离村民的消极利益阶层③，进而产生得过且过、两头应付、怠于职责的工作状态，并日渐与乡镇政府之间关系疏离或陌生化。④ 杨善华基于农村基层政治精英的选拔过程，指出乡镇政府为保证政府任务的顺利完成，将在很大程度上默认了村干部的自由空间，从而出现国家和村干部在某种程度上的妥协，并允许村干部获取个人和家庭的一定好处。⑤ 张静的研究也指出，国家基层组织的关系既非杜赞奇描述的"压迫与反应"的关系，也非瞿同祖概括的"执行命令关系"，而是一个互相利用、扩展各自利益目标和权力的关系。⑥ 程同顺基于村民自治过程中的观察和分析，将乡镇与村委会的关系类型概括为行政化的乡村关系与放任型的乡村关系⑦，这

---

① 周飞舟：《从汲取型政权到"悬浮型"政权——税费改革对国家与农民关系之影响》，载《社会学研究》2006 年第 3 期。

② 徐勇：《村干部的双重角色：代理人与当家人》，载《二十一世纪（香港）》，2002 年第 7 期。

③ 尤琳：《中国乡村关系——基于国家治能的检讨》，华中师范大学 2013 年博士学位论文。

④ 吴毅：《"双重角色""经纪模式"与"守夜人"和"撞钟者"——来自田野的学术札记》，载《开放时代》，2001 年第 12 期。

⑤ 杨善华：《家族政治与农村基层政治精英的选拔、角色定位和精英更替个分析框架》，载《社会学研究》2000 年第 3 期。

⑥ 张静：《基层政权：乡村制度诸问题》，浙江人民出版社 2000 年版，第 6、第 282、第 284 页。

⑦ 程同顺：《村民自治中的乡村关系及其出路》，载《调研世界》2001 年第 7 期。

些基本上代表了国家权力与村庄集体的互动和关系类型，也对乡村干部的关系产生了重要影响。此外，学者也对乡村干部的日常关系进行了研究，如王荣武、王思斌以交往结构定义乡镇干部与村庄干部之间较为规范和定型的模式化交往关系，在实证研究基础上，他们提出以工作交往为基础、交往结构的不平衡性以及工作交往和私人交往相互缠合是乡村干部交往结构的主要特点。而这种结构现状也是乡村干部基于非正规性传统、利益分化、资源占有和分配方式变化、乡村工作复杂性以及乡村干部的熟人效应等因素综合作用的结果，并会影响到乡村社会的运行①，如乡村干部基于私人情感上的互动而产生工作上的协作和互惠等。

2. 政策执行中乡村干部的行动和策略

基于村庄视域的、不同权力主体互动的过程以及微观行为主体的分析，一些学者探讨了乡镇以及村庄干部在政策执行中的不同行动模式和行为策略。陈心想基于村庄计划生育工作过程中乡村干部与农民之间的博弈，探讨了基层社会"双线运作"的特征和逻辑。其指出，村民以及乡村两级干部三个阶层之间以及各阶层内部的博弈，共同造成了计划生育的政策实施现状。② 强世功在"依法收贷"的关系/事件中，展示了法官、当事人、村干部等在事件中的策略性选择，及其背后彰显的国家与乡村社区的权力结构。③ 孙立平等则以华北地区一个镇征收定购粮事件为例，分析了在正式行政权力运作过程中，基层权力行使者如何以及为何将诸如人情、面子、常理等日常生活原则和民间观念引入正式行政权力行使的过程之中。他们还据此提出"正式权力的非正式运作"概念，展示国家权力技术的特点和复杂过程，以及国家与乡村社会边界的模糊

---

① 王荣武、王思斌：《乡村干部之间的交往结构分析——河南省一乡三村调查》，载《社会学研究》1995 年第 3 期。
② 陈心想：《从陈村计划生育中的博弈看基层社会运作》，载《社会学研究》2004 年第 3 期。
③ 强世功：《"法律不入之地"的民事调解——一起"依法收贷"案的再分析》，载《比较法研究》1998 年第 3 期。

性与相互交织。① 欧阳静通过桔镇的个案研究，展示了嵌入压力型科层体制与非程式化乡村社会中的乡镇政权的非正式运作实态及运作逻辑。包括与乡土社会互动时的权力策略和技术、与上级科层组织互动时的"变通"以及乡镇自身组织结构的置换。② 王荣武在研究中概括了乡村政策运行的情景化偏离特征：包括多样化的运作方式、变通性策略、表面形态与深层结构的不一致以及乡土性等，而这些与乡村干部政策执行时所面临的政策刚性强弱、政策对乡村干部的重要性以及农民社会的接受程度等特定情景以及乡村干部的认知与理解能力、本土性和利益结构相关。③ 在这些研究中，西方"街头官僚"理论成为主要的分析理论。"街头官僚"为李普斯基于 1977 年提出，主要探讨处于基层、直接和公民发生互动，并对政策执行具有实质判断力的政府工作人员在执行中的自由裁量权问题。④ 街头官僚以其个体意义上的个人"魅力"以及作为共同社区中的制裁权力者，在政策偏差执行过程中扮演重要角色。⑤ 殷盈、金太军在农村低保政策执行研究中分析了街头官僚的角色，提出县级政权的模糊型治理及低保标准的抽象性、乡镇政权的弱监督约束、村级治理资源的缺失等因素共同影响了政策的变通执行。⑥ 张群梅则在研究中将村民委员会这一特殊主体视为类街头官僚，指出由于其本身存在多重角色的冲突，形成了利己性选择的特殊政策执行逻辑。⑦ 朱亚鹏等提出，与西方经典理论认为街头官僚通过

① 孙立平、郭于华：《"软硬兼施"：正式权力的非正式运作的过程分析》，载《清华社会学评论》2000 年特辑。
② 欧阳静：《运作于压力型科层制与乡土社会之间的乡镇政权：以桔镇为研究对象》，载《社会》2009 年第 5 期。
③ 王荣武：《乡村干部与农村政策运行：河南省花乡的实地研究》，北京大学 1996 年硕士学位论文。
④ Michael Lipsky. *Street-level bureaucracy*. New York：Russell Sage Foundation，1980，pp. 5-9.
⑤ 陈丽君、傅衍：《我国公共政策执行逻辑研究述评》，载《北京行政学院学报》2016 年第 5 期。
⑥ 殷盈、金太军：《农村低保政策的变通执行：生成逻辑与治理之道——基于街头官僚理论的视角》，载《学习论坛》2015 年第 11 期。
⑦ 张群梅：《村委会农地流转政策的执行逻辑及其规制——基于街头官僚视角》，载《河南大学学报（社会科学版）》2014 年第 1 期。

运用自由裁量权来规避执行风险或降低自身工作压力的观点不同，中国街头官僚对自由裁量权的使用受制于国家政治导向、政策执行制度环境、地方官员的利益等外在条件，因而只获得了象征性的自由裁量权，其行动也很难产生"政策再制定"的效果。[1]

（四）简要评论

作为现代国家治理的重要形式和手段，公共政策的执行实践将在一定程度上决定国家治理目标的实现程度。因此，现有研究对于公共政策的执行问题进行了多学科、多分析视角的研究。如陈丽君总结的中国公共政策执行的三大类七种诠释视角：自上而下路径（央地关系）、自下而上路径（街头官僚、行政体制、行政生态）、综合路径（政策性质、制度视角和组织视角）等[2]；涂锋以社会科学研究中的"行动者导向"和"结构导向"进行的归纳[3]；马翠军基于"制度""变通""利益"三类解释逻辑的概括[4]；陈家建等对"利益主体""政策缺陷""制度张力"等解释路径的总结，等等。[5] 同时，政策执行研究的视域逐渐从地方政府转入村庄本位，政策执行的研究关注点从地方各级政府逐渐转向村庄场域，基本上包含了自上而下、自下而上以及综合性的研究路径。总体上看，以官僚组织、政策设计、制度环境为解释路径的自上而下的研究成为国内政策执行的研究主流，并形成了"变通""共谋"等具有中国特色的解释概念和分析路径。而西方街头官僚理论、政策网络模型等自下而上、综合性的分析路径虽然被国内学者分析和引用，但一些既有研究往往具有典型

---

[1]　朱亚鹏、刘云香：《制度环境、自由裁量权与中国社会政策执——以 C 市城市低保政策执行为例》，载《中山大学学报（社会科学版）》2014 年第 6 期。

[2]　陈丽君、傅衍：《我国公共政策执行逻辑研究述评》，载《北京行政学院学报》2016 年第 5 期。

[3]　涂锋：《从执行研究到治理的发展：方法论视角》，载《公共管理学报》2009 年第 3 期。

[4]　马翠军：《国家治理与地方性知识：政策执行的双重逻辑——兼论"政策执行"研究现状》，载《中共福建省委党校学报》2015 年第 8 期。

[5]　陈家建、边慧敏、邓湘树：《科层结构与政策执行》，载《社会学研究》2013 年第 6 期。

的拿来主义色彩，缺少本土化的理论检视。就贫困治理中的政策执行而言，其具有一般公共政策执行的相应特征，也由于贫困治理的特殊性而形成了以村庄作为政策执行场域的、动态性的、个案展示的研究路径，并且进一步突出了基层政权组织权力对于贫困治理政策的影响，但二者的不足仍在于缺乏基于行动者的微观分析视角，对村庄场域内基层乡镇政府以及村委会干部等不同行动者的区分和比较。一方面，无论是一般公共政策或贫困治理政策的执行研究，总体上都以政策执行主体的行为及其影响因素作为分析的主要内容和方面，并将政策执行纳入国家治理的范畴，突出对执行主体、制度环境以及政策本身等内外部因素的关注；另一方面，虽然政策的执行有赖于具体执行者的参与和互动，但现有研究明显缺乏对政策具体执行者——官员干部或其他参与者行为模式、行动策略的全面、深入考察。除一部分以乡镇或村庄为案例的实证研究以外，大部分研究在政策执行主体上并没有作出明确的界分，而统以地方政府、基层政权等组织形式表征，缺乏行动者的阐释视角，以及对基层乡村干部政策执行行为和政策运作实践的考察和分析。在一般政策及基层贫困治理政策执行研究中，研究者侧重对政策执行偏差的判断和分析，如基层政策执行过程中的目标置换、结果偏离现象等，并主要从政策执行结构、制度环境、基层组织利益偏好等因素对这些现象进行解释。事实上，这些现象可以归结为基层政策执行当中行动者的自由裁量行为，以基层乡村干部为主体的政策执行者实际上也与西方经典理论中的"街头官僚"形象不谋而合。因此，从乡村干部的行动者视角出发，探讨其政策执行过程中的行为策略和行动模式，结合政策执行的街头官僚理论，阐释其政策执行中的运作实践和行动策略，是值得深入探讨的理论和实践问题，也是本书要进一步讨论的问题。

三、研究方法与个案呈现

（一）研究方法

本书基于村庄层面精准扶贫的政策执行实践，从行动者的视角展示了作为实际执行者的乡村干部在此过程中的行为选择和行动策略，并由此总结国家贫困治理在村庄层面的实践形式和运作形态。从研究性质上看，本书是一项关于村庄贫困治理政策执行的定性研究。定性研究以符号互动论、诠释学和常人方法学的理论与方法论原则为基础①，重视词语而非定量标准和技术的使用，在资料收集上常常表现为以词语、感觉、价值、态度方面的信息等形式呈现出来的资料。② 同时，定性研究主要以主观主义（或微观）视角，将个人和小群体的行动视为社会建构的关键点，但其感兴趣的东西往往是作为整体存在的意义，强调整体的元素不能从整体中简单抽离出来并脱离上下文加以测量，即定性研究一方面对于微观互动和个人意义感兴趣，另一方面又对那些不能从上下文中分解和抽离出来的东西感兴趣。③ 在本书中，由于农村贫困治理是一项极富综合性、长期性的复杂政策实践和运作过程，笔者难以在一项研究中穷尽村庄精准扶贫政策的整个实施过程和实施效果，因而着力于展示乡镇干部、村庄干部以及作为政策对象的村民围绕村庄精准扶贫政策执行而产生的互动行为，可以说是一系列"碎片化的故事"，但作为产生于扶贫政策执行过程中的故事或事件，它们又是国家贫困治理过程中必然存在的重要组成部分，同时这些"碎片化的故事"所揭示的现象或行为也极有可能出现于其他国家治理政策的执行运作过程中，因而也具有从微观透视宏观的可能性。

在研究的基本方式上，本书采用实地研究的方法，即研究者深入研究地区，通过参与观察和询问来感悟研究对象的行为方式及其行为方式背后的文化内容，以逐步实现对研究对象及其社会生活的理解。④ 由于村庄是国家公共政策执行的终端和实践场域，探讨贫困治理政策的基层实践以及乡村干部的执行行动和行为策略，有必要以具体村庄作为实地研究的调查个案。因此，在研究

---

① Sarantakos S. *Social research*. Basingstoke：Macmillan，1988，p. 467.

② Lawson Tony，Garrod Joan. *The complete A-Z sociology handbook*. London：Hodder and Stoughton Educational，1994，p. 218.

③ Matthew David，Carole D. Sutton 著：《社会研究方法基础》，陆汉文等译，高等教育出版社 2008 年版，第 34 页。

④ 风笑天：《社会学研究方法（第三版）》，中国人民大学出版社 2009 年版，第 256 页。

对象上，本书以一个贫困村作为个案展开研究，具体选取了位于中国西部的贫困县西省州县一个国家级贫困村——河乡岩村作为本书的调查案例。一方面，岩村代表了当前中国中西部地区典型的贫困村形象，这类贫困村囿于地理位置偏远、基础设施落后、资源开发不足等原因而形成了"富饶的贫困"状态。在国家提出精准扶贫政策以后，村庄亦开展了轰轰烈烈的贫困治理运动，其所在的乡镇领导干部以及村庄干部扮演了活跃在基层政策执行一线的街头官僚角色；另一方面，由于笔者前期在西省进行过地区"脱贫攻坚省级样本"的相应调查研究，与当地扶贫部门建立了良好的合作关系，借助全国扶贫宣传教育中心在各地开展扶贫创新典型案例总结活动的契机，笔者得以顺利进入岩村进行研究，并得到地方县级和乡镇政府的协助，以研究者的身份在村庄开展调查和研究工作。村庄政策执行则为理解国家治理的基层实践以及乡村干部行动选择提供了绝佳的"事件"或"窗口"，因此，通过一个村庄精准扶贫政策的执行过程和执行活动，可以管窥位于政策执行一线、作为街头官僚者的乡村干部在街头行政中产生的具体行动选择和行为策略，也可以由此折射出国家贫困治理在乡村社会的运作过程和呈现形态。

具体来看，本书的资料收集方法包括了文献法、参与式观察法以及访谈法。无论研究特定问题或开展训练式研究，在实际操作中界定问题的第一步就是确定以前所做过的事情①，也即文献回顾的过程。就本书来看，文献法主要体现在以下两个方面：一是在对个案开展调查研究之前以及研究过程中，选取了有关国家公共政策执行、乡村干部行为等主题的现有研究文献，通过文献回顾与分析以确定本书的主题、背景以及相应的研究方法；二是查阅和收集有关研究案例的相关资料，包括中央和省级部门有关精准扶贫政策的相应文件资料，县级部门有关地方精准扶贫政策执行的通知、公告、规则以及工作总结、调查报告等，乡镇、村级层面有关精准扶贫政策执行的文件文本、工作总结、汇报材料以及乡村干部的工作日记、会议记录等。通过对这些文献材料的二次

①　Matthew David，Carole D. Sutton 著：《社会研究方法基础》，陆汉文等译，高等教育出版社 2008 年版，第 6 页。

分析,以丰富和佐证研究中的经验证据。

参与式观察也是本书资料收集的具体方法之一,主要是观察者在一定程度上直接介入被研究的客体,与被观察者发生联系,参与他们的活动,从而收集与研究相关的资料。参与式观察能够对研究客体进行深入的了解,从而获得从外部观察得不到的资料。① 事实上,笔者在岩村进行的实地调查过程中,始终以公开的研究者身份介入,因而严格来讲是一种半参与式的观察。在笔者进入岩村时,适逢该村进行贫困人口建档立卡工作的核查以及农业观光旅游扶贫项目的实施阶段。在此过程中,笔者扮演了参与观察者的角色,并带着预先设计好的有关村庄政策执行及乡村干部行为策略的研究问题,通过自然状态的观察加以了解。通过亲身参与和经历该村实施扶贫项目以及迎接上级检查、考核活动的相应过程,包括旁听以乡镇为主的包村干部及村委会干部会议,以及村民代表讨论扶贫项目的过程。笔者以参与式观察方式深入村庄执行扶贫政策的工作场景中,对乡村干部的日常工作过程和具体细节进行观察,从而获得乡村贫困治理政策执行过程中的大量直观信息和第一手资料。

访谈是许多实地工作的核心,与研究对象之间的交谈成为在研究现场收集资料的典型方式。通过访谈,研究者试图将立论宏大的抽象研究理论与最具地方性的细节联系起来。② 访谈法也是本书重要的资料收集方法之一。具体来看,本书采用半结构式访谈方式,即根据事先准备好的、大致的访谈提纲与研究对象进行访问,在轻松的聊天氛围中,通过面对面地交流获取研究资料。总的来看,本书的访谈对象主要包括县、乡、村三个层级,县级访谈对象包括县扶贫局、财政局、组织部等相关部门,以及负责岩村所在产业园区的园区办、驻村帮扶干部等政府部门工作人员;乡级访谈对象主要是乡镇领导干部、参与岩村扶贫项目实施的包村干部等;村级访谈对象包括村两委干部、小组干部、贫困户、普通村民以及在村企业工作人员等。在近半个月的实地调查过程中,

① 仇立平著:《社会研究方法(第2版)》,重庆大学出版社2015年版,第277页。

② Kevin J. O'Brien:《发现,研究(再)设计与理论构建》,载 Maria Heimer, Stig Thegersen 主编:《在中国做田野调查》,于忠江、赵晗译,重庆大学出版社2012年版,第23页。

笔者通过各级干部引介、随机走访等方式寻找相应的访谈对象，对州县扶贫局、园区管理委员会、河乡政府、岩村相关干部和村民等43人进行了访谈，收集有效访谈录音53份。通过对乡镇干部、村庄干部、贫困户、普通农民等调查对象进行的半结构式访谈，笔者深入了解了岩村在贫困户评选、扶贫项目实施以及接受上级考察等精准扶贫政策执行的具体过程和情况，并试图发现乡村政策执行过程中的诸多"事件"，通过鼓励研究对象的交流来详细了解"事件"的细节和过程，尝试将这些"事件"变成一个个生动的"故事"，进而在研究中予以分析和展示。①

（二）调查点介绍

本书选取的研究对象——岩村②是中国西部地区一个典型的国定贫困村，位于西省州县的西北部，隶属河乡人民政府。根据2015年建档立卡数据，州县共有包括岩村在内的165个贫困村。按照国家2020年实现贫困人口全部脱贫的扶贫开发目标以及西省政府扶贫开发规划要求，州县政府提出了2018年年底提前实现贫困人口脱贫目标的工作计划，逐步实现现有贫困人口脱贫、贫困村出列以及贫困乡镇减贫摘帽。按照计划要求，岩村及其所在河乡则分别要在2017年实现贫困村出列，以及2018年实现贫困乡镇摘帽。

就岩村而言，全村共包括8个自然村寨，17个村民小组，2016年总户数为1368户、总人口4377人。根据2013年贫困户建档立卡数据，岩村共有贫困户188户、贫困人口528人。近年来，经过国家和地方政府大力实施农村扶贫开发，岩村贫困状况得到大幅度缓解和改善，2016年贫困户下降至106户、271人。岩村是一个汉族占主导的多民族聚居村，其中彝族是人数最多的少数民族，共有361户、1330人。全村土地面积12.4平方公里，耕地面积2670亩，其中水田996亩、旱地1674亩、林地410亩，是一个典型的人多地少的

---

① 仇立平著：《社会研究方法（第2版）》，重庆大学出版社2015年版，第267~269页。

② 按照学术研究惯例，本书中地名、人名、公司名等均作匿名和技术化处理。

山区农村。在 2012 年以前，岩村同州县地区其他贫困村一样，面临基础设施落后、耕地资源利用率低、因病致贫返贫现象严重、农业产业发展动力不足等普遍性的农村贫困问题。由于通村公路建设不足，从村庄到县城需要近两个小时的车程，坑坑洼洼的村内道路以及低矮破损的房屋是这个贫困村最为直观的村庄形象。农民依靠户均两亩不足的土地，种植水稻、玉米、大豆等农作物维持基本生活，全村一半以上成年劳动力在临近的云南省以及广东等沿海发达地区打工。岩村具有典型的劳动力迁徙和留守村庄的特征。

　　新世纪以来，伴随国家及西省农村扶贫开发力度不断加大，岩村贫困面貌开始得到逐步改善。特别是 2012 年当地民营企业——红叶公司经过多方考察以及在县乡两级政府的积极争取下，选择在岩村进行土地承包、建立农超对接的有机蔬菜产业基地以及投资当地旅游观光农业产业。随着相应的基础设施配套项目建设、农户土地流转以及旅游观光农业的开发建设，岩村掀开了发展突变的序幕。特别是蔬菜产业基地逐步扩大，旅游观光农业产业初见成效，岩村发展受到了县政府的高度重视。2014 年以后，结合国家和省市精准扶贫政策行动的开展，州县政府开始以岩村为核心建立相应的农业产业园区，积极动员和吸引投资企业入驻岩村，重点发展以精品水果、有机蔬菜、花卉、中药等种植产业以及生猪养殖产业为基础的农业产业。按照"以农促旅、以旅强农、农旅结合、互促互补"的发展理念，致力于将其打造为集农业产业、旅游观光为一体的现代化农业产业园区。同时，省国土资源委员会、县扶贫局成为岩村挂点帮扶单位。由此，各类扶贫和农业发展政策、项目和资源陆续进入岩村。据统计，2012 年至今，岩村先后实施了"四在农家·美丽乡村"建设、农村自来水改造工程、基础设施建设项目、光伏发电扶贫项目、产业扶贫项目等多个扶贫发展项目。特别是岩村以产业发展推进的精准扶贫，也逐渐成为全县乃至全省贫困治理的样板工程。

　　由此，岩村在近年来一系列扶贫政策实施过程中得到了显著发展，村容村貌也发生了巨大变化。但伴随外来企业入驻以及扶贫产业项目的实施，农户土地流转、农民入股企业以及进园区务工等变化，逐渐改变了岩村村民以往平静单一的迁徙和留守生活图景，土地流转费、企业分红、入股等一系列新鲜语汇开始跃入村民生活的日常，以往悬浮于村庄、村民之上的乡村干部也开始因各项扶贫政策的实施，而与村民产生更多的沟通和交流。特别是精准扶贫政策实施过程中，作为政策实际执行者的乡村干部在与村民围绕贫困人口识别、扶贫项目实施以及各项基于岩村扶贫进行的检查考核等一系列事件和过程，产生了更加复杂频繁的沟通和互动，即一方面是岩村如火如荼进行的精准扶贫治理运动，另一方面则是乡村干部与村民以及"在场"的国家和上级部门之间，多元政策参与主体基于政策执行过程的博弈和互动。因此，通过村庄政策执行的过程和实践，可以有助于理解国家治理的基层实践以及乡村干部的行动选择和行为策略。

四、研究思路与框架

本书旨在从行动者视角，以岩村精准扶贫政策的执行过程和执行实践为分析线路，探讨乡村贫困治理政策执行的运作形态以及乡村干部的行为策略。研究的具体思路和主要内容包括以下几个部分：一是基于西方街头官僚理论，结合中国基层政策执行的行动情境，从街头官僚的身份、街头行政空间以及与政策对象的互动关系层面进行理论的拓展，建立拓展的街头官僚分析框架，将乡村干部视为兼具街头性与官僚性身份、面临科层组织和乡土社会双重空间以及正式互动与非正式互动并存的中国式街头官僚；二是在经验层面，以乡村精准扶贫政策的执行过程为叙述线索，阐述乡镇及村庄干部在贫困人口识别、扶贫项目推进以及应对上级检查考核工作过程中产生的行为选择和行动策略，分析其基于街头官僚身份、空间以及互动关系进行的规则、场景以及结果的生产再造，进而推进精准扶贫政策的变通性执行；三是将街头官僚的分析框架与基层贫困治理政策执行实践相结合，总结乡村贫困治理政策执行的运作特点，并进行中西方街头官僚的分析比较，总结出任务性扶贫是基层贫困治理政策运作的基本形态，而变通性策略则是乡村干部政策执行当中的典型行为模式。同时，乡镇及村庄干部在政策执行行动中存在管理型街头官僚与过程型街头官僚的差异，这种差异以及乡村干部的变通性执行也可以通过政策执行的情境予以分析和解释。

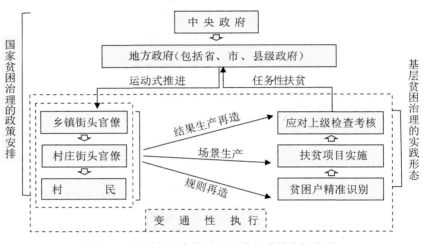

图 1.1 乡村街头官僚精准扶贫的政策执行实践

在这一分析框架当中，从中央政府到基层乡镇政府及其权力延伸的村级自治组织，构成了中国以科层体制为主、从国家到乡村的贫困治理行动体系。而在这一由中央政府推动形成的运动式精准扶贫过程中，经历自上而下的政策建构和任务分解，形成了基层贫困治理的行动脚本和政策目标。位于国家与社会交接处的乡镇政府及其权力延伸，则构成了贫困治理政策执行的基层行动网络，乡镇干部以及村庄干部成为国家精准扶贫政策在村庄层面的实际执行者。在村庄这一国家贫困治理的终端以及政策执行的实践场域，有关精准识别、精准帮扶、精准管理、精准考核的政策规则，以及乡村干部面临的科层制结构和乡土社会共同体结构，共同构成了乡村干部政策执行的行动情境。乡镇干部以及村庄干部在村庄这一政策执行的一线和现场，扮演了精准扶贫政策执行的街头官僚角色。在贫困户精准识别、扶贫项目实施以及应对上级检查考核工作过程中，乡村干部基于其街头官僚的身份、街头性行政空间以及与村民政策对象的互动关系，进行了一系列治理规则、场景以及结果的生产再造。通过这种政策变通性执行的自由裁量，乡村干部顺利推进了国家精准扶贫治理目标的村庄呈现。因此，从宏观层面的政策执行过程看，自上而下的政策过程体现了国家贫困治理的运动式推进，而自下而上的政策执行过程则充满了基层贫困治理运作的任务性扶贫形态。而基于微观的乡村干部的行动者视角，则是乡镇街头官僚以及村庄街头官僚在政策执行的基层行动情境当中，运用治理规则、场景以及结果生产再造而产生的一系列变通性执行策略，以实现国家贫困治理目标的村庄实现。实际上也是一种自由裁量，甚至是乡村干部基于政策执行结果或过程而主动进行的自由裁量。乡镇干部以及村庄干部具有不同的行动选择和行为策略，因而产生了与西方街头官僚理论研究中不同的中国式街头官僚形象。

具体来看，本书的章节内容安排如下：

第一章为导论，主要介绍本书的选题背景、研究意义，并基于本书的主题，对一般公共政策执行、贫困治理过程中的政策执行以及基层政策执行中的乡村干部等研究文献进行梳理和评述。提出本书所使用的研究方法以及调查个案的选择和介绍，并阐述本书的总体思路与框架。

第二章为本书的理论基础和分析框架。基于西方政策执行研究的街头官僚理论、本土化语境下的街头官僚及其自由裁量研究，以及社会学研究中有关互动、场景的理论和概念，在街头官僚自由裁量权的核心分析框架基础上，建构了基于身份、空间与互动关系的扩展的街头官僚分析框架，即街头官僚不仅具有自由裁量权的核心特质，同时也是兼具街头性与官僚性身份、面临科层组织和乡土社会双重空间以及正式互动与非正式互动并存的街头官僚。

第三章介绍当前中国精准扶贫的政策建构及行动建构，旨在从宏观层面国家贫困治理的演进历程出发，介绍当下以精准扶贫为代表的贫困治理政策建构和行动体系，尤其是在乡村执行场域中以乡村干部为实际政策执行者的行动主体，以及科层组织结构与地方乡土社会所共同形塑的行动情境。

第四章以岩村精准扶贫政策中贫困人口识别和建档立卡的具体执行过程为分析基础，分析乡村干部基于其街头官僚身份特征进行的规则再造行为和策略，包括贫困人口识别中从技术规则到实践规则的再造，以及建档立卡工作中乡镇从指导性权限到主导性权限的规则再造，并分析二者行为选择的行动策略的差异。

第五章分析乡村干部在扶贫项目村级实施过程中的行为和行动策略。以岩村产业扶贫项目进村的实践过程为基础，分析乡村干部在项目区土地流转、违种问题解决等具体事件当中通过相应政策执行场景的生产再造，构建乡村干部与村庄村民互动的理性场景或陌生场景，以实现扶贫项目的规模化、统一化和顺利推进。

第六章以乡村干部应对上级检查考核工作的行动过程和行为策略为基础，阐述乡村干部作为上级政府的评估考核对象以及乡村贫困治理过程和效果的展演者，通过上级考核指标中有关文本、数据材料的补充完善以及扶贫治理现场的选取塑造，对于政策执行过程中呈现的相应"结果"进行生产再造，以顺利通过上级政府的检查和考核。

第七章为结论与讨论部分，总结了乡村街头官僚行动与基层政策执行实践之间的关系，以及乡村干部基于规则、场景和结果生产再造而形塑的乡村贫困治理形态，并基于乡村干部及其政策执行过程提出本书的政策意涵，最后结合本书，提出有关中国乡村干部的再认识以及后扶贫时代贫困治理与乡村治理关系问题的研究展望。

第二章　理论基础与分析框架

在国家贫困治理的村庄场域，位于科层制"金字塔"底端的乡镇政府及其权力延伸的村民自治组织是国家扶贫政策基层落实的主要主体和执行单位。由于农村贫困治理的复杂性和特殊性，在贫困人口精准识别、扶贫项目落实推进、扶贫成效评估等政策进程或阶段中，乡镇以及村庄干部要与农村贫困人口、普通村民等进行面对面的互动和联系，成为基层贫困治理"一线"和政策执行"现场"的主要行动者，乡村干部的行为决策也决定着贫困人口的身份认证、福利分配以及扶贫政策的效果。同时，在国家与社会交汇处的农村社会，乡村干部的政策执行行动充满了正式权力的非正式使用、政策选择性执行、政策目标和手段的变通等大量自由裁量行为，这些与西方政策执行研究语境下的街头官僚形象相照应，反映了政策执行"一线"的基层官员特征及其在复杂流变的政策执行空间所产生的自由裁量。可以说，西方街头官僚理论为观察和分析中国村庄场域的基层政策执行行动提供了一定的理论视角和资源，其"街头官僚"的概念内涵与中国农村政策执行过程中的乡镇或村庄干部具有一定的相似性。研究中国乡村干部在村庄层面的政策执行行为，也能够与西方街头官僚理论进行相应的理论对话和分析比较。据此，本章以西方街头官僚理论、社会学有关互动及场景的理论概念以及国内外有关基层自由裁量的研究为分析的理论视角和研究基础，构建一个扩展的街头官僚分析框架，将街头官僚的身份属性扩展到政策执行中流动的"街头"行政空间以及政策执行者与政策对象面对面、直接的互动关系，提出基于街头官僚身份、空间及互动关系的拓展的分析框架，并以此研究和阐释基层政策执行中乡村干部的政策执行行动，以及其所形塑的基层贫困治理运作的实践形态。

一、政策执行的街头官僚理论

（一）"街头官僚"的概念及行为特征

街头官僚（street-level bureaucracy）理论产生于 20 世纪 60 年代末的美国。这一时期，西方公共政策研究开始由"自上而下"的路径向"自下而上"的路径转变，后实证的、社会理性的研究范式逐渐开始取代以往实证的、经济理性的研究范式，研究者日益重视对政策过程的关注，尤其是开始从微观行动者、外部环境等角度解释政策的运行过程。事实上，"街头官僚"一词正式出现以前，西方一些研究者已经开始关注行政体系中这类人员的行为和决策。如爱肯和海基（Aiken & Hage，1966）在"Organizational Alienation：A Comparative Analysis"一文中，基于 16 家福利组织及其专业员工的调查，对于组织的两个维度——集权化和正规化以及两种异化类型——操作异化和表达异化之间的关系进行了考察，进而提出操作异化反映出职员对于个人职业和专业发展的不满，而表达异化则体现出监督者与底层工作之间关系的不满，也即工作内容的完成与底层工作者的态度、行为具有密切关系[1]；米勒（Miller，1967）在"Professionals in Bureaucracy：Alienation among Industrial Scientists and Engineers"一文中，根据对美国一家航空公司任职科学家以及工程师的考察，提出工作异化与组织结构的类型具有密切关系，但专家与工程师本身差异的影响并不比以往研究中显示的那么小，进而指出在一个特定的组织当中，其内部的结构差异与组织类型差异对工作异化将具有相同的影响。[2] 此外，瓦斯曼（Wasserman，1971）、克洛格（Kroeger，1975）等人也对基层工作实践或政策执行领域的基层工作者进行了研究，并主要从社会学的角度，探讨政策制

---

[1] Aiken M, Hage J. "Organizational alienation：A comparative analysis", *Journal of Occupational & Environmental Medicine*, Vol. 31, No. 9, 1967, p. 58.

[2] Miller G A. "Professionals in bureaucracy：Alienation among industrial scientists and engineers". *American Sociological Review*, Vol. 32, No. 9, 1967, p. 40.

定过程中作为决策者的"街头官僚"及其个人特征如何影响政策的决策。①

从本质上看，街头官僚理论的提出，源于研究者对官僚在政策制定中的作用及其由裁量权的关注，是对公共行政当中普遍存在的委托——代理问题的解释和回应。1969 年，美国政策学者李普斯基（Michael Lipsky）在《走向街头官僚理论》（"Toward a Theory of Street-level Bureaucracy"）一文中首次提出了"街头官僚"（street-level bureaucracy）的概念。② 随后，在《街头官僚与城市改革分析》（"Street-level Bureaucracy and the Analysis of Urban Reform"）一文中，李普斯基进一步对"街头官僚"进行了详细分析，并指出影响街头官僚行为选择的主要因素。在研究中，他将警察、教师、税收员、福利机构工作者等处于基层以及政策执行一线、与政策对象或公共服务对象的社会公众直接打交道的工作人员视为"街头官僚"，并指出街头官僚在民众寻求帮助或受到控制管理时与之相遇，对社会公众特别是穷人的生活产生重要影响。而在现实中，街头官僚往往受到公众的抨击，包括批评其反应迟钝、与贫民区居民工作准备不足、能力低下、拒绝改变、种族主义倾向，等等。③ 以往有关政策制定的研究往往认为政策的设计过程是完善的，街头官僚的失范行为来源于资源匮乏以及公共支持和理解的不足。为此，李普斯基也分析了街头官僚面临的三种压力，包括资源不足、上级部门的风险和挑战以及充满矛盾和模糊的工作期许。④ 事实上，即便街头官僚在理论上承认其行为具有简化性及随意性的缺陷，但由于其所在官僚体制的特征、日常工作经验以及工作过程的变动性，街头官僚在实际工作中仍然会继续这种行为策略。⑤ 20 世纪 80 年代，李普斯基

---

① 叶娟丽、马骏：《公共行政中的街头官僚理论》，载《武汉大学学报（社会科学版）》2003 年第 5 期。

② Lipsky M. "Toward a Theory of Street-level Bureaucracy". *University of Wisconsin*, 1969, p. 131.

③ Lipsky M. "Street-level Bureaucracy and the Analysis of Urban Reform". *Urban Affairs Review*, Vol. 6, No. 4, 1971, p. 45.

④ Lipsky M. "Street-level Bureaucracy and the Analysis of Urban Reform". *Urban Affairs Review*, Vol. 6, No. 4, 1971, p. 45.

⑤ Lipsky M. "Street-level Bureaucracy and the Analysis of Urban Reform". *Urban Affairs Review*, Vol. 6, No. 4, 1971, p. 45.

基于对大量公共服务组织行为的观察，完成了《街头官僚：公共服务中个人的困惑》（*Street-level Bureaucracy：Dilemmas of the Individual in Public Services*）一书，在书中进一步对街头官僚的定义、行为特征以及自由裁量权等方面进行了阐释，推动了街头官僚理论的形成。他指出，认识"街头官僚"这一概念包括两种路径，一是将其等同于社会公众所接受的公共服务，二是将其定义为特定情景中社会公共服务工作者的一种。李普斯基显然更倾向于第二种定义，其进一步指出街头官僚是在"工作过程中直接与公众进行互动，并且在工作执行中拥有大量自由裁量权的公共服务工作者"。[①]　与公共政策制定和执行过程中的其他官僚不同，街头官僚的决策往往是直接的、针对个人的；同时与大多数组织中的低层职员不同，街头官僚在决定其机构对服务者或政策对象供给的利益和惩罚的性质、数量以及质量时拥有相当大的自由裁量权[②]，也即街头官僚能够直接决定对公民是否实施惩罚或奖励以及相应的程度，如警察直接决定着对公民的惩罚、福利机构接受福利申请的决策将决定公民得到的服务或奖励等。

在行为特征上，李普斯基指出街头官僚具有两个重要特征：一是自由裁量行为是其在政策执行过程中的重要面向，二是街头官僚的政策执行行动很难被按照上层制定者的制定意图执行，因而也难以达到政策制定的标准化要求。一方面，街头官僚位于以逐级授权为基础的官僚制"金字塔"结构的末端，来自高层政策法律特征和机构目标的模糊性、绩效评估中的信息不对称，使得街头官僚在资源分配过程中产生了一定的自主性；另一方面，街头官僚对于工作场景具有一定的熟悉和掌握[③]，其顾客或服务对象往往是非自愿性的，因而很难对街头官僚的行为进行监督和约束。因此，街头官僚在基层公共服务和公共

[①]　Lipsky M. *Street-level bureaucracy：Dilemmas of the individual in public services*. New York：Russell Sage Foundation，1980，p. 8.

[②]　Lipsky M. *Street-level bureaucracy：Dilemmas of the individual in public services*. New York：Russell Sage Foundation，1980，p. 10.

[③]　Lipsky M. *Street-level bureaucracy：Dilemmas of the individual in public services*. New York：Russell Sage Foundation，1980，pp. 15-16.

物品的供给当中形成了一定程度的垄断，在决定其机构供给利益以及惩罚的性质、数量和质量时拥有相当大的自由裁量权①，也即在政策执行一线这一特殊的工作环境下，街头官僚的政策执行过程实际上一种政策的再制定过程②，这也成为有关街头官僚理论的核心观点。③ 用 Vinzant 和 Crothers 的话说，街头官僚的决策环境使其必须随时在工作过程中做出决策并解决问题④，这些也使得街头官僚工作者在政策执行中，使用未被批准甚至与公共政策目标相对立的工作方式，难以完全实现委托者、政策对象以及社会期许的目标相一致。⑤ 为此，李普斯基将这类政策执行者称为"社会控制的代理人"；Hupe 和 Hill 指出，在一定程度上，他们不仅仅是政策执行者，还是政策制定者⑥；Meyers 和Vorsanger 将街头官僚在政策执行过程中的位置描述为独立且能够产生独立影响的一级⑦；Maynard-Moody & Musheno 将他们形容为"公民代理人"⑧；Vinzant和Crothers甚至以"街头领导者"进行描述。⑨ 但不可否认的是，街头

① Lipsky M. *Street-level bureaucracy*：*Dilemmas of the individual in public services*. New York：Russell Sage Foundation，1980，p. 56.

② Lipsky M. *Street-level bureaucracy*：*Dilemmas of the individual in public services*. New York：Russell Sage Foundation，1980，pp. 83-84.

③ Meyers M K, Vorsanger S. "Street-level bureaucrats and the implementation of public policy". In B. G. Peters，J. Pierre（Eds.），*Handbook of public administration*. London，UK：Sage，2003，p. 154.

④ Vinzant J C，Crothers L. *Street-level leadership*：*Discretion and legitimacy in front-line public service*. Washington，DC：Georgetown University Press，1998，p. 19.

⑤ Behn R D. *Rethinking democratic accountability*. Washington，DC：Brookings Institution，2001，p. 38.

⑥ Hupe P，Hill M. "Street-level bureaucracy and public accountability". *Public administration*，2007，85.

⑦ Meyers M K，Vorsanger S. "Street-level bureaucrats and the implementation of public policy". In B. G. Peters，J. Pierre（Eds.），*Handbook of public administration*. London，UK：Sage，2003，p. 153.

⑧ Maynard-Moody S，Musheno M. *Cops，teachers，counsellors*：*Narratives of street-level judgment*. Ann Arbor，MI：University of Michigan Press，2003，p. 23.

⑨ Vinzant J C，Crothers L. *Street-level leadership*：*Discretion and legitimacy in front-line public service*. Washington，DC：Georgetown University Press，1998，p. 147.

官僚在政策执行过程中存在上级目标与执行结果相矛盾的困境，政策冲突不仅存在于上层利益集团之间，也存在于街头官僚与其服务对象的社会公众之间。

在政策执行中，街头官僚的工作程序及特征也导致了相应的政策执行结果，包括管理程序性实践、优化政策对象、简化环境以控制执行结果、分配服务以及储存资源等。具体来看，由于街头官僚机构拥有资源的有限性，街头官僚往往通过增加顾客获得服务的成本、限制服务总量、隐瞒信息等机制、筛选顾客等进行服务的分配，从而导致严重的行政过程不平等问题①；同时，为有效对顾客进行管理，以及降低政策过程中出现的不确定性结果，街头官僚往往会选择特定的场景或特定的顾客进行互动，并通过一定的惩罚措施约束和控制不遵守工作程序的行为和顾客。② 当面对复杂的政策执行任务以及有限的服务资源时，街头官僚一般会通过预留时间或动员其他的组织资源等方式来应付一些突发性的服务需求。③ 此外，当顾客或服务对象的反映不能在正常的工作程序中得到处理时，街头官僚机构往往会运用一些特殊的处理程序来吸收和化解公众的不满与抱怨，例如紧急事务的处理机制等。④ 在对街头官僚行为选择的影响因素解释层面，李普斯基提出，社会公共服务工作的性质以及来自服务对象的工作压力，导致其执行工作偏离了原有的工作设计和工作目标。20 世纪80 年代，学者 Moore 等人提出"政治话语"的理论来分析和理解街头官僚的决策与行为。他们认为，街头官僚理论实际上是一种"官僚话语"理论，街头官僚在技术、认知以及道德等方面被理解为一种消极的呈现面向，弱化了街头官僚动机和决策过程中的政治性因素。"政治话语"理论则将街头官僚视为一种"政治家"形象，并对各种街头官僚机构进行了明确区分。街头官僚的

---

① Lipsky M. *Street-level bureaucracy*：*Dilemmas of the individual in public services*. New York：Russell Sage Foundation，1980，pp. 105-116.

② Lipsky M. *Street-level bureaucracy*：*Dilemmas of the individual in public services*. New York：Russell Sage Foundation，1980，p. 125.

③ Lipsky M. *Street-level bureaucracy*：*Dilemmas of the individual in public services*. New York：Russell Sage Foundation，1980，pp. 125-132.

④ Lipsky M. *Street-level bureaucracy*：*Dilemmas of the individual in public services*. New York：Russell Sage Foundation，1980，pp. 133-139.

决策被视为是在一种"权变的、学习的、顺序寻求的策略"中形成，而非是一种简单的、追求效用最大化的、计算出的逻辑结果。① 在影响因素方面，Ricucci、Scott 和 Kelly 等人提出从组织绩效评估体系、领导风格、组织文化和价值取向等方面分析对街头官僚政策执行的影响。② 古德赛尔、皮索、马拉登卡等人则从顾客特征方面，讨论对街头官僚行为的影响。他们提出，在组织结构相似的政策执行过程中，顾客需求度、顾客合作程度、顾客需求表达能力都能够对街头官僚行为产生影响。③ 学者 Scott 总结出三种影响因素，包括个人决策特性、组织特性以及顾客（政策执行对象）属性。④ Vinzant 以及 Crothers 提出官僚组织以外的因素，例如社团、法律规则、大众传媒、其他服务机构以及一般环境变量等。⑤ 据此，Kim Loyens 和 Jeroen Maesschalck 将上述研究进行融合，概括总结出包括个体决策特性、组织特性、组织外部因素以及政策对象属性四种主要的影响因素。⑥

（二）街头行政及其自由裁量

自由裁量，即人们从可能的作为和不作为中作选择的自由权。⑦ 早在李普

---

① Moore, Scott. "The Theory of street-level bureaucracy: A positive critique". *Administration & Society*, Vol. 19, No. 1, 1983, p. 58.

② Riccucci N M. *How management matters: Street-level bureaucrats and welfare reform.* Washington D. C.: Georgetown University Press, 2005.

③ 见［美］詹姆斯·威尔逊：《官僚机构：政府机构的行为及其原因》，孙艳译，三联书店出版社 2006 年版；［美］查尔斯·T. 葛德塞尔：《为官僚制正名———一场公共行政的辩论》，张怡译，复旦大学出版社 2007 年版。

④ Scott P G. "Assessing determinants of bureaucratic discretion: An experiment in street-level decision-making". *Journal of Public Administration Research and Theory*, Vol. 7, No. 1, 1997, pp. 35-58.

⑤ Vinzant J C, Crothers L. *Street-level leadership: Discretion and legitimacy in front-line public service.* Washington, DC: Georgetown University Press, 1998, p. 25.

⑥ Kim Loyens and Jeroen Maesschalck. "Toward a theoretical framework for ethical decision making of street-level bureaucracy: existing models reconsidered". *Administration & Society*, Vol. 42, No. 1, 2010, p. 100.

⑦ ［美］伯纳德·施瓦茨：《行政法》，群众出版社 1986 年版，第 567 页。

斯基"街头官僚"的概念和理论提出以前，西方研究者在对公共行政机构官员的研究中，已经提出了有关其日常工作行为中的自主性问题。如 Kaufman 研究了森林警察这类公共行政人员的行为选择及影响因素，指出传统习俗和准则、社区价值观、工作态度和压力、工作经历以及关系所带来的偏好和偏见将对行政人员产生不同影响，进而形塑出不同的行政行为。① Handler、Becker 等对社会公共服务领域内社会工作者、教师的研究中，也揭示了这类官员在社会福利政策当中产生的自主性行为。② Davis 提出，公共官员具有的自由裁量权，使其在有效权力限制的条件下，仍然能够在作为与不作为的可能结果之间进行决策选择。③ 李普斯基街头官僚理论提出以后，超越了以往对某一种类型行政官员的个案研究，提出一线街头官僚这类群体的政策执行及其自由裁量行为，使得这一研究主题受到越来越多研究者的关注。

街头官僚的自由裁量权主要表现为其在政策执行当中的自主性。利用这种自主性，街头官僚能够采取某种不合作的策略来抵制上级权威组织的命令，降低来自高层管理者的控制与约束，也能够决定顾客（或者说政策对象）获得惩罚或奖励的程度，进而造成街头官僚与顾客（或者说政策对象）之间的不平衡关系，影响公众对于街头官僚及其高层行政体系的认识和评价。在李普斯基看来，街头官僚的自由裁量权有助于其管理工作环境、简化工作条件以及规避来自上级的约束风险，这种自由裁量权实际上来源于街头官僚特殊的基层工作环境。用 Vinzant 和 Crothers 的话说，这种决策环境使得这些政策的执行工作者必须随时随地在工作过程中作出决策并解决问题。④

---

① Kaufman H. *The forest ranger*：*A study in administrative behavior*. Baltimore，MD：Johns Hopkins University Press，1960，p. 87.

② Handler J F，Hollingsworth E J. *The "deserving poor"*：*A study of welfare administration*. Markham Pub. Co，1971；Becker H S. "The career of the Chicago public school teacher." *American Journal of Sociology*，Vol. 57，No. 5，1952，p. 41.

③ Davis K C. *Discretionary justice*：*A preliminary inquiry*. Baton Rouge，LA：Louisiana State University Press，1969，p. 4.

④ Vinzant J C，Crothers L. *Street-level leadership*：*Discretion and legitimacy in front-line public service*. Washington，DC：Georgetown University Press，1998，p. 19.

在对自由裁量的界定上，西方学者也形成了不同的观点和论述。如Galligan 认为自由裁量是一种自治权的范围，也即个体在多大程度上能够通过自身的判断和评价标准产生相应的决策。① Hawkins 提出，自由裁量可以被视为行动者在合法规则下可能行使选择的空间。② Baldwin 指出，自由裁量的决策执行是一个不断持续的过程，同时也是经过大量演绎性活动而产生的灵活多变结果。③ 一方面，这种自由裁量权在街头官僚工作中具有必要甚至关键性的作用。Jowell 认为自由裁量权是必要的，或者说至少在有效且高效实施政策过程中是一种必要的条件。④ Dimaggio 等提出，街头官僚的工作特点需要一定的自由裁量权，而自由裁量权则赋予了街头官僚政策执行中的相应自主性。⑤ 首先，街头官僚往往在复杂环境下工作，政策执行难以分解为标准化的工作程序或项目程式，这些为自由裁量行为的产生创造了可能性。⑥ 其次，街头官僚需要相应的自由裁量权以合理回应人们的价值判断。再次，上级对于基层工作者直接监管的困难及其工作的独立性，造成了街头官僚事实上的自由裁量权。⑦ 另一方面，街头官僚的自由裁量往往被视为一种消极的应对行为，表现为在资源有限的政策执行条件下，面对分散又广泛存在的公众需求，行政官员所采取的维护自身利益和安全，而非公共利益的生存策略。⑧ 而为解决自由裁量问

① Galligan D J. *Discretionary powers*：*A legal study of official discretion*. Oxford，UK：Clarendon，1990，p. 8.

② Hawkins K. *The uses of discretion*. Oxford，UK：Clarendon，1992，p. 80.

③ Baldwin R. *Rules and government*. Oxford，UK：Oxford University Press，1995，p. 25.

④ Jowell J. *The legal control of administrative discretion*. Public Law，1973，p. 18.

⑤ Dimaggio P J，Powel W. "The iron cage revisited：Institutional isomorphism and collective rationality in organizational field". *American Sociological Review*，Vol. 48，No. 2，1983，p. 143.

⑥ Meyers M K，Vorsanger S. "Street-level bureaucrats and the implementation of public policy". In B. G. Peters & J. Pierre（Eds.）. *Handbook of public administration*. London，UK：Sage，2003，p. 155.

⑦ Brehm J，Gates S. *Working，shirking，and sabotage：Bureaucratic response to a democratic public*. Ann Arbor，MI：University of Michigan Press，1997，p. 79.

⑧ Satyamurti C. *Occupational survival：The case of the local authority social worker*. Oxford，UK：Blackwell，1981，p. 82.

题，街头官僚发明出一套程序，来避免在要求严格且复杂的工作环境下作出永无止境的个人选择。基于此，研究者提出自由裁量权是一种有害的现实，因而必须被加以限制。如 Davis 认为其是产生行政过程不公正的主要原因①；Brigham 和 Brown 等人呼吁减少自由裁量权，并在其使用时进行严格的阶段性控制②；Deutsch、Handler、Lincoln 等人在承认其存在必要性时也指出自由裁量权有可能被滥用，因而应当被适当地进行控制，包括通过直接的监管、工作程序标准化、以绩效为主的奖励机制或改变组织文化，等等。③ 一些研究者也提出模糊性机制、例行化程序以及控制顾客等手段，用以实现清晰的、可控制的工作任务执行目标。④ Nielsen 提出，尽管这些处理机制大多是一种消极的避免阻力的方式，但却能够获得满意的积极效果。⑤ 此外，Bull 指出，街头官僚的自由裁量权实际上是内嵌于规则结构当中，并造成政策执行结果的差异性。⑥ Veen 还提出了自由裁量权的来源，包括规则的特征、执行组织的结构、民主控制的实践方式以及街头官僚的工作环境等方面。⑦ 21 世纪以后，一些学者也针对街头官僚的自由裁量权及其自利性行为提出新的观点。如 Moody 和

---

① Davis K C. *Discretionary justice*：*A preliminary inquiry*. Baton Rouge, LA：Louisiana State University Press, 1969, p. 223.

② Brigham J, Brown D W. *Policy implementation*：*Penalties or incentives*. Beverly Hills, CA：Sage, 1980, p. 65.

③ Deutsch K. "On theory and research in innovation". In R. Merrit & A. Merrit (Eds.). *Innovation in the public sector*. Beverly Hills, CA：Sage, 1985, pp. 17-35；Handler J F. *The conditions of discretion*：*Autonomy, community, bureaucracy*. New York, NY：Russell Sage, 1986, p. 123；Lincoln Y. *Organization theory and inquiry*：*The paradigm revolution*. Beverly Hills, CA：Sage, 1985, p. 43.

④ Fineman S. "Street-level bureaucrats and the social construction of environmental control". *Organization Studies*, Vol. 19, No. 6, 1998, pp. 953-974.

⑤ Nielsen V L. "Are street-level bureaucrats compelled or enticed to cope". *Public administration*, Vol. 84, No. 4, 2006, pp. 861-889.

⑥ Bull D. "The anti-discretion movement in Britain：Fact or phantom?". *Journal of Social Welfare Law*, Vol. 2, No. 2, 1980, pp. 65-83.

⑦ Hupe P, Hill M. "Street-level bureaucracy and public accountability". *Public Administration*, Vol. 85, No. 2, 2007, pp. 279-299.

Leland 认为，并非所有的街头官僚都是通过自由裁量权来管理其工作环境，并追求工作的容易和安全，一些街头官僚也可以成为负责的管理者。一部分街头官僚在政策执行中对于服务的社区和政策对象具有较强的责任感，而并非在政策执行中完全追求工作的简单、舒适和安全，甚至一些自由裁量行为还会增加工作的难度和压力，甚至危害到其个人职业生涯。总之，在委托—代理框架下的街头官僚分析中，当服务对象成为委托人而非街头官僚上级，将大大丰富人们对于街头官僚行为模式的理解。①

事实上，李普斯基的"街头官僚"概念并非带有贬义色彩。他在研究中指出，"街头官僚"是社会公共开支的主要接受者，代表基层公共活动的主要部分，社会公众通过他们直接与政府进行接触，"街头官僚"的行为也从另一层面反映出政府相应领域公共政策的具体要求和体现。虽然一些街头官僚的执行行为可能会扩大政策设计与政策执行之间的鸿沟，但一些行为也反映出政策制定目标与街头工作者需求之间的妥协和折中。李普斯基的研究也促使人们注意到政策执行者在不同服务领域之间存在的差异，尤其是"街头官僚"概念的提出有助于促进人们对于这类工作者与其他社会服务工作者差异的比较。同时，他将街头官僚存在的问题置于其所在的工作结构当中，并尝试提出一个重构的公共领域，以实现对政策对象更好的服务和尊重，从而弥合政策执行结果与政策设计目标之间的差距。

伴随社会历史发展以及理论研究的演进，传统意义的"街头官僚"也开始发生相应的转变。在西方，由于信息时代电子政府的出现，街头官僚开始逐转变为"屏幕官僚"，并由此催生了"系统官僚"的出现。其中，前者主要是指电子计算机等信息通信技术运用过程中，官僚机构的决策更加程序化从而弱化了与公民的直接接触；后者则是信息通信技术被用于生产服务的管理和控制过程以后，组织间的边界更加流动和模糊，信息可以实现更大范围的共享，这

---

① Jeffrey Brudney, Laurence O'Toole Jr, Hal G Rainey. *Advancing public management*: *New developments in theory*, *methods*, *and practice*. Washington, D. C. : Georgetown University Press, 2000, p. 132.

一新体系中的系统设计员成为新的"街头官僚"。① 但"屏幕官僚""系统官僚"的出现也未能有效解决其原有的自由裁量权问题,甚至产生了新的治理难题且并不适用所有的街头官僚机构分析。②

二、本土化语境下的"街头官僚"及其自由裁量

综观国内政策执行的研究路径,基本上可以分为"自上而下"的国家视角、"自下而上"的行动者视角以及综合性的执行研究视角。其中,以乡村干部为主体的政策执行研究构成"自下而上"政策执行研究的主要方面。乡村干部作为公共政策执行底端的实际执行者,面临国家以及上级政府的政策任务压力,以及基层社会分散又具体的政策执行对象,并在乡村政策执行的"一线""现场"与政策执行对象进行接触和互动,实际上构成了西方政策执行研究中的"街头官僚"形象。

事实上,在西方有关街头官僚的研究理论引入之前,一些学者对中国基层政府、基层公务员、村级代理人等具有"街头官僚"特质的机构或个体进行了相关研究,并借以开展有关地方政府角色、中央与地方、国家与社会关系等宏大社会问题的讨论。在中国化语境下,"街头官僚"不仅包括位于国家行政管理系统"体制"内的基层公务员,也包括负责政策实际执行的"体制外"工作人员,如乡村政策执行场域中的村庄干部;不仅包括位于政策执行一线、现场的基层工作者,而且包括了与国家和中央政府相对的地方政府官员。与此同时,以乡村干部、城市基层管理者为代表的街头官僚,在政策执行过程中也存在政策的选择性执行、目标置换、变通等中国式的自由裁量行为及结果。作为一个西方舶来理论,国内学者于 21 世纪初将"街头官僚"的概念和理论内容引入中国,并进行了相应的本土化探索。事实上,西方学术语境中的"街

---

① Bovens, Mark, Stavros Zouridis. "From street-level to system-level bureaucracies". *Public Administration Review*, Vol. 62, No. 2, 2002, pp. 121-125.

② 叶娟丽、马骏:《公共行政中的街头官僚理论》,载《武汉大学学报(社会科学版)》2003 年第 5 期。

头官僚"并不具有贬义色彩，而是一个中性概念。其是指处于政策执行一线的重要行动主体，也可意指在抽象意义上规统为临界场域的泛结构形态。①

根据曹长义的文献梳理，国内对"街头官僚"的概念界定总体上是以李普斯基的定义为基础，并形成了宏观延伸、中观维持以及微观收缩三个层面的内涵。② 如周定财提出其外延可延伸至"村头官僚"（即乡村干部）及"镇头官僚"（即乡镇政府的政策执行人员)③，以此扩大了街头官僚的涵盖范围；于伟将中国地方政府看作与中央政府相对的街头官僚机构④；殷盈、金太军则基于西方街头官僚的理论界定，提出国内的街头官僚可通俗理解为"在政府机构'窗口'单位执行工作任务的政府公务员"。⑤ 与此同时，国内一些研究者对于街头官僚进行了具体的类型划分，进而分析街头官僚内部的差异性问题。如韩志明根据街头官僚工作界面的空间性质，将其行动空间分为窗口空间、街头空间以及社区空间三种类型，分别对应墨守法规者、巡逻更夫以及上门服务者三种不同类型的街头官僚⑥；而依据政策执行的角色和功能程度的差异，则可以将街头官僚分为管理官僚和街头官僚。⑦ 曹长义指出，由于受社会经济发展水平、社会结构和利益取向等因素影响，街头官僚在不同历史阶段的治理活动中表现出不同的价值取向与行为倾向，由此可以划分出传统统治型政府模式中的统治型街头官僚、近代管制型政府模式下的管理型街头官僚以及现

---

① 张静：《关于街头官僚理论研究的文献综述》，载《牡丹江大学学报》2013 年第 2 期。

② 曹长义：《街头官僚：基于国内研究文献的述评》，载《山东行政学院学报》2014 年第 12 期。

③ 周定财：《街头官僚理论视野下我国乡镇政府政策执行研究——基于政策执行主体的考察》，载《湖北社会科学》2010 年第 5 期。

④ 于伟：《街头官僚控制的困境：以我国房地产调控问题为例》，载《前沿》2008 年第 1 期。

⑤ 殷盈、金太军：《农村低保政策的变通执行：生成逻辑与治理之道——基于街头官僚理论的视角》，载《学习论坛》2015 年第 11 期。

⑥ 韩志明：《街头官僚的空间阐释：基于工作界面的比较分析》，载《武汉大学学报（哲学社会科学版）》2010 年第 4 期。

⑦ 韩志明：《街头官僚及其行动的空间辩证法：对街头官僚概念与理论命题的重构》，载《经济社会体制比较研究》2010 年第 3 期。

代服务型政府模式中的服务型街头官僚。从街头官僚的本质属性及其目标取向、行为取向的视角出发，则可以将其划分为政治过程型街头官僚、政治结果型街头官僚、行政过程型街头官僚以及行政结果型街头官僚四种基本类型。①

　　由于社会制度和历史发展的差异，中西方街头官僚具有不同的内涵和特点。从概念的外延上看，西方理论中的街头官僚主要是指政府雇员，而中国街头官僚除具有公务员身份的执法类公务员以外，事实上还包括了一部分非公务员编制人员。从工作内容上看，中国的街头官僚一般直接代表政府履行地方管理职责，其工作内容也比西方一般的街头巡警、收税员、福利工作者更加复杂繁芜，更能代表和体现上级政府乃至国家的形象。因此，从实际的职责履行看，西方街头官僚更加突出治理性和服务性色彩，而中国式街头官僚则突出管制与管理的职责取向。② 同时，在街头官僚最为典型的自由裁量权特征方面，国内有关街头官僚的研究具有明显的本土化色彩，即更加关注政府科层体制以及传统农村社会对街头官僚及其自由裁量的影响。一方面，处于政策执行的末梢的乡村干部尤其是村组干部，在政策执行工作界面的空间性质、工作任务执行特质、政策执行的分配性质以及服务对象的确定性质等方面，都与西方街头官僚具有相似性。但另一方面，虽然中国农村街头官僚的行为受制于"压力型体制"以及非程式化社会、地方性规范、政策资源的有限性等多重制约，据此形成的行为特征又会影响到政策执行的效果，但其政策变通执行的核心逻辑，仍在于科层制下上下级信息的不对称以及利益多元化导致的自由裁量。③ 同时，来自街头官僚管理层的监督和追责风险，也会增加街头官僚工作的难度和压力，甚至威胁到个体的职业上升。因此，处于官僚制末端的中国街头官僚，往往采用严格照章办事的做法而非更改既定政策。刘升为此建立了

---

　　① 曹长义：《街头官僚：基于国内研究文献的述评》，载《山东行政学院学报》2014年第12期。

　　② 陈建：《从管制到治理：我国街头官僚转型探析》，载《安徽行政学院学报》2014年第4期。

　　③ 殷盈、金太军：《农村低保政策的变通执行：生成逻辑与治理之道——基于街头官僚理论的视角》，载《学习论坛》2015年第11期。

"管理官僚——街头官僚——公民"的三层分析结构，并将街头官僚的政策再制定分成主动再制定政策和被动再制定政策两种类型，进而说明街头官僚政策的再制定行为并不仅仅是出于个体主动谋取个人利益的需要，而更多是在上层管理官僚以及下层公民"双向挤压"下产生的被迫行为。① 杨卫玲总结了中国街头官僚政策执行失灵的四种模式：对待常规工作的敷衍性执行、遇上麻烦任务的依规则执行、面对利害关系的选择性执行以及碰到危险情况的逃避性执行。而其制度根源就在于，自由裁量权在执行中膨胀、公众监督在垄断中失效、资源供需矛盾在演绎中加剧、政策信息在博弈中失衡以及评估目标在操作中歪曲等因素共同作用的结果。② 此外，利益差异也是导致乡镇街头官僚政策执行梗阻的内在动因，这些利益差异包括政策执行主体之间、政策执行主体与乡镇政府之间、乡镇政府与中央和上级政府之间以及利益群体与乡镇政府之间等。③

总的来看，国内有关街头官僚的研究以西方理论的引介梳理和规范性研究为主且在研究中缺乏完整的理论分析框架以及必要的研究方法。在研究内容上，偏重对街头官僚自由裁量权造成政策执行偏差的粗放式判断，忽视了街头官僚群体内部存在的差异性。按照李普斯基有关街头官僚的界定以及中西方政策执行中自由裁量权的比较，处于国家治理政策行动末端的乡村干部实际上可以被视为政策执行一线的街头官僚，其自由裁量权研究也可以为中国基层政策执行中的行为结果提供相应的解释概念和分析基础。基于此，本书将结合中国语境下的街头官僚及其行为特征，基于西方街头官僚理论，构建相应的分析框架，以进一步分析中国乡村干部在基层贫困治理实践当中的政策执行行为和策略模式。

---

① 刘升：《街头官僚制定政策的机制研究——以 A 市城管为例》，载《云南行政学院学报》2016 年第 1 期。

② 杨卫玲：《街头官僚政策执行的失灵及其矫正——基于制度分析的视角》，载《领导科学》2012 年第 1 期。

③ 周定财：《街头官僚理论视野下我国乡镇政府政策执行研究——基于政策执行主体的考察》，载《湖北社会科学》2010 年第 5 期。

三、社会互动与场景的理论和概念

互动是人类社会生活中最基本的表现形式，合作、互助、交换、竞争、冲突等人际或群体之间的互动现象充斥于个体社会生活当中。早期社会学研究者齐美尔、韦伯等人也都提出过"社会互动"或"互动"的概念。20世纪初，西方社会学者相继提出社会互动的理论，如以 C. H. 库利、G. H. 米德、H. G. 布鲁默为代表的符号互动论，戈夫曼的戏剧理论，加芬克尔的常人方法论等都是这一理论流派的典型代表。总体上看，互动理论着眼于研究个体之间以及个体与社会之间相互联结的过程、影响和表现形式，包括个体理解过程中有关符号的作用、角色扮演的意义和特点、个体之间的关系以及日常沟通过程中的规则等。互动理论不仅开拓了有关个体互动和交往行为的微观研究先河，实现了社会学研究问题和视野的重大转向，也为弥合宏观与微观、结构主义与个体主义研究等建构了相应的概念和理论基础。

符号互动论是互动理论的重要内容。以米德、布鲁默为代表的社会学研究者认为，人们对符号的运用和解释是社会互动的中介。其中，语言符号是重要的互动媒介，人们通过对符号的定义和理解进行互动，符号互动创造、维持并改变着社会组织、结构与制度。① 戏剧理论则是在符号互动论基础上产生的。戈夫曼进一步将表情、嗓音、体态、眼色、动作、距离、时间等非语言符号纳入人际互动的研究，并将人际互动视为个体根据他人或社会期待所进行的"角色表演"且人们对于形象的理解和反应伴随时间、地点、环境、文化背景和个人经历的不同而变化，不同的反应行为构成不同性质的互动。由此，戈夫曼提出了著名的戏剧理论或称形象互动理论。其中，"情景定义"是这一研究理论中重要的研究概念。他指出，为了使个人与他人的社会互动进行下去，我们需要为别人制造"情景定义"，并使互动双方（或诸方）的"情景定义"不

① Blumer, Herbert. *Symbolic interactionism: Perspective and method.* University of California Press, 1986, p. 171.

至于发生公开的冲突。这就要求参与互动的双方有必要控制一些真实表露，并且也对对方的"表演失误"装作视而不见。通过这一系列的权宜之计，进而在参与互动者之间共同促成一种全面的"情景定义"，即"运作一致"（working consensus）。① 戈夫曼进一步提出，任何组织（戈夫曼称其为剧班）都有一个维持其特定情景定义的总体目标，并通过总是需要对一些事实加以渲染，对另一些事实加以掩饰来实现这一目标。② 因此，个体表演具有"前台"和"后台"之分。结构以及文化方面的社会关系或准则，构成剧班表演的社会设施，也即表演的前台。在界墙之内，表演者剧班与表演者彼此合作，向观众呈现特定的情景定义；后台则是个体准备表演常规程序的地方，并允许做出一些前台不允许出现的小动作。加芬克尔常人方法论则认为人们在互动过程中，一定存在一些约定俗成的规则，这些规则为人们所共有，并且在互动中已经习以为常。基于日常生活的实践活动，加芬克尔进而提出行动的权宜性、局部性、索引性、反身性以及可说明性等特征。他指出，任何社会行动都处于一个场景之中，甚至场景本身就是行动的一部分，和行动一样是社会成员通过努力构成的"成果"，行动者并非按照事先规定的规则行动，而是根据局部情况和场景条件进行行动，规范与规则是实践行动可以说明的基础，而其作用就在于使实践行动成为可描述的与可说明的。③

在社会互动的理论研究中，"场景"或"情景"概念无疑是所有社会行动与社会互动的出发点。形象互动论的奠基者威廉·托马斯曾提出"情景定义"的概念，包括了客观存在的对象以及主观经验因素。而戈夫曼的"情景定义"则介于客观环境（或者说情境）与行为反应之间，并在人类社会活动中起重要作用。个体由于经验和认识水平等的差异，情景定义也具有一定的特殊性。人们在社会互动中要相互识别对方、预期对方的反应，就必须要了解对方的情

---

① ［美］欧文·戈夫曼：《日常生活中的自我呈现》，黄爱华、冯钢，译，浙江人民出版社 1989 年版，第 9 页。
② ［美］欧文·戈夫曼：《日常生活中的自我呈现》，黄爱华、冯钢，译，浙江人民出版社 1989 年版，第 135 页。
③ Garfinkel H. *Studies in ethnomethodology*. Polity，1991，p. 48.

景定义，进而理解他人行为中的符号意义。① 基于此，戈夫曼在研究中提出了社会场景（social occasion）的概念，意指人们在某种环境中相聚，并产生互动关系。在常人方法学当中，加芬克尔使用的场景（setting）概念，不仅指代一般的情境，还包含了成员的"组织"过程；不仅是简单意义上的地点（place），而且是活动的场景（setting），它将那些相关因素作为情境构建起来，带有"情境框架"的意涵。此外，吉登斯在结构化理论的构建中，也大量引用了戈夫曼、加芬克尔等的社会互动及场景理论，对于互动、场景等概念进行了进一步的阐释。

在吉登斯看来，社会互动是个体参与共同在场情境下的日常接触。人们在特定的时空条件下相遇，人与人的共同在场（copresence）是互动的基本条件。为了实现这一条件，人们不得不针对自己在社会中的地位呈现出相应的不同面貌。其中，时间和空间是制约个体行为的最主要客体性因素，规定着人与人之间的角色分工。特别是时间和空间的"区域化"，也即将社会活动场景"固定化"（regionalization），进而在这一共同在场的要求中产生日常生活的惯例，将人的实践意识固定在特定的客体性情景当中。② 通过定位在时空之中的行动及其情境性特征、活动的例行化以及日常生活的重复性，吉登斯将对无意识的探讨与戈夫曼有关共同在场的分析联系在了一起。共同在场，也即以身体在感知和沟通方面的各种模态为基础。一旦行动者"感到他们是如此接近，以至于自己正在做的一切，都足以被他人所感知，并且他人也能够感知到这种感觉"，就表明具备了戈夫曼所谓的共同在场的充足条件。③ 同时，以身体的空间性为基础是共同在场的社会特征，而这种以身体为核心的在场的时空关联，被纳入一种"情境空间性"（spatiality of situation），而非"位置空间性"（spatiality of position）。对身体而言，它所谓的"这里"（here）指的不是某种

---

① ［美］欧文·戈夫曼著：《日常生活中的自我呈现》，黄爱华、冯钢，译，浙江人民出版社 1989 年版，第 6 页。

② ［英］安东尼·吉登斯著：《社会的构成：结构化理论大纲》，李康、李猛，译，生活·读书·新知三联书店 1998 年版，第 12 页。

③ Erving Goffman. *Behaviour in public places*. New Yock：Free Press，1963，p. 17.

确定的坐标体系，而是身体面向任务的情境定位。① 此外，伴随现代电子通信手段的发展，现代社会的一些中介性接触也具有了共同在场情形下的亲密性。② 在进一步的分析中，吉登斯提出"聚集"以及"社会场合"的概念，前者是沟通在场情境下由两个人以上组成的人群，行动者在构成沟通的过程中，习以为常地利用着情境的各方面特征；社会场合则是包含众多个体的聚集，并具有相当明确的时空界限，以及采用特定形式的固定设施等。用戈夫曼的话来说，"结构形成中的社会情境"（structuring social context）产生于社会交往场合，并且这一情境中又有可能发生众多的聚集，这些聚集则在这种情境中"形成、消散、又再次形成"。③ 因此，构成社会生活序列性的日常接触，要么发生在以社会场合为大背景的聚集小背景的时空之外，要么是参照了这种小背景。在多数这样的具体情境中，面对面交往并不意味着以明确的封闭性切断与非参与者的互动④，所有行动者在时空中都有自己的定位或处境。社会定位的术语也表明这种定位是关系性的，在结构上是作为表意、支配与合法化过程的特定交织关系构成。一种社会定位需要在某个社会关系网中界定一个人的身份，这一身份又成为某种类别，并随之具有一系列特定的规范约束⑤，也即行动者的定位过程可以理解为是一种特定的"社会身份"，这种"社会身份"又与一系列特定的权责相联系，具有这种"社会身份"的行动者能够充分利用这些权力或责任，并形成与这一特定位置相符合的角色规定（role-prescription）。因此，在共同在场的特定情境下，定位过程是行动者之间日常接触结构化过程的一个本质特征。⑥ 行动者在日常接触区域中所进行的定位过程，事实上也发生在更为广泛的社会总体区域甚至跨越相应的社会系统。这些

---

① M. Merleau-Ponty. *Phenomenology of perception*, London：Routledge，1974，p.73.

② Ithiel De Sola Pool. *The Social Impact of the Telephone*, Cambridge. Mass：MIT Press，1981，p.51.

③ Erving Goffman. *Behaviour in public places*. New Yock：Free Press，1963，p.18.

④ Erving Goffman. *Interaction ritual*. London：Allen Lane，1972，p.156.

⑤ ［英］安东尼·吉登斯著：《社会的构成：结构化理论大纲》，李康、李猛译，生活·读书·新知三联书店 1998 年版，第 161 页。

⑥ 郭强：《知识与行动：一种结构性关联》，上海大学 2004 年博士学位论文。

展现出的社会系统整合特征，又将日常生活的琐碎细节与大规模时空延展的社会现象联结在一起。① 由此，吉登斯将微观领域的互动、场景、身份、行动者关系以及宏观层面的规则规范乃至社会系统和社会结构相联结，并赋予其更为广泛的意义。

从本书看，国家政策的基层执行实践，在本质上也是国家和政府部门（包括形象和实体意义上的）、乡镇干部、村庄干部、村民等不同行为主体在乡村场域内，基于共同在场的社会情境所进行的互动，并且是一种包含多种互动形式的动态过程。作为政策实际执行者的乡村干部，具有国家科层管理体系以及村庄自治领域内的身份定位及其被赋予的权力和资源，在政策执行过程中与国家、上级政府、村民等形成不同组合的共同在场和行动情境，并基于其身份定位、资源以及社会期待，采取相应的互动行为，由此构成乡村贫困治理的实践形态。同时，这一发生在乡村场域的互动行为和社会实践，不仅受制于中国特定的乡村基层政权结构及其基层治理模式，对国家政策的执行过程和结果产生相应的影响和作用，也将进一步产生不同的国家与社会关系以及形塑基层社会治理结构的形态。

四、作为身份、空间与互动关系的街头官僚——一个扩展的分析框架

西方街头官僚理论中的街头官僚是指基层政策执行中的基层官员，如警察、收税员、社会工作者、福利机构工作人员、公立学校教师等。他们一般在与政策对象直接接触的现场，从事政策执行、行政管理、公共服务等具体工作。在中国的特殊语境下，这一概念也包含了乡村干部、城市基层管理人员、社区工作者等。同时，它是基于这一特殊政策执行主体的中立性的身份指称，而非一个具有褒贬色彩的语汇形式和概念主体。

---

① ［英］安东尼·吉登斯著：《社会的构成：结构化理论大纲》，李康、李猛译，生活·读书·新知三联书店 1998 年版，第 162~163 页。

一方面，从角色和政策执行行为看，街头官僚往往具有明显的基层执行性和互动性特征，即处于科层官僚体制底端，负责政策的具体执行，直接与政策对象进行接触。同时，他们又具有相应的自由裁量权。街头官僚的行为决策不仅决定了公共资源的分配以及政策对象获取公共服务的质量，也直接影响到公众对于政策本身以及国家和政府的评价、态度。可以说，李普斯基使用"街头"和"自由裁量"的概念，首先概括了这类政策执行人员基本的角色、身份以及行为特征。事实上，后续有关街头官僚的研究，也大多从其"街头官僚"这一基本的、静态的身份属性出发，继而对这类主体及其政策执行行为进行研究，即关注其"街头性"的身份及其所产生的政策执行特征，并主要从街头官僚的自由裁量权出发，解释其政策执行结果与政策设计目标之间出现的偏离现象。

另一方面，街头官僚的政策执行行动在本质上是这类群体与其他主体的互动行为。人的实践活动是在具体场景中组织起来的，社会空间构成了互动行为发生的具体场景或情境。行动主体既要受到空间条件的约束和限制，也会对环境作出反应，甚至还能够通过控制环境要素来实现特定的目标。[1] "街头性"首先是西方街头官僚理论研究对这类政策执行主体的身份概括和描述。但实际上，"街头官僚"的内涵不仅仅包括处于街头政策执行当中的政府工作人员。"街头"是一种确定的坐标定位，也是吉登斯研究中所揭示的一种"积极活动的身体面向任务的情境定位"，[2] 是对街头官僚政策执行过程中与公民进行直接性接触以及"面对面"互动工作形式的一种抽象和概括，其本身就具有社会互动以及空间隐喻的色彩。因此，基于社会互动以及场景的理论和概念，可以为"街头官僚"提供新的界定意涵和分析视角。位于政策执行体系末端的街头官僚，其政策执行工作过程中必然要与政策对象的公众进行互动和接触。"街头"实际上指向了这类政策执行者面向任务的空间或场景定位，并突出政

---

① 韩志明：《街头官僚及其行动的空间辩证法——对街头官僚概念与理论命题的重构》，载《经济社会体制比较（双月刊）》2011年第3期。

② ［英］安东尼·吉登斯著：《社会的构成：结构化理论大纲》，李康、李猛译，生活·读书·新知三联书店1998年版，第139页。

策执行空间的现场性、流动性、开放性以及互动性特征。它将由街头官僚与政策执行对象，以及其他主体构成的社会互动定格在相应的活动空间，并勾勒出一个形象生动的政策执行行动场景，促使人们从空间场景中考察主体间互动的具体情形。此外，国内一些学者也从空间、结构的视角赋予街头官僚更多的理解，如韩志明"空间的隐喻"①、张静的"临界场域的泛结构形态"② 等概念。这种理解也可以进一步与国内基层研究中"前线""基层""一线""现场"等空间性概念进行理论的比较和对话。因此，"街头官僚"不仅是对这类政策执行群体的身份意义的概括和建构，也是互动关系以及空间化的理论建构。由此，本书基于西方街头官僚理论以及社会互动与场景的理论概念，从身份、空间以及互动关系层面，重新审视政策执行中的街头官僚群体，构建了一个包含身份、空间以及互动关系的街头官僚分析框架。

1. 作为身份意义的街头官僚

按照街头官僚理论的概念界定以及国内学者的研究认识，本书将村庄政策执行场域内的基层乡镇政府及其村庄代理人视为政策执行的"街头官僚"。其中，乡镇政府作为中国行政组织体系的最低一级，是农村基层管理及政策实施的主要执行者，具有西方政策执行理论当中"街头官僚"的一般特征。但同时，由于中国独特的乡村政治生态，其不仅产生了复杂的乡村关系，也使得作为村庄自治组织的村民委员会成为乡镇基层政权在村庄的延伸以及行动手脚。村庄干部与乡镇干部一起，成为国家政策在基层农村的实际执行者，具有典型的"街头官僚"角色和行为特征，并在国内研究中被视为实际意义的"街头官僚"。因此，本书将这两类政策执行者都纳入街头官僚的分析框架。同时，由于乡镇干部及村庄干部在政策执行当中具有一定的身份和角色差异，也将产生不同的政策执行行为，本书将他们分为镇头官僚及村头官僚两类行为主体进行分析，以揭示政策执行过程中乡镇干部与村庄干部的行为特征和互动关系。

---

① 韩志明：《街头官僚的空间阐释：基于工作界面的比较分析》，载《武汉大学学报（哲学社会科学版）》2010 年第 4 期。

② 张静：《关于街头官僚理论研究的文献综述》，载《丹江大学学报》2013 年第 2 期。

作为政策执行过程中的街头官僚，乡村干部在身份上具有相应的身份和行为特征，即作为国家权力在农村的延伸，乡村干部具有一定的权威性和强制性；执行国家和上级政府交办的各项工作任务是其工作的主要形式和内容，只有上级而没有下级；同时，由于乡村政策执行场域的特殊性，乡村干部面临科层组织以及乡土社会相交织的行动情境。这些构成其"街头官僚"身份的基本特征，既符合西方街头官僚理论研究中的一般形象，同时也具有中国语境下的本土化形态。

2. 作为空间定位的街头官僚

空间是社会互动发生的具体场景，并影响和制约实践活动的运作开展。正如吉登斯所言，社会行动者"利用空间来为互动提供各种场景，反之，互动的场景又是限定互动情境性的重要因素"。① 首先，空间意义的"街头官僚"是指处于政策执行一线的乡村干部及其行动发生场景和情境的"街头性"特征，即国家与基层社会交汇、兼具不确定性与流动性、开放性与封闭性的乡村社会。"街头"是一种对"街头官僚"与政策对象直接打交道工作界面的抽象和概括。其次，空间意义的"街头官僚"是指乡村干部在政策执行行动中与政策对象共同在场所中形成的具体空间和场景。街头官僚及其行动具有独特的空间属性和空间关系②，而基于乡村街头官僚的多重角色和身份定位延伸，乡村干部在不同的空间将具有不同的"定位"和角色期待，进而与政策对象形成特定的互动场景，并对二者的互动行为产生影响。作为一种经验世界，村庄场域这一互动空间内包含了乡村干部、村民等多重参与主体，它们之间的相互关联在大多时候都是松散的、间断的，甚至充满暂时性和偶然性的。贫困治理政策的村庄执行则为这些主体之间的互动和参与提供了一个特定的社会空

---

① ［英］安东尼·吉登斯著：《社会的构成：结构化理论大纲》，李康、李猛译，生活·读书·新知三联书店1998年版，第205页。

② 韩志明：《街头官僚及其行动的空间辩证法——对街头官僚概念与理论命题的重构》，载《经济社会体制比较（双月刊）》2011年第3期。

间①，这些行动主体得以相互互动和作用，并在特定主体共同在场的情境下形成具体的互动场景和行动特征。

3. 作为互动关系的街头官僚

街头官僚的政策执行活动是在一种共同在场情境下进行的、与政策对象"面对面"的直接互动，这种场景和行动决定了街头官僚与作为政策执行对象的公民之间具有相应的互动关系。在李普斯基的街头官僚理论中，街头官僚主要是负责维持城市秩序、提供城市公共服务以及进行公共福利资源分配的警察、社会工作者和福利机构工作人员，其面临的服务对象处于一种流动的状态，因而政策执行者与政策对象的互动往往是不确定的、暂时性的和偶然性的，并由此造成了公众对于政策执行者的监督困难。但在中国政策执行的乡村场域，由于街头官僚身份归属及空间定位上的双重特征，即国家权力代表与村庄代表、科层组织与乡土社会的相互交织，乡村干部与乡土社会具有千丝万缕的关联，甚至本身也是村庄共同体的一员，其与村庄村民之间除具有政策执行所产生的互动行为以外，还具有广泛意义上日常经验生活中的互动和关联。甚至在政策执行的具体场景中，也能够基于相应的互动场景，超越正式互动而产生重要的行动意义和结果。因此，互动意义的"街头官僚"，不仅涵盖了政策执行过程中乡村干部与村民以及乡村干部之间的互动关系，也是基于中国基层政策执行实践的本土化反思。

中国独特的基层治理生态，产生了乡镇基层政权与村民自治组织之间复杂的联结和关系。因此，位于国家贫困治理体系末端的乡镇干部以及村庄干部，实际上构成了国家贫困治理政策执行一线的街头官僚。虽然乡镇干部以及村庄干部分属于不同的共同体结构——科层制组织以及乡村共同体社会，但事实上，二者除在国家与社会以及官民分离的正式关系以外，还存在着大量的非正式交往和互动，他们之间形成了模糊的互动边界。乡村干部同时面临的科层体制与乡土社会双重共同体结构，与其具有的权力和资源，进一步形成了其政策

---

① 周雪光、艾云：《多重逻辑下的制度变迁：一个分析框架》，载《中国社会科学》2010 年第 4 期。

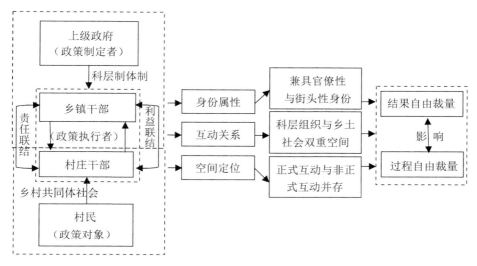

图 2.1　扩展的街头官僚分析框架

执行的特殊行动情境。与西方社会街头官僚与政策对象或服务对象在充满流动、暂时性的互动空间进行政策执行相比，以中国乡土社会为主的街头行政空间内，乡村干部与村民之间正式与非正式交往并存，其不仅具有一定的固定性，也基于这种互动关系产生了频繁的、彼此熟悉的互动特征。可以说，乡村干部与作为政策对象的村民之间是相互熟知的、频繁互动的。基于此，本书提出拓展的街头官僚分析框架，将乡村干部视为兼具街头性与官僚性身份、面临科层组织和乡土社会双重空间以及正式互动与非正式互动并存的中国式街头官僚。但需要说明的是，本书并非借用"街头官僚"这一西方舶来的理论概念来展开具体的论述，而是从"街头官僚"这一概念所指称的身份、政策执行空间以及互动关系出发，尝试建立符合中国语境的、本土化的"中国式街头官僚"，并由此假设中国乡村干部在政策执行过程，尤其是自由裁量行为方面具有相应的特殊性且乡镇与村庄干部在政策执行中也存在明显的行为差异以及复杂的互动关系。

第三章　从国家到乡村：精准扶贫政策
安排及行动建构

　　贫困现象自人类社会产生之日起就已经存在，但贫困作为一种社会公共问题而进入国家和公众的视野则是在 18 世纪以后。在此之前，西方社会将贫困视为流民问题或个体现象，并由于其个体的主观因素或懒惰等道德原因而加以否定或排斥。即便国家组织采取相应的救济措施，也主要是为了防治流民带来的社会不稳定问题。在中国封建社会，贫困也往往与灾害、饥荒等问题相联系，并未受到专门性的治理和解决。现代国家出现以后，个体贫困逐渐与国家经济发展问题相联系，贫困不仅作为一种社会问题，也成为重要的政治问题。"为履行政府的父权主义责任和确保政权体系的合法性"①，化解和消除贫困问题开始被视为国家的重要责任和使命，以及国家或政府构建执政合法性的基础和来源。特别是在给予型的国家治理形态中，通过帮助农民在经济上摆脱贫困，也是生产国家政权合法性的重要途径。② 可以说，贫困及反贫困既是作为发展的实际问题而存在③，又是现代国家生产建构的一套话语体系，甚至发展成为一种国际性的共识，在世界发展议程中占据重要位置。

　　中国自 20 世纪 80 年代正式开启了农村扶贫开发的制度化进程。在此过程

---

① 林卡、范晓光：《贫困和反贫困——对中国贫困类型变迁及反贫困政策的研究》，载《社会科学战线》2006 年第 1 期。

② 王雨磊：《数字下乡：农村精准扶贫中的技术治理》，载《社会学研究》2016 年第 6 期。

③ 周怡著：《解读社会——文化与结构的路径》，社会科学文献出版社 2004 年版，第 123 页。

中，国家逐步构建了以政府为主导的减贫话语体系以及专职职能机构，渐趋形成了稳定的制度安排和组织体系。通过自上而下的科层组织结构、扶贫的道德化宣传以及强有力的国家权威体系，国家将贫困治理的政策、组织和资源等输入基层社会，力图实现农村贫困问题的纾解或消除。当前，国家提出精准扶贫政策作为农村贫困治理的主要制度安排，并逐渐形成了有关精准扶贫对象、主体、规则、标准以及实现目标的政策建构，以及自上而下以政治任务和运动式治理推进的精准扶贫脱贫攻坚行动。在乡村贫困治理的政策执行场域，依据国家有关精准扶贫的"行动脚本"，围绕政策的执行和落实，政策规则、科层组织体系、村庄共同体以及国家、基层政府、农民等多个行动者，共同构成了乡村贫困治理的政策执行网络。本章结合精准扶贫政策本身，分别从宏观、中观和微观层面对农村贫困治理的政策建构、行动安排以及基层行动者三个层面予以阐述，旨在从整体上揭示国家贫困治理的精准扶贫政策及其基层政策执行的行动体系。

一、农村贫困治理演进历程与精准扶贫政策的国家建构

中华人民共和国成立以后，中国农村贫困治理经历了从非制度化到制度化的演进历程。在此过程中，中国逐渐形成了有关农村扶贫开发的职能机构和政策安排，农村反贫困从一般性的社会救济问题走向专门性的扶贫开发。精准扶贫政策作为当前中国特色扶贫战略体系的核心内容，其制度安排和政策建构实际上也是中国农村贫困治理进程演进的产物，以往农村贫困治理的政策安排和行动模式构成其政策产生运作的基础和背景。

（一）从救济式扶贫到精准扶贫：农村贫困治理政策演进

中华人民共和国成立以及工业化和现代化建设初期，中国政府并未对普遍存在的农村贫困问题作出专门性的制度安排，而主要通过社会救助以及经济体制改革推动下的广义扶贫措施进行相应的农村减贫。农村土地改革，农业技术推广，基础教育，医疗卫生以及农村低保、五保等一系列经济、文化和社会政

策，构成了中华人民共和国成立初期以"输血"为主要特征的救济式扶贫开发。20 世纪 80 年代，中国正式启动了有计划、有组织、大规模的农村扶贫开发进程。自 1980 年起，国家开始通过设立专项基金、"三西"建设、"以工代赈"等措施支持和促进落后地区经济社会发展以及基础设施建设。同时，政府开始制定相应的贫困线标准，并确定国家扶贫开发重点县名单，开始实施以县域瞄准为主的开发扶贫政策。① 1984 年，中央发出《关于帮助贫困地区尽快改变面貌的通知》，为农村贫困治理的制度化奠定了基础。1986 年，中央政府组织成立了国务院贫困地区经济开发领导小组（1993 年改为国务院扶贫开发领导小组）及其办公室，作为国务院有关农村扶贫开发工作的议事协调机构。其中，国务院扶贫开发领导小组办公室负责拟定国家有关扶贫开发的法律法规、方针政策和规划；审定中央扶贫资金分配计划；组织全国性调查研究和工作考核；协调解决国家和地区扶贫开发工作中的重要问题；调查、指导全国的扶贫开发工作，以及做好扶贫开发重大战略政策措施的顶层设计工作等。同时，按照中央要求，各省、自治区、直辖市和地（市）以及县级政府也成立了相应的扶贫组织机构，负责本地的扶贫开发工作。根据分级负责、以省为主的行政领导扶贫工作责任制，全国各省、自治区、直辖市，尤其是贫困面积较大的省、自治区，都将扶贫开发列入重要议程，并根据国家扶贫开发计划制定本地区的具体实施计划。② 由此，中国农村贫困治理工作开始走向制度化和专业化，国家相继出台了《国家八七扶贫攻坚计划》（1994）、《关于尽快解决农村贫困人口温饱问题的决定》（1996）、《中国农村扶贫开发纲要（2001—2010年）》（2001）、《中国农村扶贫开发纲要（2011—2020 年）》（2011）等一系列政策文件，并逐渐形成了党政一把手负总责的扶贫开发工作责任制以及"中央统筹、省负总责、市县抓落实"的管理体制和"片为重点、工作到村、扶贫到户"的工作机制。

---

① 凌文豪、刘欣：《中国特色扶贫开发的理念、实践及其世界意义》，载《社会主义研究》2016 年第 4 期。

② 根据国务院扶贫开发领导小组办公室网站公布的信息整理，http：//www. cpad. gov. cn/col/col282/index. html。

中华人民共和国成立以来，中国农村贫困治理经历了救济式扶贫到精准扶贫、非制度化扶贫到制度化扶贫的不断转变，并产生了区域瞄准为主的开发式扶贫（1980—2000 年）、整村推进的参与式扶贫（2000—2010 年）、扶贫开发与社会保障"两轮驱动"以及精准扶贫（2011 年以后）等不同治理阶段的相应制度安排和政策模式。① 而扶贫纲要调整、扶贫模式转变以及具体专项扶贫政策的丰富，实际上也折射出国家对于贫困和反贫困内涵与分析框架认识的不断更新，以及对解决既有贫困问题的实践思考。② 具体来看，改革开放以后，中国推行的市场经济体制改革有效促进了农村经济的增长和发展，并由此带来了积极的减贫效应。20 世纪 80 年代，面对市场经济发展过程中地区之间、个体之间越发严重的贫富差距问题，以往小规模的、自上而下的国家救助式扶贫作用明显乏力。为此，中国开始正式启动了有计划、有组织、大规模的农村扶贫开发进程，并由前期社会救济为主的道义扶贫向制度化扶贫转变。同时，由于农村区域性贫困问题凸显，中国在这一阶段的扶贫理念和实践主要表现为以区域（贫困县）为瞄准对象的开发式扶贫，即在国家给予的必要支持下，利用贫困地区本身的自然资源进行开发性生产建设，逐步形成贫困地区和贫困户的自我积累和发展能力，依靠贫困人口自身力量解决温饱问题、实现脱贫致富。③ 开发式扶贫有效弥补了农村经济增长速度放缓带来的减贫效益递减效应，也为改善贫困地区外部发展环境、增强贫困人口内源发展动力奠定了基础，成为中国农村扶贫开发的主要形式和策略手段。2000 年以后，中国农村贫困问题的现状发生重要变化：贫困由区域经济发展不平衡问题，逐渐转向收入不足、发展能力匮乏等个体性的多元贫困问题等。一些因各种原因处于弱势地位的贫困人口显然很难再从区域经济开发过程中实现脱贫发展，以往以县为

---

① 凌文豪、刘欣：《中国特色扶贫开发的理念、实践及其世界意义》，载《社会主义研究》2016 年第 4 期。

② 左停、杨雨鑫、钟玲：《精准扶贫：技术靶向、理论解析和现实挑战》，载《贵州社会科学》2015 年第 8 期。

③ 张磊主编：《中国扶贫开发政策演变（1949—2005 年）》，中国财政经济出版社 2007 年版，第 5 页。

单位的区域瞄准和开发式扶贫也已经难以适应农村贫困现状的转变。为此，中国逐渐开始改变以贫困县为单位的扶贫瞄准和实施机制，开始实施以贫困村为重点的扶贫开发，强调参与式扶贫理念和方法在扶贫政策制定实施中的作用和意义。与此同时，中国提出全面建设小康社会的发展目标，试图通过以工业发展带动农业、城乡统筹以及社会主义新农村建设等措施手段，推动农业和农村经济的发展，逐步缩小工农之间、城乡之间的发展差距。① 2001 年，《中国农村扶贫开发纲要（2001—2010 年）》颁布实施，明确提出"到 2010 年尽快解决剩余贫困人口温饱问题，进一步改善贫困地区的生产生活条件，巩固扶贫成果"。② 虽然学术界对有关中国农村贫困治理时间及阶段性特征方面存在不少争议，如有关 1949—1978 年扶贫历史的认定、1978 年以后扶贫开发的阶段性划分等，但总体上认同中国农村贫困治理过程中产生的救济式扶贫、开发式扶贫、参与式扶贫等不同政策安排和行动模式。这些扶贫政策模式构成了宏观层面中国特色扶贫开发道路的重要组成部分，也在微观的政策执行层面积累了相应的行动策略和手段，形成了贫困治理政策执行的路径依赖。

2011 年以来，伴随中国扶贫开发进程推进以及贫困现状的改变，农村贫困治理进入新的历史阶段。《中国农村扶贫开发纲要（2011—2020 年）》明确提出，中国扶贫开发已经从以解决温饱为主要任务的阶段转入巩固温饱成果、加快脱贫致富、改善生态环境、提高发展能力、缩小发展差距的新阶段。同时为保证 2020 年稳定实现扶贫对象"不愁吃、不愁穿，保障其义务教育、基本医疗和住房"的目标要求，从 2011 年起，中国政府开始提高农村贫困线标准，从 2010 年的 1274 元逐步提高到 2015 年的 2855 元。③ 同时，伴随经济社会发展以及农村扶贫开发政策的实施，中国农村贫困人口的数量和比例不断下降。

---

① 凌文豪、刘欣：《中国特色扶贫开发的理念、实践及其世界意义》，载《社会主义研究》2016 年第 4 期。

② 中华人民共和国中央人民政府：《中国农村扶贫开发纲要（2001—2010 年）》（国发〔2001〕23 号），载中国政府网，http：//www. gov. cn/zhengce/content/2016-09/23/content_5111138. htm，2018 年 7 月 13 日访问。

③ 扶贫办：中国最低扶贫标准 2855 元，载中国发展门户网，http：//cn. chinagate. cn/povertyrelief/2016-05/11/content_38429852. htm，2018 年 4 月 13 日访问。

根据国家统计局数据资料，按照 2014 年当年价 2800 元的农村贫困标准衡量，1978 年农村居民贫困发生率为 97.5%，农村贫困人口规模达到 7.7 亿；2014 年贫困人口则为 7017 万。从 1978 年到 2014 年，农村贫困人口减少了 7.1 亿，年均减贫人口规模达 1945 万人；贫困发生率下降 90.3 个百分点，贫困人口年均减少 6.4%。① 按照国际经验，一般认为当一国现存贫困人口比例低于 10% 以后，扶贫方式就必须向更加注重扶贫开发专业化和精细化，以及更高贫困人口瞄准率的微观层面转变。② 实际上，根据 2011 年当时的国家贫困标准，中国贫困人口比例为 9.1% 左右③，区域贫困以及普遍性的极端贫困问题已基本得到解决，农村贫困人口的分布也由过去的面上贫困向点上贫困转变，区域贫困变成了"插花贫困"。④ 基于此，农村贫困以及减贫现状的改变对贫困治理模式的转型提出了现实要求。而从贫困治理的发展历程来看，经由前期以县域单位为主的开发式扶贫到整村推进参与式扶贫的转变，中国扶贫开发渐趋受到多元性、参与性发展话语的影响，逐步凸显出以人为中心的方式转变。⑤

中共十八大以后，党和国家领导人多次在贫困地区调研等重要场合提及"精准扶贫"思想。2014 年，中央政府出台了《关于创新机制扎实推进农村扶贫开发工作的意见的通知》⑥，提出了将建立精准扶贫工作机制作为六项扶贫创新机制之一，并对精准扶贫工作模式的顶层设计做出了详细规制，推进了精准扶贫的政策形成和建构。随后，国家就精准扶贫政策进行了一系列补充和完

---

① 国家统计局：改革开放以来我国农村贫困人口减少 7 亿，载新华网，http：//news. xinhuanet. com/politics/2015-10/16/c_1116848645. htm，2018 年 10 月 16 日访问。

② 陕立勤、KangShou Lu：《对我国政府主导型扶贫模式效率的思考》，载《开发研究》2009 年第 1 期。

③ 按照 2011 年国家统计局公布的贫困人口数量 12238 万人，占总人口 13.47 亿的比例为 9.1% 左右。

④ 陈元：《农村扶贫中非政府组织的参与》，载《农业经济》2007 年第 6 期。

⑤ 沈红：《中国贫困研究的社会学评述》，载《社会学研究》2000 年第 2 期。

⑥ 参见《关于创新机制扎实推进农村扶贫开发工作的意见》的通知（中办发〔2013〕25 号）。

善，并提出"六个精准""五个一批""五个工作平台""十项扶贫行动""十项精准扶贫工程"等精准扶贫和精准脱贫的基本方略、实现途径和具体行动举措，以及中央对省区市、贫困县党政领导班子和领导干部等相应的考核管理办法。由此，精准扶贫政策提出了当前及未来一段时期中国贫困治理的目标、组织安排、策略、方法和要求，并将政策执行纳入理性化的组织管理过程，成为现阶段指导中国农村贫困治理实践的主要制度安排和政策模式。

（二）精准扶贫政策及其乡村行动的"国家脚本"

中国农村贫困治理的显著特点表现为国家政府的主导性。扶贫政策是国家以及各级政府部门建构的产物，代表国家贫困治理的目标和意志，并依靠自上而下的科层组织体系进行扶贫政策的传递和落实。就精准扶贫而言，其产生和提出也经历了相应的政策过程。

2014 年 1 月，中央发出《关于创新机制扎实推进农村扶贫开发工作的意见》，首次提出建立精准扶贫机制以及开展贫困识别和建档立卡工作的要求。随后，国务院扶贫办联合中央其他部门共同制定了《建立精准扶贫工作机制实施方案》①，对于精准扶贫工作顶层设计、总体布局和工作机制等做出了详尽规制，详细指出了精准识别、精准帮扶、精准管理和精准考核的内容和要求。2015 年，在《中共中央关于制定国民经济和社会发展第十三个五年规划的建议》《中共中央、国务院关于打赢脱贫攻坚战的决定》以及 2016 年《关于建立贫困退出机制的意见》《省级党委和政府扶贫开发工作成效考核办法》《脱贫攻坚责任制实施办法》《国务院扶贫办关于解决扶贫工作中形式主义等问题的通知》等一系列政策文件当中，逐步形成了有关精准扶贫工作目标、工作机制、管理规范的相应制度安排。同时，在国家领导人有关扶贫的调研讲话中，对于精准扶贫基本方略和实现路径等方面进行了完善和发展，包括"扶贫对象精准、项目安排精准、资金使用精准、措施到户精准、因村派人精

---

① 参见关于印发《建立精准扶贫工作机制实施方案》的通知（国开办发〔2014〕30号）。

准、脱贫成效精准"① 以及 "发展生产脱贫一批、易地扶贫搬迁脱贫一批、生态补偿脱贫一批、发展教育脱贫一批、社会保障兜底一批"等"六个精准""五个一批"要求，以及"五个工作平台"（国家扶贫开发大数据平台、省级扶贫开发融资平台、县级扶贫开发资金项目整合管理平台、贫困村扶贫脱贫落实平台、社会扶贫对接平台）、"十项扶贫行动"（教育扶贫行动、健康扶贫行动、金融扶贫行动、交通扶贫行动、水利扶贫行动、劳务协作对接行动、危房改造和人居环境改善扶贫行动、科技扶贫行动、中央企业百县万村帮扶行动、民营企业万企帮万村行动）、"十项精准扶贫工程"（整村推进工程、职业教育培训工程、扶贫小额信贷工程、易地扶贫搬迁工程、电商扶贫工程、旅游扶贫工程、光伏扶贫工程、构树扶贫工程、贫困村创业致富带头人培训工程、龙头企业带动工程）等精准扶贫的具体举措和实践形式。2016 年，国务院制定《"十三五"脱贫攻坚规划》，进一步提出"十三五"时期国家脱贫攻坚总体思路、基本目标、主要任务和重大举措②，包括脱贫攻坚十大指标、贫困人口脱贫的八大路径、破解区域贫困的十五大工程以及精准扶贫脱贫、扶贫资源动员、贫困人口参与、资金项目管理、考核问责激励五大机制，进一步完善了精准扶贫的政策体系。

借鉴官方政策文件发布的定义，精准扶贫是指"通过对贫困户和贫困村精准识别、精准帮扶、精准管理和精准考核，引导各类扶贫资源优化配置，实现扶贫到村到户，逐步构建精准扶贫工作长效机制，为科学扶贫奠定坚实基础"。③ 因此，精准扶贫也被视为粗放式扶贫的对称，是针对不同贫困区域环境、不同贫困农户状况，运用科学合规程序对扶贫对象实施精确识别、精确帮扶、精确管理的治贫方式④，在实质上主要强调各类政策、资金、项目等扶贫

① 汪洋：《紧紧围绕精准扶贫精准脱贫 深入推进脱贫攻坚》，载《行政管理改革》2016 年第 4 期。

② 见《国务院关于印发"十三五"脱贫攻坚规划的通知》，载《中华人民共和国国务院公报》2016 年第 35 期。

③ 参见《建立精准扶贫工作机制实施方案》（国开办发〔2014〕30 号）。

④ 王思铁：《精准扶贫：改"漫灌"为"滴灌"》，载《四川党的建设（农村版）》2014 年第 4 期。

资源更好地瞄准贫困目标人群。① 其中，精准识别、精准帮扶、精准管理和精准考核构成了精准扶贫政策的四个基本内核，也基于此形成了基层政策执行行动中的根本目标和要求。具体来看，精准识别是指"通过申请评议、公示公告、抽检核查、信息录入等步骤，有效识别贫困户和贫困村，并进行建档立卡"；精准帮扶则是"针对识别出来的贫困户和贫困村，深入分析致贫原因，落实帮扶责任人，逐村逐户制定帮扶计划，集中力量予以扶持"；精准管理是指"对扶贫对象进行全方位、全过程的监测，建立全国扶贫信息网络系统，实时反映帮扶情况，实现扶贫对象的有进有出、动态管理，并为扶贫开发工作提供决策支持"；精准考核主要"针对扶贫政策实施中的地方政府责任主体，旨在督促贫困地区地方政府将精准扶贫作为工作重点，对于贫困户和贫困村识别、帮扶、管理的成效，以及对贫困县开展扶贫工作情况的量化考核，奖优罚劣，保证各项扶贫政策落到实处"。② 此外，在国家有关精准扶贫的政策和制度安排中，还制定了一系列监督考核办法、资金整合使用及管理办法以及贫困退出办法等，并提出加大驻村帮扶力度、精准选配贫困村第一书记以及实施党建扶贫等政策要求和实践举措，试图建立起国家与贫困村村民的直接接触，促进基层贫困乡村政策的执行和落地，应对贫困村"空壳化"以及乡镇基层政权"悬浮性"而导致的执行困境。

由此，国家对于精准扶贫的实施主体、对象、内容以及具体的行动策略和激励约束机制等进行了明确的规定和要求，形成了国家层面有关精准扶贫政策实施的政策文本和规则。同时，这些政策文本和规则不仅体现了国家对精准扶贫政策的相应制度安排，也规定了贫困治理行动中的规则、资源、参与者、实现目标、评估标准、风险、外部性以及不同层级、部门的具体行动情境和行动者。可以说，国家或中央政府精准扶贫的政策文本和操作规则构成了村庄政策执行行动的"国家脚本"，也为乡村贫困治理实践行动提供了一个总体性的行

---

① 黄承伟、覃志敏：《论精准扶贫与国家扶贫治理体系建构》，载《中国延安干部学院学报》2015 年第 1 期。

② 参见《建立精准扶贫工作机制实施方案》（国开办发〔2014〕30 号）。

动框架。

二、国家贫困治理行动体系及精准扶贫的运动式推进

作为一项旨在实现社会稳定、经济发展、贫困人口福利提升且"含有目标、价值与策略的大型计划"[1]，扶贫政策的建构体现出詹姆斯·斯科特所谓的"国家视角"，即通过现代社会工程或项目来进行社会改造，以实现理性社会秩序的构建目标。[2] 因此，国家不仅形成了有关农村贫困治理的政策建构，也借由国家政权发挥其社会动员和资源整合能力，依赖自上而下的科层组织体系及其内部一整套的行动逻辑和管理规范，形成农村贫困治理的行动体系，以推动国家贫困治理政策的落实执行以及国家治理目标的实现。与此同时，与以往国家主导的农村贫困治理行动不同，国家宏观层面的政策过程突出了典型的运动式治理特征。

（一）从中央到乡村：国家贫困治理的行动体系

长期以来，中国农村贫困治理进程中形成了"中央统筹、省负总责、市县抓落实"的总体性要求，即在国家科层管理体制内，进行农村贫困治理行动的明确分工。按照这一要求，农村贫困治理的政策制定和执行过程承载着国家治理的目标和意志。在科层体系内部，由中央政府向各个层级政府提出政策落实的要求，依赖上下级政府的指挥引导推进扶贫政策的贯彻执行，形成了从国家到乡村，包括中央、省、市、县、乡镇等层级的贫困治理行动体系。其中，中央负责国家扶贫战略的制定和顶层政策设计，省级扶贫部门主要负责贯彻执行国家和省级有关扶贫开发的工作方针、政策和法律法规，拟订和组织实施全省的扶贫开发规划，开展全省扶贫开发调查研究、统筹协调、检查指导工

---

① H. D. Lasswell, A. Kaplan. *Power and Society*. Mc Graw-Hill Books Co., 1963, p. 70.

② ［美］詹姆斯·C. 斯科特著：《国家的视角：那些试图改善人类状况的项目是如何失败的》，王晓毅译，社会科学文献出版社 2012 年版，第 2~3 页。

作，并负责扶贫资金和项目监督管理、对口帮扶、社会帮扶、信贷扶贫、干部培训、少数民族及特殊困难地区的贫困治理工作等；市级部门主要负责相应市级的扶贫工作，并作为省级与县级之间的沟通衔接单位；县级政府和扶贫部门则主要承担扶贫政策落实工作，在整个贫困治理行动中具有承上启下的功能和作用，即一方面贯彻落实上级有关扶贫开发的具体政策措施，另一方面又要指导贫困乡镇和重点村开展相应的扶贫开发工作。既要面对上级政府的监督、考核，又要主导乡村扶贫项目和行动的审批筛选、监督考核等，成为扶贫政策执行行动的关键。乡镇则成为国家扶贫政策的最终执行机构，在县级部门指导下，负责开展有关村庄层面贫困治理的各项具体政策措施。

由于贫困及反贫困问题的复杂性，农村贫困治理工作是一项包含经济、教育、卫生等的综合性治理行动。从国家扶贫开发领导小组的成员部门就可以看出，其成员包括了宣传、发改、财政、民政、教育、卫生、农业等多个部门。由于中央政府及各层级政府具有专业化的职能分工，也形成了具有不同治理目标和组织利益的政府部门。贫困治理这一复杂问题的政策过程，也是政府不同部门间目标和利益协调的结果。在科层体系的执行过程中，各个部门由于其任务、责任不同也会向地方政府和官员提出不同的甚至相互矛盾的要求和目标。因此，纵向的科层体系以及横向的职能部门共同构成国家贫困治理体系的主体和结构，他们不仅基于各自的制度环境、组织目标和利益进行扶贫政策的再造和传递，形成贫困治理政策的地方性规则建构，也基于国家赋予的组织权力和管理权限，对基层乡村场域的政策执行行动进行相应的激励、引导、监督和约束，推动国家贫困治理的村庄实现。

由此，通过相应的政策过程和管理体制，国家建构了从中央到地方、从国家到乡村的贫困治理行动体系。在此过程中，国家扶贫政策的"行动脚本"经由各级政府的地方性行动建构和逐级传递，最终形成乡镇政策执行的具体文本性规则和目标要求。因此，在贫困治理的乡村场域，乡镇及村级组织是重要的行动主体，也是基层扶贫政策的实际执行者。自上而下的国家权力分配体制以及相应的行政管理体制，也决定了国家以及各级政府的始终"在场"，乡村贫困治理的政策执行仍然是一场国家主导的治理实践。

（二）政治任务与中心工作：精准扶贫的运动式推进

在有关精准扶贫的政策建构过程中，国家提出"消除贫困、改善民生、实现共同富裕是社会主义的本质要求"①，并将精准扶贫上升至关乎党和国家政治方向、根本制度以及发展道路的战略高度，提出全党全国要将精准扶贫和精准脱贫作为一项政治任务、中心工作来予以实施推进，以实现 2020 年农村贫困人口全部脱贫、全面建成小康社会的历史目标。因此，与以往农村贫困治理的政策安排和常规治理形态相比，运动式推进成为当前精准扶贫实践行动的典型特点。这一以政治动员和超常规运作为主要形式的运动式治理，也是基层乡村场域政策执行的宏观历史背景，并构成乡村干部政策执行的重要行动情境。

运动式治理是中国国家治理进程中一种特殊而又普遍的现象。一些研究者也提出"国家运动"②"动员式治理"③"行政吸纳运动"④"运动型治理机制"⑤ 等概念对这类治理形式或现象进行概括，并主要从宏观的国家治理层面、中观的组织层面以及微观的行政层面⑥进行讨论和研究。本章节使用"运动式治理"的概念和主题则更多的是在国家治理以及科层组织层面，将其视为一种治理的机制、治理的模式或治理的手段，是"对传统'运动'资源的

---

① 《习近平：把群众安危冷暖时刻放在心上》，载新华网，http：//news. xinhuanet. com/politics/2012-12/30/c_114206411. htm，2018 年 4 月 22 日访问。

② 冯仕政：《中国国家运动的形成与变异：基于政体的整体性解释》，载《开放时代》2011 年第 1 期。

③ 陈楚洁：《动员式治理中的政府组织传播：南京个案》，载《重庆社会科学》2009 年第 9 期。

④ 狄金华：《通过运动进行治理：乡镇基层政权的治理策略》，载《社会》2010 年第 3 期。

⑤ 周雪光：《运动型治理机制：中国国家治理的制度逻辑再思考》，载《开放时代》2012 年第 9 期。

⑥ 黄科：《运动式治理：基于国内研究文献的述评》，载《中国行政管理》2013 年第 10 期。

简化利用，以及基于国家治理资源有限性前提下所产生的理性选择"①，是与常规治理相对应的、甚至是"针对常规型治理机制失败而产生的（暂时）替代机制或纠正机制"，反映了特定制度环境下国家治理的制度逻辑。② 一方面，研究者从"治理"的视角出发，将运动式治理视为相对于国家常规型治理而产生的一种治理机制，无论是传统官僚等级制基础上的封建社会，还是强调国家治理能力的现代社会，都可能出现运动型的治理机制；另一方面则是从其"运动"的特征出发，提出运动式治理源于中华人民共和国成立之初在社会控制和社会整合过程中产生的政治运动③，强调国家自上而下的政治动员以及超常规的行动策略。这一治理机制在后续国家建设发展过程中得以延续，并表现为各式各样的"国家运动"。虽然学术界对运动式治理的作用和意义褒贬不一，"运动"一词也逐渐在国家政治语汇中淡出或边缘化④，但事实上，在国家政治经济及社会发展过程中，依然延续着各种各样的"运动"以及运动式治理行为。冯仕政指出，改革开放以后，国家日常政治生活基本上摒弃了以往以规训为取向、以变革社会为目标的大规模群众运动，但那种以生产为取向、以增强国家能力或者行政效率为目标的官僚性运动却依然存在。⑤ 可以说，这一为实现国家治理目标、以政党和国家组织宣传和政治动员、打破科层体制内部结构、采取超常规治理的运动式治理形式在国家政治体制背景下依然延续，甚至在政治动员工作节奏化、行政问题转化为政治问题等特点下，逐渐走向

① 唐贤兴：《政策工具的选择与政府的社会动员能力——对"运动式治理"的一个解释》，载《学习与探索》2009 年第 3 期。

② 周雪光：《运动型治理机制：中国国家治理的制度逻辑再思考》，载《开放时代》2012 年第 9 期。

③ 唐皇凤：《常态社会与运动式治理——中国社会治安治理中的"严打"政策研究》，载《开放时代》2007 年第 3 期。

④ 曹龙虎：《国家治理中的"路径依赖"与"范式转换"：运动式治理再认识》，载《学海》2014 年第 3 期。

⑤ 冯仕政：《中国国家运动的形成与变异：基于政体的整体性解释》，载《开放时代》2011 年第 1 期。

"常规化"①，而不再仅仅是总体性社会体制下，国家借助强大的专制权力来进行社会资源的动员、整合以及建构社会秩序的方式②，转而成为"与常规治理共存共生且相互作用的治理机制"。③

作为一种国家治理制度逻辑的组成部分，运动式治理具有稳定的组织基础以及一整套制度设施和环境。④ 前者包括党务系统的组织结构、人事制度安排、政治动员的日常化等，后者则包括强制权限、压力型体制、政治竞赛、选择性激励、模化固定的动员程序等。同时，在中国国家治理进程中，运动式治理也发生了显著变化。其不仅从国家宏观治理层面的政治动员逐渐走向地方政府组织的日常运作，成为一种"有效"的资源动员机制和政策工具，也在发展过程中逐渐消解了其临时性、间断性和强制性特征，并与科层组织的专业化、精细化和技术治理相结合，演变为以"中心工作""任务驱动"为表征的行动模式，也即运动式治理的"路径依赖"与"范式转换"。⑤ 由此，在国家主导的精准扶贫中，我们依然可以发现以"政治任务"和"中心工作"形式推动的运动式治理。

长期以来，中国国家和政府一直强调解决农村贫困问题的重要性。而事实上，虽然国家扶贫政策无疑都把县（区）一级政府明确作为政策的落实者和责任主体，而现实中所谓的党政一把手负总责，只是一个行政概念上的强调。县（区）一级在执行国家扶贫政策时，大多照本宣科式地将上一级文件转发给下级，政策怎么规定就怎么执行，遇有特殊情况需要变通时，也需经过常委

---

① 倪星、原超：《地方政府的运动式治理是如何走向"常规化"的？——基于 S 市市监局"清无"专项行动的分析》，载《公共行政评论》2014 年第 2 期。

② Andreas J. "The Structure of Charismatic Mobilization: A Case Study of Rebellion During the Chinese Cultural Revolution". *American Sociological Review*, Vol. 72, No. 3, 2007, p. 45.

③ 周雪光：《运动型治理机制：中国国家治理的制度逻辑再思考》，载《开放时代》2012 年第 9 期。

④ 周雪光：《运动型治理机制：中国国家治理的制度逻辑再思考》，载《开放时代》2012 年第 9 期。

⑤ 曹龙虎：《国家治理中的"路径依赖"与"范式转换"：运动式治理再认识》，载《学海》2014 年第 3 期。

会讨论或报上一级领导请示，且国家扶贫资源的有限性、地方政府配套资源的政策要求，以及 GDP 为主要指标的考核压力，大多贫困地区还是以地区经济建设为重心，对于扶贫等社会事业的财政倾斜力度较小，也很少愿意在执行上级政策基础上再添新力，使得地方扶贫工作沦为一种被动边缘化的常规工作。具体的扶贫工作一带而过，模糊来看，所有的农村工作又都与扶贫有关。同时，这种工作形态也延续到基层乡镇，农村贫困治理同其他各项农村社会发展政策的落实，成为乡镇机构的一项无足轻重的常规性工作。而国家精准扶贫政策的提出，一开始就具有典型的政治动员特征。农村贫困治理成为国家建构提出的"政治任务"，因而在科层执行组织中演变为各级地方政府的"中心工作"，并产生了"成立领导小组、制订实施方案、召开动员大会、实施治理、检查反馈、回头看、总结评估"① 等一整套治理环节和形式。在《中共中央国务院关于打赢脱贫攻坚战的决定》中，国家提出"严格执行脱贫攻坚一把手负责制、省市县乡村五级书记一起抓以及层层签订责任状"的要求②，以及在国务院扶贫开发领导小组统一领导下，扶贫开发任务重的省、市、县、乡各级党委和政府要把脱贫攻坚作为中心任务，层层签订脱贫攻坚责任书，层层落实责任制。③ 由此，贫困地区各级党委、政府的主要负责人也成为开展精准扶贫工作的第一责任人。这一方面得益于国家扶贫政策话语的建构，另一方面则是中国压力型体制的作用结果。在压力型体制下，国家及各级政府之间通过"扶贫责任状""扶贫工作一票否决"等具体工作机制和目标要求，共同被纳入国家贫困治理的"运动化进程"，体现了采取超常规举措予以推进的运动式治理特征。

由此，宏观层面国家以运动式治理形式推进的精准扶贫政策，在行动体系

---

① 冯志峰：《中国运动式治理的定义及其特征》，载《中共银川市委党校学报》2007年第 2 期。

② 新华网授权发布：《中共中央国务院关于打赢脱贫攻坚战的决定》，载新华网，http：//news. xinhuanet. com/politics/2015-12/07/c_1117383987. htm，2018 年 5 月 11 日访问。

③ 见《国务院关于印发"十三五"脱贫攻坚规划的通知》，载《中华人民共和国国务院公报》2016 年第 35 期。

的执行运作中成为各级政府的"政治任务"和"中心工作"。这也影响乡村场域乡镇干部的政策执行行动，以及运动式推进过程中农村贫困治理的实践形态。

三、乡村行动主体与行动情境：基层贫困治理政策执行网络

在以往有关基层社会的研究中，乡镇政府往往被笼统归入地方政府的范畴，或将乡镇和村级组织整体化概括为农村社会，缺乏对乡镇以及村委会组织主体的独立分析，或模糊二者之间的关系和差异。如王雨磊将扶贫开发视为一个从中央到村庄"一竿到底"的系统工程，国家治理目标实际上经历了逐级行政发包的过程，首先由省级扶贫部门承包国家的扶贫任务，同时又将这一治理任务分包给其下属的市、县级扶贫部门，市、县扶贫部门再将扶贫任务分包给帮扶单位、村委会，最终建立起了一个由县扶贫办、帮扶单位、村委会组成的治理团队①，而乡镇扶贫办扶贫干部往往是兼职，只起协助性作用。但事实上，乡镇作为村级组织的指导单位以及实际运作中的领导者，特别是精准扶贫的运动式推进过程中，国家政策文本将其纳入治理的行动网络，并作为脱贫攻坚的责任人，对贫困治理工作负有重要责任。而在中国独特的乡村关系以及基层治理形态下，村庄干部成为乡镇一级的权力延伸和"行动手脚"，与乡镇干部一起，在实际的政策执行中扮演重要角色，成为基层贫困治理政策的重要执行单位和行动主体。与此同时，作为国家贫困治理政策执行的乡村场域，乡村干部等行动主体面临着科层制组织结构以及非程式化的乡土社会，压力型体制以及乡村社会的熟人社会关系、村庄伦理道义等结构性特征也构成乡村行动者的具体行动情境。

---

① 王雨磊：《数字下乡：农村精准扶贫中的技术治理》，载《社会学研究》2016年第6期。

（一）政策执行末梢的行动者：乡村"街头官僚"

乡村社会是国家与农民、政府与社会之间联结的结点。一方面，国家权力通过乡镇基层政权及其村级代理人向农村社会进行渗透和延伸；另一方面，农民通过乡镇基层政权以及村级代理人进行必要的回应和反馈。由此，乡镇政权及其村级代理人构成国家汲取农村社会资源以及提供公共服务的重要组织平台和载体，也是国家政策以及治理目标的实际执行者。

1. 国家行政管理序列中的乡镇干部

乡镇位于中国国家行政管理体系的最低层级，国家公共政策的执行离不开基层乡镇的参与和配合。从中国国家主导的贫困治理政策过程来看，政策的制定往往以中央为起点，各省、县、市依据中央制定的政策方针，形成地方性的具体政策措施。乡村则处于政策过程的末梢，并由国家权力的基层代表——乡镇政府及其村庄代理人来具体负责公共政策的村庄执行，"层层下指标、逐级抓落实、签订责任状、分级去考核"成为中国政府上下级关系的形象写照。

从历史上看，乡镇是国家政权建设的产物。通过建立相应的官僚组织机构，国家权力实现了基层社会的延伸。中华人民共和国成立以后，中国开始了全国范围的基层政权建设，在地方实行县、区、乡三级人民代表制度，并规定了乡（行政村）的职责权限和机构设置。1954年，中国首次以宪法和地方组织法形式明确规定乡镇作为国家最基层的政权组织。1958年以后，乡镇体制被人民公社制度所替代。直到1982年，国家重新以宪法形式确定了乡/民族乡、镇为农村基层政权形式，并开始地方乡镇政府的恢复重建。到1985年，人民公社解体，乡镇重新成为中国最基层的政权组织，并形成了"条块分割""双重领导"的乡镇结构。1988年以后，国家开始在农村推行村民自治制度，从而形成了"乡财县管""乡政村治"的地方治理模式。在此期间，国家不断进行乡镇政权改革，包括通过撤并乡镇、机构精简、职能转化等对乡村关系、县乡关系的调整和转变，并溯沿国家行政体制改革的科层化和理性化方向发展。特别是新世纪以后，为应对农村衰败以及乡镇机构膨胀、财政困难等基层社会治理问题，国家开始在农村进行税费改革以及基层治理机制的规范化、制度化建设，逐渐突出了基层管理的"技术治理"面向①，并由此改变基层政府的治理生态和国家与社会关系，促进乡镇政府由"管治政府"走向"服务政府"、从地方资源汲取转向农村公共服务供给。

作为国家科层体制的底端，乡镇不仅承担来自上级和国家交办的大量公共事务，也以其国家权力的代表面向基层社会的治理问题，承担促进农村经济社会发展、加强公共服务建设、维护基层社会管理以及乡村社会稳定和谐等职能。目前来看，乡镇政府一般包括党委、人大、政府三大领导机构，并按照国家政府部门的机构安排，设有党政、综治、民政等内设机构以及派出所、司法所等直属单位。因此，位于科层制官僚体系末端的乡镇政府，在日常运作特别是上级政策的执行过程中，既要面对科层体制内的各级上级政府，又要面对政府系统中的不同职能部门。不仅服从于科层体制内的上下级权力关系，还要面对具有多重目标和利益的政府部门。加之机构精简要求带来的人员有限以及农村工作的具体性和复杂性，乡镇一级政府虽然在组织结构、权力体系等方面依照相应科层制的规制设计而成，具有现代官僚制组织的特性，但实际上，乡镇政权的实际运作逻辑与现代官僚制的理性化、制度化特征相去甚远。② 面对科层组织的压力以及复杂的乡村社会，乡镇政府一般很难进行专门的、岗位化的行政建制和职能划分，而是形成了特定的干部划片、包村等人员设置和管理形式，以及面对临时性、突发性上级任务时采取的突击、会战等运动式工作方式。③ "上面千条线，底下一根针""下去一把抓，回来再分家"构成基层政权运作的日常实践形态，由此也产生了"协调型政权"④ "维控型政权"⑤

---

① 渠敬东、周飞舟、应星：《从总体支配到技术治理——基于中国 30 年改革经验的社会学分析》，载《中国社会科学》2009 年第 6 期。

② 欧阳静：《压力型体制与乡镇的策略主义逻辑》，载《经济社会体制比较》2011 年第 3 期。

③ 张立荣：《当代中国乡镇行政制度：结构—功能透视》，载《广东行政学院学报》1996 年第 1 期。

④ 付伟、焦长权：《"协调型"政权：项目制运作下的乡镇政府》，载《社会学研究》2015 年第 2 期。

⑤ 欧阳静：《"维控型政权"：多重结构中的乡镇政权特性》，载《社会》2011 年第 3 期。

"正式权力的非正式运作"①"双线运作"②"共谋"③"变通"④"选择性执行"⑤"策略主义逻辑"⑥等基层政权形象和运作模式的描述。这些一方面反映了"压力型体制"⑦、权威体制与有效治理之间的矛盾⑧等中国科层组织结构的独特情状；另一方面，也与非程式化的乡村社会⑨"权力的利益网络"⑩、日常生活原则和民间观念⑪等乡村共同体社会特征密切相关。

从中国贫困治理的组织机构设计和行动体系来看，国家从中央到省、自治区、直辖市和地（市）、县级政府都成立了相应的扶贫开发组织机构，以负责本地扶贫开发工作，并实行分级负责、以省为主的行政领导扶贫工作责任制。⑫而在乡镇一级，国家并未设立专门的扶贫机构或部门。2011年以前，一些贫困乡镇内设的扶贫专干等职位也大多为公益性岗位或由乡镇干部兼职。然

① 孙立平、郭于华：《"软硬兼施"：正式权力的非正式运作的过程分析》，载《清华社会学评论》特辑2000年。

② 陈心想：《从陈村计划生育中的博弈看基层社会运作》，载《社会学研究》2004年第3期。

③ 周雪光：《基层政府间的"共谋现象"——一个政府行为的制度逻辑》，载《开放时代》2009年第12期。

④ 王汉生、刘世定、孙立平：《作为制度运作和制度变迁方式的变通》，载应星、周飞舟、渠敬东编：《中国社会学文选》，中国人民大学出版社2011年版，第103页。

⑤ O'Brien, Kevin J. Lianjiang Li. "Selective Policy Implementation in Rural China". *Comparative Politic*, Vol. 31, No. 2, 1999, p. 93.

⑥ 欧阳静：《压力型体制与乡镇的策略主义逻辑》，载《经济社会体制比较》2011年第3期。

⑦ 荣敬本等著：《从压力型体制向民主合作体制的转变》，中央编译出版社1998年版，第28页。

⑧ 周雪光：《权威体制与有效治理：当代中国国家治理的制度逻辑》，载《开放时代》2011年第10期。

⑨ 欧阳静：《运作于压力型科层制与乡土社会之间的乡镇政权：以枯镇为研究对象》，载《社会》2009年第5期。

⑩ 贺雪峰：《村级权力的利益网络》，载《社会科学辑刊》2001年第4期。

⑪ 孙立平、郭于华：《"软硬兼施"：正式权力的非正式运作的过程分析》，载《清华社会学评论》特辑2000年。

⑫ 王雨磊：《数字下乡：农村精准扶贫中的技术治理》，载《社会学研究》2016年第6期。

而，国家启动正式的农村扶贫开发进程以来，农村贫困治理同其他惠农政策的落实，已成为各地区尤其是贫困地区乡镇政府的一项常规性工作。用乡镇干部的话说，"以前乡镇虽然没有专门搞扶贫，但所有的工作都是围绕扶贫在做"。特别是精准扶贫政策提出以后，国家进一步将其上升到全面建成小康社会以及社会主义本质要求和党的重要使命的战略高度，将扶贫开发工作纳入"四个全面"战略布局、实现第一个一百年奋斗目标的重点工作等，精准扶贫开始成为各级党委和政府的一项重大政治任务。在调查地区岩村，地方政府提出以脱贫攻坚统揽经济社会发展全局，将脱贫攻坚作为"十三五"时期全县的头等大事、首要任务和第一民生工程，并制定了全面完成脱贫攻坚的具体任务，以及"省领导包县、市领导包乡、县领导包村、乡领导包户、党员干部包人"的"五包"责任制。按照县委领导、政府统筹、人大和政协参与、部门指导、乡村实施的工作思路，明确各级各部门在扶贫攻坚中肩负的职责，层层签订责任书，立下"军令状"。由此，贫困乡镇党委、政府的主要负责人也成为开展精准扶贫工作的第一责任人，要求按照国家和上级政府政策要求，承担贫困信息收集、指标分配、规划制定、政策项目落实以及应对上级检查考核等工作，成为贫困治理行动当中的信息认证者、政策落实者、资源分配者、资源传递者以及成果展示者。

2. 作为多重代理的村庄干部

20 世纪 80 年代，伴随农村土地家庭联产承包责任制、"包产到户"等农村改革措施的推行，国家开始在农村建立起村民委员会制度，以实现对农村社会的再次整合和重构。通过乡镇政府和村委会组织形式，中国农村形成了村民自治的基层治理模式，也确立了村庄在国家与农村社会互动中的中介地位。①

从政策规定和理论上讲，村一级是村民自治领域，具有社会自主性，实行民主选举、民主决策、民主管理、民主监督。乡镇政权作为国家意志最基层的代理人，与农村社会在村一级进行互动，对村民委员会的工作给予指导、支持

---

① 贺雪峰、徐扬：《村级治理：要解决的问题和可借用的资源》，载《中国农村观察》1999 年第 3 期。

和帮助。根据《中华人民共和国村民委员会组织法》规定，村民委员会由主任、副主任、委员等三至七人组成，通过村民会议和村民代表会议等形式讨论和决定有关村庄发展以及村民利益的主要事项，并承担村庄生产服务、人民调解、治安保卫、公共卫生与计划生育、环境保护、法律政策宣传、文化教育、科技普及等工作，以及协助乡镇人民政府开展相应的工作。① 由于村民委员会的自治组织性质，村干部并不享受国家体制内干部的工资和福利待遇，一般由乡镇政府发放一定的补贴。而事实上，作为村委会指导单位的乡镇政权，一方面，其本身处于国家自上而下的科层体系当中，受到压力型体制、向上负责制等相应激励约束机制的制约，科层制的逻辑使其以完成上级交办任务为工作导向，并通过复制目标管理责任制的"责任链条"，将村委会一同纳入"责任——利益"的共同体，并在帮助国家汲取资源、维护基层社会稳定等方面形成一致的行动要求和运作目的；另一方面，乡镇政府掌握着村庄分配的利益和资源且乡镇的自由裁量行为加剧了村庄对于乡镇政府的依赖，这在贫困地区农村尤为突出。此外，乡镇领导的权威以及村庄干部本身的利益取向，也使其产生了对乡镇干部的依附和从属。因此，乡镇领导与村庄干部之间往往形成相应的责任——利益联结，以顺利完成上级工作任务或实现自身利益。甚至在许多地区，乡镇政府的深度介入，使地域社区内的权力与资源落在少数村庄精英手中，形成地域社区的强政府。② 此外，中国"党和国家相互嵌入"的独特政治生态③，以及基层党委权力延伸和村"两委"主任书记"一肩挑"的事实，不仅造就了农村党委与村委会之间的复杂关系，也使得村民自治组织的村庄干部行动首先要与国家政治导向保持一致。由此，村庄干部大多被视为基层政权的延伸或乡镇的手脚，扮演着上级政府代理人、国家利益代理人以及村庄代理

---

① 参见中华人民共和国中央人民政府：《中华人民共和国村民委员会组织法》，载中国政府网，http：//www.gov.cn/flfg/2010-10/28/content_1732986.htm，2018 年 5 月 23 日访问。

② 金太军、董磊明：《近年来的中国农村政治研究》，载《政治学研究》1999 年第 4 期。

③ 贺东航、谢伟民：《中国共产党与现代国家互动历程研究》，载《经济社会体制比较（双月刊）》2011 年第 4 期。

人、家庭代理人等多重复杂角色。乡村之间也并非简单的"领导关系"或"指导关系"，而是存在多重互动关系；"乡政村治"不仅存在"上下分治"与"并立分治"两种结构形态①，在"乡政村治"的实际运作中，也产生了行政化的乡村关系以及放任型的乡村关系。② 税费改革以前，国家与村庄的关系集中体现为国家对农村的汲取，继而产生了"汲取型"的基层政权，也形成了作为乡镇权力延伸和"行动手脚"的村庄代理人，以及国家与村庄和农民之间的紧张和对立关系，即村委会在协助乡镇政府执行国家政策法规、完成税收、计划生育、维稳等典型刚性工作任务过程中，逐渐成为乡镇政府在村庄的权力代表和"行动手脚"，并由此衍生了村干部具有行政化、官僚化色彩的工作方式以及干群关系。而农村税费改革以后，国家开始通过"一事一议"方式解决农村生产服务当中的公益事业建设。但囿于村集体经济匮乏以及乡镇财政运作的困难，贫困地区农村公益事业建设往往陷入尴尬境地。与空壳化的农村整体情状相一致，村民自治组织也处于悬空或职能虚化的状况。用调查中村干部的话来说，"村干部真是闲，一年到头也不会开一次会，一般就是通知收收保险费、妇女计划生育检查……村干部都在外面打工、做生意、跑运输了。"③

近年来，伴随国家农业税取消以及一系列惠农政策的实施，国家试图转变基层汲取型政权以及悬浮型政权的弊端，开始实施"给予型"的基层政权建设，甚至撇开县乡政权和村级组织，持续加强国家直接与农民打交道的能力，以巩固国家与农民关系日趋改善的成果。④ 精准扶贫政策的提出，农村贫困治理日益成为国家和地方各级政府的首要政治任务、中心工作，与之相伴的则是大量扶贫资源、项目进入乡村社会，形成了新一轮的"政策进村""项目进村"和"干部进村"运动，由此产生了村民自治组织及村干部治理形式的重

---

① 项继权：《乡村关系的调适与嬗变——河南南街、山东向高和甘肃方家泉村的考察分析》，载《华中师范大学学报（人文社会科学版）》1998年第2期。

② 程同顺：《村民自治中的乡村关系及其出路》，载《调研世界》2001年第7期。

③ 根据岩村村干部访谈资料整理。

④ 赵晓峰：《粮食直补政策的实践反思与展望》，载《调研世界》2008年第7期。

要转变。与此同时，地方政府不断涌现出缩小治理单元的"网格化治理"、政府购买村级公共服务等创新性方式来加强村民自治的基层社会管理。可以说，乡村关系是国家与社会关系的一个缩影，国家治理的形式和内容既形塑了基层国家以及乡村与农民的关系，也受到后者的影响。以村委会为主体的村民自治建设体现了国家、科层以及农民的不同行动逻辑。

因此，在农村贫困治理的基层场域，村庄及其代理人无疑被纳入从国家到乡村的贫困治理行动网络，不仅作为乡镇地方政府的权力延伸或"行动手脚"，承担贫困治理过程中相应的工作任务，也是村庄承接国家扶贫资源、项目以及动员、组织贫困治理对象的平台和基础。与此同时，精准扶贫政策还通过驻村干部、第一书记等制度强化村级组织的治理能力，并在精准扶贫的技术治理方面强化了村庄干部的治理能力和要求。这些政策规制和制度安排，都将改变以往附属于乡镇干部或悬浮于村庄治理的村庄干部形象，并构成村干部这一街头官僚在精准扶贫政策的村级执行过程中重要的制度环境。

（二）科层组织结构与地方乡土社会：乡村政策执行的行动情境

乡村是一个特殊的治理空间，其一面连接着国家与个体的农民，另一方面勾连着城市与乡村。在此进行政策执行的行动主体，既包括国家科层体系内的乡镇政权，又包括村庄自治组织的村委会。因此，国家科层组织结构及其内在的行动逻辑、制度环境以及村庄所构成的地方性乡土社会，构成乡村政策执行的具体行动情境。

1. 科层组织体系及其压力型体制

作为现代国家行政体系的主要组织形式，科层制组织体系是国家贯彻实施公共政策的有效途径和工具。可以说，任何一项政策都必须经过科层组织体系的"检验"和"磨炼"。[①] 中国进入改革开放以后，科层化实践也成为国家政治体制改革的重要目标和方向。尤其是20世纪90年代开始推动的社会主义法

---

① 陈家建、边慧敏、邓湘树：《科层结构与政策执行》，载《社会学研究》2013年第6期。

制建设，表明国家试图在为全国范围建立一种超越个人支配的、普遍适应的、契约性规则体系和科层组织结构的目标而努力。从国家治理的愿景看，科层制强调不同部门间的职责、权限和分工，以及科层组织体系内干部人员的事本主义原则。① 理想的科层制体制是一种由训练有素的专业人员依照既定规则持续运作的行政（管理）体制，并具有专业化分工、等级制、规则体系、非人格化职位以及标准化用人等原则和特征②，以保障国家治理的有效实现。事实上，科层制组织结构及其技术理性在产生组织绩效的同时也会出现组织适应性和灵活性缺失等治理缺陷，并且现实社会很难构建出理想型的科层制组织结构。中国科层化发展过程也出现了结构科层化与功能科层化之间的分离特征③，即科层制规则建设滞后于组织结构的形成，传统组织形式虽然被全新的、正规的科层制组织形式所取代，然并未实现科层组织理性化形式规则、规范程序的建设和植入。④ 但这些无疑也表明了中国行政体制的科层化取向，即"政府的作用通过不断精细化和扩展的科层组织能力加以实现"。⑤

从国家行政管理体系的角度出发，处于科层组织体系底端以及政策执行一线的乡镇干部及其村庄代理人等"街头官僚"，面临着纵向和横向两个维度的科层组织结构。一方面，中国在自上而下的科层体制结构内，形成了典型的压力型体制，即国家政策任务通过行政命令自上而下传递至基层乡镇政府，地方政府为实现经济赶超，完成上级下达的各项指标，进而采取一种数量化任务分

---

① 狄金华：《情境构建与策略表达：信访话语中的国家与农民——兼论政府治理上访的困境》，载《中国研究》2013 年第 2 期。

② ［德］马克斯·韦伯著：《支配社会学》，康乐、简惠美译，广西师范大学出版社2004 年版。

③ Whyte M. "Who Hates Bureaucracy? A Chinese Puzzle". In Nee V, Stark D, Selden M. Eds. *Remarking the Economic Institutions of Socialism：China and Easter Europe*，Stanford. Calif：Stanford University Press，1989，p. 21.

④ 李猛：《从帕森斯时代到后帕森斯时代的西方社会学》，载《清华大学学报（哲学社会科学版）》1996 年第 2 期。

⑤ 周雪光、练宏：《政府内部上下级部门间谈判的一个分析模型——以环境政策实施为例》，载《中国社会科学》2011 年第 5 期。

解的管理方式以及物质化的评价体系。① 在压力型体制下，中央政府为完成相关治理任务，往往通过自上而下的行政命令将任务确定为"政治任务"，要求下级政府部门以及职能部门全力配合上级完成各项工作任务，并给予政治上或经济上的相应激励或惩罚。而地方政府通过建立相应的目标管理责任制，以及政策任务完成指标的层层加码，将责任下移至基层政府。由此，基层政府往往采取"一把手"的完成方式以及"一票否决"的激励约束机制，最大限度地调动和整合各项资源，采取非常规甚至非理性的运作方式，完成上级政府布置的"政治任务"，如基层政府权力的非正式运作、共谋、变通、摆平等策略手段。压力型体制在 20 世纪 90 年代日益明显化，成为基层政府运作的主要约束背景。新世纪以来，虽然压力型体制的运作特征没有得到根本性改变，但其作用机制却发生了显著的发展和变化，如指标管理和技术治理的强化，量化指标结构的多元化以及行政问责制的加强等。② 同时，压力型体制并非只在科层组织结构中存在。事实上，乡镇政府与村委会之间往往也通过建立相应的目标管理责任制，将责任下移至村庄自治组织，但在资源支持方面却停留在上级政府层面，很难做到"权随责走、费随事转"，这也限制了基层的自由裁量行为，并使其获得了一种"象征性"的自由裁量。③ 此外，在科层制层级治理的结构下，国家、地方各级政府具有各自的行为逻辑和目标利益考量，更加加剧了政策执行过程中的多重利益博弈和不确定性。当前以精准扶贫政策为核心的农村贫困治理过程中，压力型体制以及相应的目标管理责任制和激励约束体制仍然也是基层政策执行的主要制度环境和行动情境。国家自上而下的科层制组织不仅是政策行动逐级传递的组织体系，同时也是国家治理目标和责任逐级传递的管理体系。

　　① 荣敬本等著：《从压力型体制向民主合作体制的转变》，中央编译出版社 1998 年版，第 28 页。
　　② 荣敬本：《变"零和博弈"为"双赢机制"——如何改变压力型体制》，载《人民论坛》2009 年第 1 期。
　　③ 朱亚鹏、刘云香：《制度环境、自由裁量权与中国社会政策执行——以 C 市城市低保政策执行为例》，载《中山大学学报（社会科学版）》2014 年第 6 期。

另一方面，国家政权体系不是铁板一块，而是存在横向的、具有多元利益和目标的不同职能部门。公共政策不仅是从国家到地方的垂直性政策建构，也是多部门利益协调的结果，并需要部门间的横向参与和配合。在科层体系内部，中国各级行政部门之间存在条块分割和信息壁垒的痼疾。而在基层乡镇政府，鲜有专门性的扶贫机构设置或人员配置，因此产生了超常规的运动式治理作为应对特殊政治任务的常规性策略，以及展示性治理的结果展现，这也是共谋等现象产生的根本性原因。在有关自由裁量的组织学研究中，西方研究者提出自由裁量行为与政策规则之间具有相互影响的互动关系，处于政策执行一线的街头行政人员无可避免地需要进行相应的自由裁量行为，也即政策的具体规则细化了政府行政人员的日常事务和承担职责，而一定的自由裁量空间则赋予其行动的自由度。① 而压力型体制在研究中往往产生基层政府运作的策略主义，即基层政权组织往往缺乏稳定的、抽象的、普遍主义的运作规则，以及基于长远发展而制定的战略性目标，因而在具体执行当中不得不以各类具体的、权宜的和随意的策略与方法作为原则，并只顾追求眼前短暂目标的实现和完成。实际上，乡镇干部日常话语中"只问结果不问手段"或"不管用什么方法，只要能把事摆平"的表述正是这种策略主义的体现。② 而这种策略主义虽然能够在一定程度上集中权力和资源，促进上级政策目标的有效实现，但也隐藏着"形式主义""政绩主义"或"一刀切"等政策执行偏差的风险或危机。

就村级组织来看，其主要的上级来自于基层乡镇政府，虽然其行为特征具有一定的行政化和官僚色彩，但受到压力型体制及激励约束明显弱于乡镇干部，在地方政策执行中掌握更多的地方性知识，因而在政策执行过程中的自由裁量权较乡镇更大。但与基层乡镇政府远离国家的监督制约体制不同，村庄几乎在乡镇政府的"监控"下运作，因而其受到的监督距离更小，从而也在一定程度上制约了其自由裁量行为。这是乡村合作的动力和基础，同时也构成乡

① Hupe P, M Hill. "Street-level Bureaucracy and Public Accountability". *Public Administration*, 2007, p. 85.

② 欧阳静：《压力型体制与乡镇的策略主义逻辑》，载《经济社会体制比较研究》2011 年第 3 期。

村政策行动自由裁量行为产生的重要制度背景，即压力型体制下资源与责任的不对称，以及多部门利益博弈的特征，使其必然产生相应的基层自由裁量行为。但压力型体制及目标责任管理制是否一定会导致非理性化的目标置换或策略主义逻辑，乡镇与村级街头官僚在政策执行当中的行为是否具有一致性？这些也是本书需进一步研究的问题。

2. 乡村社会及其共同体结构

乡村社会是中国社会的重要组成部分，也是基于历史和地理原因产生、由共同生产生活的村民构成的、远离国家和城镇的社会空间，是基于一定的血缘、地缘关系而结成的相对独立的社会生活圈子，也是包括各种形式社会活动所组成的群体组织。它既是一个空间单元，也是事实上的社会单位①，同时又是国家对基层社会的治理单元。乡村干部尤其是乡镇干部，作为生于斯、长于斯、工作于斯，或与村庄具有千丝万缕关联的个体，其行动必然受到乡土社会结构和情境的影响。

历史上，传统乡村是以"差序格局""熟人社会""礼俗社会""教化权力""无讼社会""私人道德"等为表征的乡土社会。② 同时，在"皇权不下县"的封建社会治理背景下，乡村主要通过乡绅精英、宗族组织以及村规民约等非制度力量或形式实现了以自治为主的乡村治理。伴随中华人民共和国成立以及现代化进程的加快，中国传统乡村经历人民公社体制、家庭联产承包责任制及其村民自治、新农村建设等一系列国家干预和规划性变迁，村庄的社会形态发生了显著变化。传统乡村社会文化也逐渐受到国家政治、经济力量的影响和渗透，乡村社会的形态、结构也发生了相应的变化。但作为村民共同生产生活的空间，村庄仍然相对保留了地域、社会生活以及社会经济和文化心理的共同性，人际关系中的熟人关系以及基于情感的公平道义观念等仍然是村庄共同体所具有的特质和存在基础。这些非程式化的规则与现代村庄社会的流动性、开放性特征一起，成为影响基层社会治理及乡村干部行动的重要情境

---

① 李培林著：《村落的终结——羊城村的故事》，商务印书馆 2004 年版，第 48 页。

② 费孝通著：《乡土中国 生育制度》，北京大学出版社 1998 年版，第 73 页。

因素。

　　熟人社会是社会学家费孝通有关中国传统乡村社会特质的高度概括。虽然伴随现代化进程的推进，学者对这一关系变迁的认识逐渐发生变化，并产生了半熟人社会①、无主体熟人社会②、弱熟人社会③、熟人关系的陌生化等阐述概念。但总体上看，"熟悉的社会"仍然对乡村社会的地方性与整体性结构特征具有较强的概括力和解释力。④ 在村庄共同体社会当中，村民之间的关系是熟悉的、个体与他者之间是相互知根知底的、信息透明的，并且能够相互信任且具有默契。同时，这种熟悉也制造或产生了乡村街头官僚尤其是村庄干部对于村庄信息的地方性知识优势，并制造了有关人情、面子等非正式关系的勾连以及无形的外界监督和制约。这种熟悉一方面会诱发村干部基于非正式网络的寻租和自利性行为，孕育了不合法的交换和互惠；另一方面，也形成了村庄群体以及村规民约等伦理道德对于个别村民行为的无形约束和惩罚。因而在正式的国家治理政策执行过程中，这些构成乡村干部非正式行为的基础和来源。

　　同时，这种乡村社会基于共同的地缘、血缘以及姻亲关系而产生的，联系紧密的情感和道义关联，不仅会在乡村村民的个体和社会行动中得以体现，也在不断重复的互动过程中得到维系和加强。村民之间的人情往来、礼物的流动交换⑤等，既是乡村人与人之间进行情感关联的重要体现，同时也折射出乡土社会基于情感而产生的、受到村民广泛认可的道义与责任。换言之，发生在乡村共同体内的村民之间的情感联系，既是乡村社会的基础和村民需要，同时也

　　① 贺雪峰：《论半熟人社会——理解村委会选举的一个视角》，载《政治学研究》2000 年第 3 期。

　　② 吴重庆著：《无主体熟人社会及社会重建》，社会科学文献出版社 2014 年版。

　　③ 苟天来、左停：《从熟人社会到弱熟人社会——来自皖西山区村落人际交往关系的社会网络分析》，载《社会》2009 年第 1 期。

　　④ 陆益龙：《后乡土性：理解乡村社会变迁的一个理论框架》，载《人文杂志》2016 年第 11 期。

　　⑤ 阎云翔著：《礼物的流动：一个中国村庄中的互惠原则与社会网络》，李放春、刘瑜译，上海人民出版社 2000 年版。

是村民的责任和义务。① 此外，也有学者对现代化进程中乡村社会的变迁特征进行了阐述，"后乡土性"是其中最为典型的概念。在研究中，后乡土性主要包括基于村庄流动而产生的封闭性打破、现代信息和知识的传播以及市场经济濡染下的利益和功利取向。改革开放以后，伴随劳务经济的兴起发展，乡村人口出现了大量的向外流动以及候鸟式迁徙，村庄变成了"流动的村庄""空壳的村庄"以及"留守的村庄"，这在贫困地区农村尤为普遍。这一方面冲击了基层社会的日常治理，另一方面也伴随这种候鸟式的迁徙过程中引入了现代知识、信息传播的途径，并由此打破了乡村社会的封闭性特征，村庄行为主体以及乡村文化均发生变化。但与城市社会的陌生化特点相比，熟人关系、道义准则等共同体特质仍然是乡村社会尤其是贫困地区农村社会的主要特点。同时，与国家治理的科层化、专业化、技术化甚至政绩化、运动化特点相比，乡村社会仍然突出其非程式化的共同体特征，这些构成了村庄村民独特的生活、交往、行动的逻辑、规则和共识。

四、本 章 小 结

农村贫困治理是国家治理的重要组成部分，也是国家政权合法性生产建构的重要来源。从中国农村扶贫开发的历史进程看，扶贫的话语和实践体系经历了救济式扶贫、开发式扶贫、参与式扶贫和精准扶贫的变迁演进。在此过程中，国家形成了一系列有关农村扶贫开发的政策安排和制度体系，并设立了相应的职能部门和组织机构，负责农村扶贫开发工作的有序开展，以确保国家治理的反贫困和发展目标实现。本章结合当前精准扶贫政策，从整体上阐述了中国农村贫困治理当中国家对行动规则、行动主体的建构以及基层政策执行的行动情境。

作为一种国家建构的话语和实践体系，中央政府提出相应的顶层政策设

---

① 陆益龙：《后乡土性：理解乡村社会变迁的一个理论框架》，载《人文杂志》2016年第 11 期。

计，形成农村贫困治理行动的"国家脚本"，并依赖于自上而下的科层制组织体制，实现国家政策文本的"地方性建构"以及基层执行和实施。在当前背景下，国家提出将农村扶贫开发上升到关乎社会主义本质、政治方向以及发展道路的战略高度，通过相应的政治动员以及科层体制的"任务型推动"，将精准扶贫政策的执行和落实纳入国家运动式治理的过程和范畴，以此推动国家贫困治理目标的村庄实现。

而在乡村政策执行的最终场域，基层乡镇政府及其村庄代理人的村庄干部构成国家贫困治理行动体系当中重要的基层参与者和行动主体。他们既作为国家科层组织体系的行政官员或准官员，同时也是与乡土社会具有密切关联的行动主体。科层组织及其典型的压力型体制特征，连同乡土社会的共同体特征，构成基层乡村干部政策执行的具体行动情境。

本章溯沿从宏观到微观的分析思路，从整体上阐释了当前以精准扶贫政策为代表的农村贫困治理的行动规则、行动体系以及具体行动情境。分别揭示了基层乡村干部执行精准扶贫政策的"国家脚本""地方性建构"及其所处农村贫困治理行动体系中的节点和位置，以及微观层面乡村执行场域所面临的具体行动情境，为后文章节中结合精准扶贫政策的村庄执行，探讨乡村干部在具体行动情境中执行政策的行动策略，及其所形塑的农村贫困治理实践形态奠定分析基础。

第四章　从程序到权限：乡村贫困人口
精准识别的规则再造

识别和瞄准贫困群体是进一步开展有针对性贫困治理工作的基础和前提。从中国农村贫困治理的发展历程来看，贫困瞄准的单元经历了从区域到县以至贫困村、贫困户和贫困人口的阶段性转变，贫困治理在政策对象的确定方面也逐渐趋向微观化和精准化。当前，国家提出精准扶贫的治理政策，强调对贫困人口进行精准识别、精准管理和精准帮扶，促使扶贫资源更好地瞄准贫困目标人群，以有效提高国家主导的农村扶贫开发效率。

从国家有关精准扶贫的政策建构来看，一方面，政府基于一定的贫困标准开展贫困人口精准识别，对贫困人口进行相应的身份认证，为进一步实施具体和有针对性的帮扶举措奠定基础；另一方面，精准识别还包括对识别出的贫困户进行建档立卡，并以此为基础，进一步分析其致贫原因、帮扶需要、帮扶举措以及帮扶效果，以促进基层贫困治理精细化水平的提高，实现贫困人口精准进入、退出的动态管理，为建立全国性扶贫开发信息体系、强化国家贫困治理信息收集能力，以及为国家贫困治理决策和考核提供依据。为此，国家建构了一系列精准识别的行动结构、工作程序、管理规则和评估标准，并对贫困人口精准识别和建档立卡管理工作提出明确的政策目标和执行要求。

村庄作为国家贫困治理的基层单元以及政策执行的行动舞台，是国家与农民、政府与社会、干部与群众等多重关系互动博弈的空间，也是精准识别过程中作为政策执行主体的乡村干部与作为政策对象的村民进行互动接触的主要场所。来自国家科层体制的权威、压力以及乡土社会的文化和惯习，共同形塑了基层公共政策执行的实践场域。在这一独特的政策执行空间，具有多重身份特征的乡村干部，扮演了基层政策执行一线和现场的街头官僚角色，在贫困人口识别和贫困户建档立卡工作过程中，与村民进行直接的、面对面的互动和接触。在此过程中，代表国家技术化治理取向的精准识别政策及其规则建构与乡村街头官僚的日常行为模式以及乡土社会的实践逻辑相互碰撞交织。与国家技术治理试图超越基层治理环境中具体、特殊甚至琐碎的治理情境，通过整齐划一的技术标准和规则要求来推进和实施精准识别的规则设计初衷不同，乡村行动情境必然影响政策的具体执行实践。在岩村精准识别政策的执行过程中，乡村干部基于国家和上级提出的政策实施要求，在政策执行的行动过程中不断进行政策文本性规则的调试和改变，以达致目标的实现，也即国家贫困治理的政策和规则建构遭遇到乡村街头官僚以及乡土社会文化的进一步消解或重塑，从而产生了乡村街头官僚分工协作，并对政策文本规则进行生产再造以及选择性执行的行动特征。

一、国家精准识别的技术化及其规则建构

农村贫困人口精准识别、建档立卡动态管理工作是实施精准扶贫政策的首要环节，关系着扶贫项目资源实施的精准性和有效性以及整个精准扶贫行动的成败。同时，精准识别也是国家科层管理体系内技术化治理的重要发展和集中体现，国家和地方政府基于农村贫困人口精准识别的目标要求，提出和制定了相应的贫困人口识别标准、识别规模、识别程序、识别目标以及识别过程中的管理要求等具体规则，成为基层贫困人口精准识别的技术规则和政策依据。

（一）贫困人口识别瞄准的技术和规则演变

从中国农村贫困治理的制度演进历程来看，伴随国家正式启动有组织、有计划、大规模的农村扶贫开发进程，以及引入行政官僚的治理机制对贫困问题进行干预和调节，技术治理就开始被纳入贫困治理的治理机制和行动逻辑。尤其是 21 世纪以后，国家由基层社会的汲取型治理角色向给予型角色转变，尤其是以人为本、民生建设等理念的提出，国家治理的技术化取向也发生了明显

变化，不仅追求指标化、规范化等理性化的治理手段和方式，也更加追求基层治理的准确性、正当性和有效性。① 从贫困人口的识别瞄准来看，农村贫困治理进程经历了以市场为基础的发展型贫困治理到权利基础的保护型、给予型贫困治理，从依赖经济发展带来的涓滴效应到引入国家科层管理体系的制度化扶贫阶段。伴随国家科层组织体系主导下农村贫困治理进程的推进，贫困治理的瞄准对象和治理单位也经历了从县域到村庄以及贫困户和贫困人口的渐次转变，以及贫困村瞄准与集中连片发展的辩证统一。

以往，国家有关农村贫困治理的区域瞄准或村级瞄准，基本上以经济收入作为衡量一个地区或村庄是否贫困的基本指标，即按照国家扶贫线或贫困线标准进行贫困人口的测量和瞄准。1985 年，国家统计局根据 1984 年农村家户调查数据，制定了中国第一个正式的贫困标准，并提出以后将按照农村居民消费价格指数调整，每三至五年更新一次。从理论上看，这一贫困线标准主要基于绝对贫困理论对个体基本生存问题的关注，并根据农村住户抽样调查分户资料进行相应的测算，总体上是对食物贫困线以及非食物贫困线的确定和加总。② 从实质上看，这一贫困线也是低贫困标准或温饱标准。由于农村贫困问题普遍存在与国家扶贫投入有限的矛盾，这一贫困标准被一直沿用到 21 世纪初。2000 年，国家提出低收入标准的贫困线，也即使用食物贫困线以及国际恩格尔系数法进行确定的贫困标准。随后，中国不断提高农村扶贫标准。2015 年，中国政府确定以 2010 年农民年人均纯收入 2300 元为新的贫困标准。加上物价变动，这一标准到 2015 年调整为 2855 元。按照购买力平价计算，这个标准已经略高于世界银行公布的最新贫困标准，也即家庭人均纯收入低于此标准的农村人口都被列入贫困人口。事实上，贫困线主要作为一个测量标准和识别工具而存在，实质是福利测量方法下的概念产物。具体贫困人口的识别和确定则采用规模控制和指标分解的方式，也即根据农村贫困监测数据，以国定或省定扶

---

① 王雨磊：《数字下乡：农村精准扶贫中的技术治理》，载《社会学研究》2016 年第 6 期。

② 张全红、张建华：《中国农村贫困变动：1981—2005——基于不同贫困线标准和指数的对比分析》，载《统计研究》2010 年第 2 期。

贫标准确定各省贫困人口的规模，并将指标逐级分解到县、乡和村。而村级贫困人口的识别和确定，则主要采取"民主评议"这一参与式的贫困人口瞄准方法。[1]

总体上看，贫困人口的识别不仅包含扶贫标准确定、区域规模控制以及指标分解等技术治理的要求，也包含一系列管理性规则的建构，即国家和地方政府不仅建立了以经济收入为主的贫困线作为贫困人口识别的技术标准，也形成了基层政策执行中一整套贫困人口识别和管理的程式化规则、程序以及治理工具和技术手段，包括贫困人口识别管理中的工作培训、贫困户参与、多级核查以及信息化建设等。国家由此进一步强化了贫困户识别和管理的精准性、动态调整性特征，以及信息化数字管理等现代技术的运用。

然而，依赖科层体系贯彻执行的贫困治理结构，也在官僚技术治理日益凸显过程中出现了技术治理的实践困境以及贫困治理的内卷化特征。在贫困人口瞄准和识别的具体实践中，规模控制和指标分级以及村级参与式的"民主评议"，往往由于区域瞄准中政治因素、村级瞄准的信息收集和技术实现困境，造成识别瞄准技术化治理的实施困境，以及国家贫困治理的瞄准偏离。具体来看，一方面，贫困线标准的模糊性、农村人口收入测算的主观性，加上技术官僚治理模式在以"秩序治理"为主的乡村执行过程中遭遇诸多实践困境，参与式扶贫方式面临中国农村现实情境的本土化压力；另一方面，多部门参与导致的扶贫成本增加和政策微效，人格化地方政府在扶贫资源获取和使用中产生的寻租、腐败现象，科层组织体系内基于压力型体制产生的政绩主义、形式主义，以及治理目标偏离等政策表达与实践的悖论，不仅降低了贫困治理的效率和减贫收益，甚至由此引发贫困乡村的基层治理问题。为了解决和应对贫困治理中的困难和问题，国家不断加强扶贫资源投入以及科层组织和管理体系的严格化水平，并建立相应的技术标准和管理程序，由此继续引发了贫困治理当中的政策执行悖论，继而形成国家贫困治理的内卷化现象。

---

[1] 杨龙、李萌、汪三贵：《我国贫困瞄准政策的表达与实践》，载《农村经济》2015年第1期。

因此，贫困治理政策如何瞄准贫困人口以及扶贫资源如何有效传递，成为农村贫困治理过程中制度实践及理论研究关注的重点。从区域瞄准的开发式扶贫到整村推进的参与式扶贫，以及基于个体保护的权利性扶贫，虽然农村贫困治理工作取得了显著成就，但并未有效突破贫困治理的瞄准机制和资源传递问题。基于此，国家在 2014 年以后提出并逐渐完善了精准扶贫的贫困治理政策。作为当前乃至未来一段时期中国农村贫困治理的主导性制度安排和政策模式，一方面，精准扶贫政策的提出是基于中国贫困及反贫困现状的变化，尤其是贫困人口分布和结构特征的转变，以及贫困治理政策模式面临乡村执行环境的变化；另一方面，精准扶贫也是国家对农村贫困治理中政策执行结构以及技术治理要求的强化和调试，也即左停等人概括的"精准扶贫的提出是在技术层面对以往扶贫开发工作中存在的瞄准偏离和精英捕获问题的互动与回应，代表了扶贫新政策在对象群体确定和实现政策目标途径上日渐完善化和精准化的努力"。①

（二）乡村贫困人口识别管理的技术和文本规则

在有关精准扶贫的政策文本中，国家提出了精准识别、精准管理的目标和要求，即坚持"县为单位、规模控制、分级负责、精准识别、动态管理"的原则，通过有效、合法的途径将真正的贫困人口识别出来，通过建档立卡，建立全国扶贫信息网络系统，实施贫困对象全方位、全过程的监测。总的来看，精准识别主要是开展到村到户的贫困状况调查以及贫困户建档立卡，包括群众评议、入户调查、公示公告、抽查检验、信息录入等一系列工作程序和内容。具体来看，国家提出"通过申请评议、公示公告、抽检核查、信息录入等步骤，将贫困户和贫困村有效识别出来，并建档立卡"的顶层政策设计②，以及有关精准识别、建档立卡工作的一整套复杂的理性程序和技术系统，对各级行

---

① 左停、杨雨鑫、钟铃：《精准扶贫：技术靶向、理论解析和现实挑战》，载《贵州社会科学》2015 年第 8 期。

② 《中共中央国务院关于打赢脱贫攻坚战的决定》，载新华网，http：//news. xinhuanet. com/politics/2015-12/07/c_1117383987. htm，2019 年 3 月 9 日访问。

为主体间的责任、义务与权利提出了明确的文本规定。

按照国务院扶贫办制定的《扶贫开发建档立卡工作方案》，国家提出 2014 年年底前在全国范围内建立贫困户、贫困村、贫困县和连片特困地区电子信息档案，并向贫困户发放《扶贫手册》，构建全国扶贫信息网络系统的总体性要求。在贫困户建档立卡的方法和步骤方面，国家对贫困户识别标准、规模、做法以及《扶贫手册》的登记内容进行了明确的规定和要求，包括规模分解、初选对象、公示公告、结对帮扶、制订计划、填写手册、数据录入、联网运行、数据更新九个具体步骤和进度时间安排。同时，对省、县级扶贫部门、乡镇政府、驻村工作队以及大学生志愿者等行动主体进行了明确的职责划分，并就贫困人口规模分解、贫困户建档立卡工作等提供了相应的参考文本、示意图等规则样本和参照设计。同时，依循各级政府组织间自上而下的政策传递，贫困治理政策的"国家脚本"在逐级递归的上级政府指挥引导下，完成地方性政策的制定与完善。

在此过程中，作为一种追求治理效率的治理程式，以及可以有效计算、复制推广并考核验证的治理流程①，理性化、非人格化的技术治理逻辑，在理论上能够在科层体系主导的政策过程中延续和承袭，并摆脱和超越具体治理环境下行动者和行动情境的影响约束，最终形成基层政策执行中具体性的应用技术、操作规则或规范标准。与此同时，由于政策制定过程中国家宏观指导与地方微观实际的差异，产生了地方政策建构与政策执行中的自由裁量空间，为政策过程中的变异提供了相应的合法性。另一方面，中国科层体制内特殊的压力型体制以及横向部门间多重利益目标的博弈特点，使得国家治理的政策过程同时受到纵向层级政府以及横向职能部门等多元利益主体的影响。加之农村实施贫困人口身份认证的特殊性，这些都为政策形成中的转换或变异现象提供了可能，从而出现国家技术治理逻辑的强化、弱化、置换或背离等地方性实践规则的改造或再造。

---

① 王雨磊：《数字下乡：农村精准扶贫中的技术治理》，载《社会学研究》2016 年第 6 期。

　　结合岩村来看，2014 年年初，国务院扶贫办印发《扶贫开发建档立卡工作方案》通知以后，岩村所在的西省随即制定了省级工作方案。除按照国家要求进行省级工作实施方案的细化以外，西省在国家政策目标基础上，提出了贫困户识别规模上浮 21%，全省 900 万的总体识别规模，以及建档立卡纸质档案管理制度、建档立卡工作进度月报制度等工作要求，并为各市县扶贫部门提供了贫困户（村）登记表等操作工具和文本参考。据此，岩村所在市级和县级扶贫部门均制定了相应的扶贫开发建档立卡工作实施方案。县级政府组织在工作方案中提出"县为单位、动态管理、规模控制、分级负责"的原则和要求，并将扶贫对象规模分解到乡镇，要求按照"农户申报、入户调查、民主评议和公示监督、逐级审核"等程序实现贫困户精准识别和建档立卡工作。其中，农户申报以自愿、实事求是、规模控制为原则；入户调查主要采取询问农户、查看家庭情况、算账分析以及向周边其他群众了解情况等方式进行；各村成立贫困户评议小组，对调查出来的贫困户进行评议，并按照工作方案规定的统一时间、统一格式进行公示，自觉接受群众监督，确保识别过程公开透明。同时，结合西省近年来开始实施的贫困县"减贫摘帽"政策，县级在精准识别工作方案中附加提出了有序退出、精准纳入以及贫困户规模只减不增的工作原则。

　　具体到精准扶贫政策实际执行的乡镇一级，则更加强调贫困人口精准识别工作的目标要求。依据县级工作实施方案，岩村所在的河乡政府进行了精准识别和贫困户建档立卡工作的分工和细化，明确相关工作任务的责任人和落实者，并将乡镇干部、包村干部、村庄干部以及村组代表全部纳入地方精准识别的工作体系。按照省级政府提出的"乡不漏村、村不漏组、组不漏户、户不漏人、整体联动、全面覆盖"的工作原则①，岩村所在的河乡要求其下辖 8 个贫困村开展贫困户精准识别的宣传发动、群众评议、三榜公示工作，按照户申请、村调查、乡核实的精准识别程序，对贫困人口进行精准识别和建档立卡。同时，在具体工作中，乡镇政府还提出充满本土化色彩的相应"技术"手段

① 陈诗宗：《盘县：坚决打赢脱贫攻坚战》，载《贵州日报》2016 年 4 月 6 日。

和方式，如精准识别"六法"（包括入户调查法、实地踏勘法、比对排除法、民意问卷法、联合审核法、公示公告法）、"五定五看"评价体系（即定人头看责任、定地头看产业、定龙头看就业、定户头看保障、定年头看成效）、精准核算"四笔账"（经营性收入、工资性收入、财产性收入和转移性收入），等等。在贫困户建档立卡工作过程中，由乡镇、包村干部等对贫困户进行登记、信息完善和数据录入、交叉审核，并以贫困户自家房屋为背景给户主（或家庭主要成员）拍照留存档，在精准识别贫困户的过程中产生的文件、表格、图片等档案资料均交由县扶贫办归档，乡镇及行政村保存档案复印件。由此，精准识别、建档立卡政策实现了从中央到乡镇的政策制定和完善过程，形成了乡村有关贫困人口精准识别和管理工作的程序、步骤、规则、标准等具体的文本性规则要求。

总的来看，岩村所在县乡有关贫困户识别和管理的政策要求中，国家有关精准识别的核心技术治理特征和要求一再被强化和保留，并基于各级地方政府的自由裁量权，附加了地方政府相应的管理要求和规则，如贫困户识别规模的省级控制和指标分解要求、有关纸质版档案资料的留存以及基层贫困户影像资料的记录保存等。可以预见，这些文本性的规则建构一方面将强化国家贫困治理中技术治理逻辑的某些方面，另一方面也可能导致舍本逐末、矫枉过正的文本规则"技术性追求"。尤其是在基层贫困治理的具体行动情境中，国家的技术治理规则规定了乡村贫困户识别的对象和范围，以及乡村政策执行主体实施精准识别工作的具体规则、程序、步骤、技术手段和工作标准，形成了基层政策实践的文本性规则和行动脚本。然而基层贫困治理的复杂性，以及国家和上级部门的任务导向，将很可能导致国家建构的技术化治理逻辑沦为基层贫困治理当中的规定性"技术动作"、必须完成的"指标要求"以及操作步骤的"上级指示"，进而出现精准的"不精准"、为精准而"精准"或"不精准"的精准等不同的政策执行结果和形态。可以说，国家贫困治理的技术化取向，以及压力型体制下的目标和任务传递机制，既形塑了基层乡村干部的政策执行行动，也促使其产生相应的变通性策略或偏差性结果。

二、程序性规则的再造：村庄主导的贫困人口识别

综上可知，在有关精准扶贫的国家及地方性政策规则建构过程中，技术治理作为一种有效治理形式以及一整套理性化流程被逐级嵌入到贫困人口精准识别和管理的政策文本中，并成为政策目标的一部分，为基层乡村场域内贫困人口的识别管理提供了相应的执行标准、规模、工作程序、步骤以及具体的技术方法和工作手段等。因此，在政策执行终端的村庄社会和具体行动情境中，乡村干部如何实现国家精准识别的目标和要求，国家精准识别的技术化治理又将呈现怎样的运作过程和实践形态，是本节关注的主要问题。

（一）技术规则与乡土社会的碰撞：贫困户民主评议的尴尬

从理论上看，伴随贫困内涵的演进发展，贫困测量从单一的以收入或支出为标准发展到测量公共产品的提供、教育、住房条件、健康状况等多维视角的变化，逐渐成为一个涉及货币指标、福利水平以及家庭脆弱性等多元面向的复杂问题，涵盖了有关贫困的概念和方法论问题。而从减贫实践看，目前以收入为标准进行的贫困测量和识别是国家主导的农村贫困治理所采取的主流方法，即国家通过制定一定的扶贫标准，将低于这一标准以下的人口确定为贫困人口。事实上，中国农村贫困人口数量主要是由国家统计局根据每年确定的贫困标准和农村住户收入资料测算得出，其统计数量以及贫困人口构成情况的准确性在很大程度上取决于农户样本的代表性以及收入计算方法。[①] 因此，官方公布的国家扶贫标准下的贫困人口数量在本质上是一个统计学概念，既无法揭示农村贫困人口的真实数量，也无法指代具体可认定的贫困对象。而要确定具体的农村贫困人口，则需要地方政府根据国家贫困人口总数，逐级进行规模分解和指标分配，并在村庄层面进行贫困人口的最终识别。

---

① 汪三贵、Albert Park：《中国农村贫困人口的估计与瞄准问题》，载《贵州社会科学》2010 年第 2 期。

从国家的角度看，这是一个数字任务逐级分解落实的工作，旨在通过地方政府对贫困人口的识别瞄准，获得有关农村贫困人口全面的和真实的信息。从地方政府和贫困人口的角度看，贫困人口识别则是一个自上而下的指标分配以及自下而上的身份认证过程。国家提出扶贫标准并确定全国性农村贫困人口总数以后，省级部门根据国家数据基数或结合地区实际，确定省级贫困人口的规模，再将指标逐级分解到县、乡镇以及行政村。由于乡村缺乏农户抽样数据以及可靠的农户收入统计信息，无法按照贫困线标准进行贫困人口的有效识别。地方政府由此探索出民主评议等方式进行村庄贫困人口的有效识别，并逐渐成为一种国家政策安排，即通过村民民主评议形式进行村庄贫困人口的识别，并将识别出的贫困人口逐级上报审核，最终实现贫困人口的身份确定。

从贫困人口识别的政策建构看，国家有关精准识别的技术治理逻辑和目标，表现为贫困人口识别过程中一系列规定性程序、规则和方法要求，同时也表现为贫困户精准识别的目标和结果。在地方政府的政策建构中，前者主要表现为一系列政策执行的程序性规则和操作要求，以保证贫困人口精准识别目标的实现；后者则表现为政策执行中提供和保存的相应数据、文本、影像资料等，以记录和呈现精准识别的过程和结果，并作为国家对各级政策执行主体实施评估、考核、激励或惩罚的技术依据。但长期以来，农村贫困人口的识别和瞄准连同以往农村低保、五保等社会救助人口的识别和瞄准，往往被视为充满各种非正式的甚至不合法的程序与过程，其结果也往往被认为偏离政策设计的目标，出现基于乡村维稳目标、村干部人情利益、村庄精英俘获等各式各样的目标置换和偏离。而媒体和公共舆论的关注无疑放大了这一过程的非正规性和非合理性，将贫困人口的村庄识别和瞄准置于普遍的认识偏见和过程"黑箱"中。而本节基于岩村精准识别政策执行当中贫困人口识别的过程考察，将有助于揭示农村贫困人口识别瞄准的具体过程和运作形貌。

2014 年，国家提出精准扶贫政策并出台建档立卡工作方案以后，岩村所在乡镇河乡就按照国家及地方政府有关精准识别工作的具体要求，完成了全乡贫困人口的精准识别和建档立卡工作。在此过程中，为有效推进国家精准扶贫工作，乡镇作为国家贫困治理的基层实施单位，对全乡贫困村的精准识别建档立卡工作负有主要责任。为此，河乡主要采取了干部包村的方式，将所有乡镇干部作为包村干部下派到 14 个贫困村，与上级下派的驻村干部、村支两委一起组成精准识别建档立卡工作组，负责各个贫困村的贫困人口精准识别和建档立卡工作。自 2014 年开始，党工委委员、政务服务中心主任林静被下派到岩村担任包村干部。笔者调研期间，岩村已经基本完成了 2016 年度贫困人口的精准识别和建档立卡工作。基于对乡村干部及贫困村民和普通村民的调研访谈，岩村向我们展示了乡村贫困人口识别的过程和结果。

总体上看，岩村精准识别的执行工作是在各级政府的指导安排下进行的。作为地区精准扶贫工作的"第一责任人"，乡镇领导高度重视河乡 8 个贫困村的精准识别工作。通过召开乡镇干部会议、村庄干部会议，乡镇领导向各包村的乡干部以及村庄干部传达了上级政府有关精准识别的工作部署和工作安排，并组织村组干部在内的乡村干部参与县级政府组织的精准识别工作培训。由于乡镇干部数量有限，很难实现所有贫困村人口的调查走访，贫困人口的精准识别工作自然落在了村庄干部身上。而在村庄，与科层组织体制内的一整套理性化工作程序和技术规则不同，村干部的工作方法往往是简单直接的，并充满了非程式化、非正式化的工作色彩。村干部一般将相应的工作程序简化并传递，通过召开村民代表、村小组长会议，将乡镇有关精准扶贫的工作要求进行传达，并突出"找出贫困人口"的最终目标。在经历近 3 年的精准识别工作以后，乡村干部在例行化的工作程序和工作过程中似乎也已经游刃有余。在对岩村村干部的访谈中，村主任言简意赅地描述了村庄精准识别工作的开展过程和结果，并突出"按照上级要求、成立领导小组、按照相关程序、公示"等工作程序和内容。但在接下来的村组干部及村民访谈中，我们则进一步了解到村主任口中轻描淡写的所谓"相关程序"及其执行结果。

> 2016 年 3 月，乡镇启动了新一轮的精准识别工作。按照上级政府要求，我们村精准扶贫工作由包村干部林主任负责，村支书还有我成立了领导小组，程序都是按照相关程序完成的，名单也在村里公示过了。（访谈资料：20160817-YJCHZR）

我们村里贫富差距还是很大的，村里贫困户评选弄了两次，第一次确实是投票，实际上这个过程是不行的。比如有的人亲戚朋友多，有的人亲戚朋友少，这样的话，真正贫困的人反而没有被评出来，亲戚朋友多的人就被评了出来了。民主推选的人往往不是贫困户，真正的贫困户票数不会多的。比如我们村里有三个五保户，根本没有人选他们，只有他们自己选了自己。现在贫困户有很多优惠，所以人人都想要这个指标，但是贫困户的亲戚朋友少，所以就没有人选他，基本上各个村都是这样。（访谈资料：20160819-YJCLZZ）

扶贫工作现在也会得罪人，有些人不是贫困户，非要选进贫困户队伍。本来他不贫困，他非要说他贫困。我们村一开始推选，五保户都没选进去，太危险了。（访谈资料：20160819-YJCLZS）

有的五保户，他连申请都不申请，哪里能选出来。投票的时候，村民都来了，贫困户来都不来，甚至五保户申请都不填，因为觉得肯定要有他，我们也不敢掉下他。我的一个二哥说小孩读书厉害，我说我的小孩还不是，这个绝对不能优亲厚友，这样我就把他给得罪了。入选贫困户有很多好处，谁都想进。他（二哥）说我故意搞他的名堂，说我故意不给他。有孩子的都想进，教育方面对贫困户的倾斜力度很大。现在许多人都会被问，是不是贫困户，主要都是争经济方面的利益。（访谈资料：20160819-YJCSZZ）

由此可见，岩村最初按照国家有关贫困人口精准识别的政策规定和要求，在村庄进行了精准扶贫的政策宣传，并由村民主动提出贫困申请，村干部组织开展相应的民主评议，再将评议结果由村干部审核并公示。然而，在此过程当中，村庄遵从国家精准识别的技术程序和文本规则，却出现了令人尴尬的"意外结果"。由于部分贫困户自身文化素质的局限性，或自恃多年贫困户身份的惯性思维，认为村庄贫困人口的指标必将属于自己，因而消极应对，不主动参与民主评议甚至没有提交相应的贫困申请。由此，村庄内一部分公认的贫困户未被评选出来，或选出了家庭人均收入超过国家扶贫标准的非贫困人口，并没有完全实现上级有关贫困人口精准识别的工作要求。

在随后的访谈中，乡镇和村庄干部均承认了首轮精准识别工作过程中这一令人尴尬的政策结果。出现这种现象的原因主要在于：一方面，乡村干部将其归结为部分贫困户具有严重的"等、靠、要"思想，即伴随国家近年来对农村扶贫工作的日益重视，特别是精准扶贫到村到户政策提出以后，贫困人口的身份认证不再仅仅作为地方争取国家和上级扶贫资源的"筹码"和"资本"，而成为基于村民个体的、实实在在的福利和资源，贫困人口的身份认证同时也是一系列优惠政策和扶贫资源的福利认证，贫困户在就医、扶贫信贷、扶贫项目选择、子女就学等方面均可以享受到相应的扶持或补助。因此，面对贫困指标带来的利益，贫困户身份成为村民竞相争取的"香饽饽"。而与此同时，则是一些农村低保、五保户自恃其弱势群体身份，认为国家和政府必然会对其进行相应的"照顾"，而采取消极等待的态度和行动。另一方面，对于大量非贫困人口的入选，村干部则解释为其亲戚网络或村庄人缘的影响，即以差序格局和人情社会表征的村庄共同体，人与人之间既具有亲疏远近的关系和距离，又具有各式各样的人情关联，关系和人情影响甚至决定着个体社会生活中的行为方式。因而在面对投票这一新鲜的民主形式时，大部分村民会基于个体与申请人的关系进行投票，社会资本网络的多寡、与投票对象关系的远近成为申请人获得票数的关键。因此一些具有家族同姓支持或人缘较好的村民获得了广泛的"支持"，真正的贫困户却因社会网络资本的匮乏，在民主评议过程中被边缘化或替代化。

因此，在村庄贫困人口识别的重要环节——村民民主评议过程中，国家精准识别文本政策规定的程序规则被予以遵从。但由于村庄共同体内村民对于家庭收入核算的模糊性和隐秘性，大多数村民对于其他村民家庭情况的了解建基于对其房屋、土地等有形资产的评估以及吃穿用度等生活场景的观察，这与精准识别所根据的家庭年人均纯收入这类清晰的数字标准完全不同，因此贫困人口识别的技术标准被搁置和悬空，个体利益以及乡土社会的非正式惯习成为支配村民投票行为的主要规则，并由此产生了与政策设计初衷相悖的政策结果。岩村首轮贫困人口民主评议的过程和结果，反映了国家鼓励贫困人口主动参与精准识别过程，实现精准识别民主化、公开化的政策设计初衷，但在乡村具体执行情境中却遭遇到乡土性影响，进而产生令人尴尬的政策执行结果，也即参与式的贫困人口识别瞄准方式在乡村具体执行情境中产生的异化和困境。

（二）实践规则的再造与应用：村干部的"拨乱反正"

贫困户精准识别的民主评议过程中，非贫困户入选而低保、五保户落选的"意外结果"，显然不符合国家精准扶贫的目标和政策要求。在上级有关精准识别的强调重视以及公众监督情境下，负责村庄贫困人口识别和指标分配的村干部显然面临巨大压力。而如何进行结果的"拨乱反正"，实现村庄真正贫困人口的入选，成为摆在村干部面前的重大难题。

实际上，伴随国家对农村贫困治理的高度重视，扶贫逐渐成为乡镇基层政府的中心工作。而在乡村之间特殊的责任利益关联下，科层体制内的工作压力和要求也传递到村庄层面，使扶贫成为村庄干部日常工作的主要内容。贫困指标作为一种稀缺性资源以及贫困人口福利认证的身份，往往因指标分配问题引发干群矛盾甚至成为农村不稳定的风险源。加之精准扶贫阶段政府提出的多级干部回访制度、精准扶贫"回头看"以及扶贫监督专线等管理性规定，精准扶贫不仅成为村庄日常工作的中心内容，也成为村干部需要"谨慎对待"的敏感工作。与完成乡镇下达工作任务的压力相比，来自于低保、五保户的"事后闹事"以及后期来自上级政府的不断检查、回访和群众监督压力则显得更为紧迫。为此，村干部显然不能接受民主评议阶段产生的结果。在随后的精准识别环节，村庄干部商议决定，对村民民主评议产生的结果不予认定，而采取村民代表推选的方式重新进行贫困人口的识别，而后再将村组干部认为符合贫困人口的村民列入名单进行公示，从而对民主评议阶段产生的不合理政策结果进行"拨乱反正"。

按照要求，村民是可以自己来申请的，但是开会的时候贫困户压根没来参加。所以投票的时候，亲戚朋友多的反而入选了。这样肯定不行，后来我们几个村干部、村民代表就商量下，重新让各个组的组长和代表来推

选，这样公示的时候就把村里的贫困户选上了，把原来的除掉了。（访谈资料：20160819-YJCLZZ）

精准扶贫这个做得太细了，经过多少次的会议，群众会开完就开始投票选举工作，选举完要经过评议小组，然后公示，不管票多高，不是贫困的就是不能被选进来。（访谈资料：20160819-YJCLZS）

由此，在村两委主导下，村组干部否定了前一阶段由村民民主评议推选出的贫困人口结果，进而沿袭以往农村贫困人口的评选方式，由村民小组长、村民代表直接进行推选评定，然后再进入精准识别的下一环节，由乡镇包村干部、驻村干部、第一书记、村两委代表等共同组成的评议小组进行评定以及公示和审查等。在贫困户及村民的访谈当中，我们也证实了这一现象，一部分贫困户并没有参与民主评议阶段的投票评选，而是由村小组长直接进行申报，继而进入乡镇审核和公开公示阶段，并获得相应的贫困户身份。

我没有参加选举（民主评议），是他们（小组长）找到了我，然后来家里填表报上去了……（访谈资料：20160817-YJCZDY）

贫困户评选不太清楚怎么评选，大家应该也没有意见。村里调查过，应该是组长自己报上去的，哪些应该是贫困户，哪些是低保户。反正后来村里的调查每家每户都去，哪家很造业①，小组长调查也比较实际。村干部都不一定了解村里各家各户的情况，组长更了解村里是咋回事。觉得过程还是公平的，应该没有谁被漏掉。（访谈资料：20160817-YJCJDG）

对于这一看似不合政策文本规定程序的"自作主张"，村干部也给出了合情合理的解释。一方面，村干部援引国家有关精准识别贫困户的政策要求，以"家庭年人均纯收入超过国家扶贫标准"为由来应对来自民主评议阶段产生的"贫困人口"的质疑和询问，并以国家权力代表的身份和权威拒绝了部分村民

---

① 与下文中"恼火"的意思一致，属当地方言，指生活境况不佳。

提出入选贫困户名单的要求；另一方面，对个体行为的解释上，村干部则基于村民利益代表的身份，提出其作为村庄共同生活的一员，村干部特别是村民小组长对于村庄村民生活的境况基本上是熟知和了解的，如果一部分生活困难的村民难以获得国家扶贫资源的扶持，这在情理上显然将不符合村庄道义以及更普遍的舆论公议。因此，面对一些低保户、五保户不参加村民民主评议或一些贫困户的落选，村干部选择直接入户，代理贫困村民完成相应的申请程序。由于村庄共同体伦理格局以及生活正义观的影响，村干部的行为事实上也得到大多数村民的支持和理解。同时，对于乡镇干部而言，他们更加注重贫困人口识别结果的"精准性"以及村庄整体秩序的稳定和谐，因而并不关心实际的运作过程，只要大部分村民没有意见，也就默许了村干部这一变通性策略和自由裁量行为，并继续帮助村干部完成精准识别工作记录的合法化，使得村干部的行为实现合情合理又"合法"。

> 根据政策要求，符合哪些条件才被认定是贫困户，反正就是各个家庭比较恼火的事。我们组里的都是我们小组长来选的。因为相对而言，他们比较了解自己组里的情况，只要选出来的比较恼火，哪个敢出来说有意见。现在也是这么着，以前也会把群众召集起来，讲一下政策，哪家比较恼火的，我们应该照顾他一下。名额分配也不一定强制，万一那个村比较恼火的多，必须给多一点。但是程序上不能这么说，上级要求所有阶段都要有记录的，所以记录上就得进行一些修改了，按照结果来调整。（访谈资料：20160817-LHXLZR）

> 现在是好些人都想争贫困户（名额），但是实际上他们情况并不差，或者说不是最差的。一些常年吃低保的，也不敢不给他，到时候闹起来都是事。这个工作本来就很敏感，但是说实话大多数村民也都能理解，给那些情况确实恼火一点的都没有话说。但还是有些人认为自己该得没得，尤其民主评议都选出来了，他拿着这个来说，村干部就把他给得罪了。（访谈资料：20160818-YJCHZR）

与乡镇干部相比，村组干部不仅作为精准识别的执行者，与村民产生面对面、直接的互动关系，更是生于斯、长于斯的村庄共同体成员。在完成上级乡镇政府交办的精准识别工作任务时，村组干部一方面以其国家权力代表、基层政府代表的身份向村民进行政策传达，组织开展民主评议，履行相应的干部职责，甚至采取权威性方式决定贫困人口的入选名单；另一方面也能够依托其村庄社会成员的身份，利用村组干部对村民生活境况的了解，采取非正式的形式，直接评选出相应的贫困人口名单，并获得乡镇干部以及村民的认可。可以说，在村庄进行的精准识别过程中，按照上级乡镇政府有关精准识别的工作要求和文本规则，村干部作为主要的行动者和参与者，既要符合相应的工作程序，完成相应的政策规定动作，又要实现精准识别的工作目标。而当国家精准识别的工作程序和技术规则遭遇乡土逻辑产生意外性"政策结果"时，村庄干部不得不进行文本规则的变通再造，搁置既定的要求和规则，从而产生更加有利于结果实现的实践规则，以达至既符合上级要求又符合村庄伦理格局，合法、合情又合理的政策结果。

实际上，村庄干部基于实践规则再造的变通性策略或者政策规则程序的选择性执行，在本质上也是一种政策执行中的自由裁量行为。与西方街头官僚理论有关基层政策执行的研究相比，村庄街头官僚政策执行中的选择和策略，不仅仅是村干部基于工作安全、容易性而进行的政策规则再造，其更多也是囿于上级政府以及村庄道义对贫困人口精准识别的要求和压力。村庄干部不仅作为基层政策的执行者与村民进行互动，更是具有地方性知识优势的村庄共同体成员，这一具体的行动情境对于村庄街头官僚的政策执行行动产生了重要影响，使其能够基于街头官僚的多重身份、政策执行的乡土社会空间以及熟人社会的互动关系来进行政策执行规则的生产和再造，从而选择性地越过原有精准识别政策文本中的程序性规则，进行实践规则的再造和应用。

三、主体权限规则的再造：乡镇主导的建档立卡

在国家及地方政府有关精准识别工作的政策建构中，除按照相应的工作程

序和技术标准进行村庄贫困人口的识别和指标分配以外，实际上还包含了贫困人口的建档立卡工作。按照国家精准识别的政策设计，建档立卡也即建立村庄贫困户以及贫困村的相关档案，将贫困户、贫困村信息记录在案，并对贫困人口分发相应的贫困卡。因此，已经完成审批流程、建立贫困档案，并获得贫困卡的贫困户家庭也被称为建档立卡户。同时，有关乡镇精准识别政策的文本规则和工作要求中，事实上也明确划分了乡镇与村委会组织的责任分工，即乡镇在具体政策执行中承担指导性角色，村庄干部则负有具体执行者身份和责任。而在笔者的调研中，乡镇及村庄干部在按照政策文本的分工规则，分别执行相应的工作程序和工作内容时，事实上还存在着相互交织的互动和合作，并作为一种隐秘的共识而存在于精准识别的政策执行过程中。

（一）建档立卡工作的乡村责任分工

在岩村所在县级政府部门下发有关贫困户精准识别的工作方案中，精准识别的政策文本对于乡村工作提出了明确的责任分工原则，即"各级乡镇（街道办）人民政府负责村级贫困人口的规模分解，协调同步小康驻村工作队开展结对帮扶，负责村级工作人员培训、指导督促并做好镇、村两级建档立卡等工作；村级负责组织召开好群众代表大会，实施贫困户、贫困村的识别工作并做好相关资料的报送"。由此，政策文本对于乡村精准识别政策执行中的建档立卡工作提出了明确具体的分工规则，并规定了乡镇及村庄干部分别予以承担的具体工作程序和工作内容。

从组织的角度看，基层乡镇政权以及村级自治组织都是国家在基层建构的组织单位。其中，乡镇体制于1982年由国家以宪法形式重新确定为农村基层政权形式。20世纪80年代，伴随"包产到户"等农村改革措施的推行，国家在1988年以后开始在农村推行村民自治制度，要求各地行政村成立村民委员会作为村民自治组织，并接受乡镇基层政府的指导、支持和帮助。而自治组织也负责承担村庄生产服务、人民调解、治安保卫、公共卫生与计划生育、环境保护、法律政策宣传、文化教育、科技普及等工作，以及负责协助乡镇人民政府开展相应的工作。与此同时，近年来国家不断进行乡镇政权的改革。特别是新世纪以后，为应对农村衰败以及乡镇机构膨胀、财政困难等基层治理的问题和困境，国家开始在农村进行税费改革以及基层治理机制的规范化、制度化建设，并溯沿国家行政体制改革的科层化和理性化方向，逐渐突出基层管理的"技术治理"面向。① 并以此改变基层政府治理形态以及国家与社会关系，促进乡镇政府由"管治政府"走向"服务政府"、从地方资源汲取转向农村公共服务供给。而近年来大规模合村并组现象的发生，导致村级组织治理能力下降等问题。加之农业税取消以后，村级自治组织的日常工作任务大大缩减，成为一级信息收集、政策传递的中间组织。而国家和地方政府则不断试图强化基层自治组织尤其是贫困村自治组织的治理能力，推进城市社区治理、网格化治理等新型治理形态的产生和发展。

事实上，有关乡村政策执行主体权限的分工规则和要求，不仅是上级政府基于工作执行效率的考量，也是国家对乡村关系进行的进一步界定和规约。由于中国"乡政村治"的基层组织安排和治理结构，乡村之间的关系问题一直是理论界关注的重点。无论是乡镇及村委会二者组织间的关系，还是乡镇干部及村庄干部行动者之间的关系，在研究中均产生了不同的研究结论和观点。在现有研究中，一些研究者将乡镇及村级组织或其成员混为一谈，或将村级自治组织作为乡镇政权的权力代表或"行动手脚"，从而延伸和拓展科层组织的等级官僚制，认为乡村之间具有上下级的"命令—服从"关系，或将乡村干部统称为"乡村干部利益群体"，用以指代这一介于国家与村庄之间，并在执行上级政策过程中谋取个人利益的团体；也有一些研究将乡镇视为国家和政府的代表，而村级自治组织则是村民和村庄集体的代名词，二者之间既对立又合作，其关系的变化取决于二者具体产生的行动情境和利益诉求。此外，还有研究将乡镇政府与村级组织统一视为与国家相对立的基层社会组织，并不对其内部的具体关系进行区分或比较。徐勇认为，乡镇干部及村民之间相互对立矛盾的看法和态度，实际上代表了乡镇行政权与村民自治权力之间的矛盾和冲突，

---

① 渠敬东、周飞舟、应星：《从总体支配到技术治理——基于中国 30 年改革经验的社会学分析》，载《中国社会科学》2009 年第 6 期。

基层治理过程中国家力量与社会力量的不平衡性分权，以及二者之间的零和博弈状态。① 金太军等也提出，乡镇政府与村庄自治之间呈现出非良性对接的状态，并且造成这一现象的原因在于乡镇政府对村级自治组织的强制性命令方式，以及利用村委会达到自身目标和意志的非正式行为。② 赵树凯的研究指出，20 世纪 90 年代以后，中国乡镇和村庄呈现相反方向的运行逻辑，即村庄内部的自主性资源、组织结构以及农民的自治性正在生成，而乡镇并未消解对于村庄的控制，甚至在某些方面仍在加强，如通过管理、考核、财务控制、管片包村等形式加强对村庄的控制和约束，因此产生了相背离的基层政府运行逻辑和村庄运行逻辑。同时，两种冲突的运行逻辑在形式上表现为乡镇对于村庄控制的日益强化，以及实际上村庄与基层政府的日益脱节。③ 尤其是农业税取消以前，张静、贺雪峰强调了乡村"地方势力"网络或利益团体的运作特点，并指出其将造成基础社会结构的不稳定性、威胁乡村公共行政的合法性④和农民利益⑤等危害和弊端。农业税取消以后，一部分学者认为乡镇干部逐渐失去了与村干部联结的动力和必要，转而支持村庄村民自治。⑥ 同时，也有学者提出用"保护与逆保护"⑦ 关系的变迁来概括这一过程演变。此外，王荣武、王思斌则探讨了乡村干部的交往结构及其特点和产生原因，从微观互动的视角对乡村干部关系进行了讨论。⑧

---

① 徐勇著：《中国农村村民自治》，华中师范大学出版社 1997 年版，第 191～194 页。

② 金太军、施从美著：《乡村关系与村民自治》，广东人民出版社 2002 年版，第 178 页。

③ 赵树凯：《乡村关系：在控制中脱节》，载《华中师范大学学报（人文社会科学版）》2005 年第 5 期。

④ 张静著：《基层政权：乡村制度诸问题》，浙江人民出版社 2000 年版，第 248 页。

⑤ 贺雪峰： 《重建乡村自治的困境》，载搜狐财经，http://business.sohu.com/20051218/n241013042.shtml，2018 年 5 月 17 日访问。

⑥ 吴理财：《从农业社会税费征收视角审视乡村社会的变迁》，载《中州学刊》2005 年第 6 期。

⑦ 郑怀明：《乡村博弈的张力："逆保护"的分析框架》，载《湖北社会科学》2008 年第 8 期。

⑧ 王荣武、王思斌：《乡村干部的交往结构分析——河南省一乡三村调查》，载《社会学研究》1995 年第 3 期。

事实上，我们很难概括出乡村组织以及乡村干部之间存在的复杂关系。特别是囿于中国广大村范围内农村基层组织在地域、经济社会发展程度、内部组织结构以及村庄结构等方面存在的巨大差异，很难用相应的理论或概念指称这一复杂的互动关系。在岩村的调研中，笔者通过对乡村干部的访谈也可以管窥二者之间复杂多面的关系类型。

> 和乡镇干部的关系怎么说好呢，也像是上下级关系，国家的政策他们布置给我们去做，做不来的事情他们再来帮着做。但也不像是上下级，有些事情还是他们自己做，我们也不用管，都是政府的事情。但是总体上都是为了村庄好，想把村庄的事情办好。（访谈资料：20160820-YJCLWQ）

> 乡镇和村委会不算是上下级，按理说村委会是自治组织，乡镇是政府组织，但是现在许多事情包括国家的政策执行都离不开村子。就像你这个调研，不通过村干部你是进不去的。乡镇干部也需要村干部的协助，村干部也需要乡镇干部帮一些他摆不平的事情。（访谈资料：20160819-LHXLZR）

> 应该是上下级的关系，乡镇有事情就喊我们来做。再一个说，也是他们信任我，我才有动力做，你说一个村干部，人家上级喊都不喊你，叫都不叫你做事情，你干着也没有意思。我们平常和乡里干部也都熟悉，包村干部天天上班都能见着，其他人不太熟，但是有些还是很熟，但也不存在命令关系。（访谈资料：20160819-YJCLZR）

因此，从上述纷繁复杂的研究观点以及乡镇干部的实地访谈中，我们也可以发现，虽然乡村之间的实践运作与制度表达之间存在相应的差距，但伴随农村税费改革，以及国家提出提高农村公共服务供给水平等多项惠农政策，国家对基层社会的治理开始从汲取型、悬浮型逐渐向服务型和给予型转变和努力，乡村关系也逐渐由以往"控制—命令"为特点的关系类型逐渐向支持、服务以及合作的方向转变，但无疑也存在着地方利益团体以及乡土社会情境下基于私人交往关系而形成的非正式关联等。这些都将进一步影响到国家公共政策的村级执行，以及乡村基层治理的结构形态。由此，在上级政策文本将乡镇与村级自治组织进行相应的权限划分和责任分工时，一方面可以理解为发挥二者政策执行过程中的专业性优势和特点，促进乡村干部形成不同的工作指向以及提高村级组织在精准识别工作中的参与度，并由此提高贫困治理的工作效率；另一方面，也是对二者工作界限的规则性限定和权限约束，并形成多级行动者共同参与、相互监督的工作和执行氛围，达致相互监督、分工协作的上级目的，以确保贫困户精准识别和建档立卡信息的精准性和真实性，促进国家在村庄层面实施贫困人口精准识别建档立卡工作的顺利完成。

（二）指导变主导：乡镇干部的"查漏补缺"

由上可知，省级扶贫部门出台的贫困户建档立卡工作实施方案，明确规定了乡镇作为工作的组织和指导单位，具体建档立卡登记信息的填写则由村委会、驻村工作队以及大学生志愿者负责操作。事实上，作为村庄干部的"准上级单位"，乡镇完全可以将贫困户建档立卡工作交由村干部来执行和完成。但在实际工作中，与村庄主导的贫困户精准识别不同，乡镇干部并没有完全停留在远距离的指导者和引导者角色上，而是从指导者跃升为主导者，在精准识别工作后期专注于贫困户建档立卡工作以及相应材料的"查漏补缺"。

根据国务院扶贫办出台的《扶贫开发建档立卡工作方案》，国家对贫困户、贫困村建档立卡的方法和步骤提出了相应的政策规定，并提供了有关贫困户、贫困村建档立卡工作的示意图以及参考文本，为地方各级政府制定和落实贫困户和贫困村建档立卡工作提供了宏观性的政策指导和行动指南。据此，岩村所在西省制定了省级扶贫开发建档立卡工作实施方案，就县级和乡镇开展贫困户、贫困村建档立卡工作进行了详细的政策建构。在调研中，乡镇干部也向笔者展示了上级部门制定的贫困户建档立卡材料。在长达 17 页的纸质材料当中，包括了贫困户申请书、入户核查表、县贫困人口核查一户一档登记表以及贫困户脱贫前后的家庭情况（图片）等多项内容。其中，作为建档立卡主要内容的贫困户信息登记表就包括了贫困户家庭基本情况、致贫原因、帮扶责任人、帮扶计划、实施帮扶的具体项目、帮扶成效、脱贫评估七大类 100 多条具体条目和选项，其内容具体到贫困户基本信息、家庭收支情况、住房情况、易地移民搬迁情况、耕地面积、牲畜数量、参加互助资金组织情况、参与农业合作组织情况、主要燃料类型、水电路厕和通信情况、致贫原因、帮扶责任人和帮扶计划的项目类别、项目内容、项目规模、计划资金总额、年度项目单位和数量、扶持资金总额，等等。根据乡镇干部的访谈，这些几近繁琐的表格、记录等，是乡村精准识别工作的重要内容，也被乡镇干部视为精准扶贫的"规定动作"。

> 这些当然都要做，一般贫困户被选出来以后，包村干部就带着村干部到家里填表了，或者把贫困户叫到村活动室来填。内容是很多啊，现在扶贫工作做得太细致了，还要录到电脑里去。当然也是重要的，上级领导来检查主要都是要看这个，不仅看，还要到贫困户家里去核查，这个是"规定动作"，肯定得完成。三月份就完成了精准识别，但是后来光弄这些材料，就补了好几个月了。这个年纪大的都做不来，一开始也是要村干部去做，但是村干部没有多少有文化的，这个东西不好做，贫困户自己更是填不来。（访谈资料：20160818-LHXLZR）

> 建档立卡的材料也交给我们来做的，但实际上都是后面乡镇政府组织人重新补充填写了。因为一是表格太复杂，村干部都搞不清，贫困户更搞不清；二是这个东西比较重要，每次都有领导要看。我们第一次填了送过去之后，乡镇政府不满意，后来就组织人重新补充了。（访谈资料：20160819-YJCHZR）

实际上，我们在乡镇包村的登记表上也可以发现，在繁琐复杂的表格当中，除基本信息带有户主的签名以外，大部分内容都带有修改涂抹的痕迹，有关帮扶内容的选项内甚至出现了大量的空白。与贫困人口身份认证的一次性结果判断不同，村干部可以通过相应的非正式方式、搁置文本性的程序规则而创造相应的实践规则，直接进行相应的结果判断和生产，而建档立卡则是将相应的贫困家庭信息予以文本化的呈现。除了对信息真实性要求以外，还强调信息之间必要的合理性和逻辑自洽，因而操作的技术性要求更高。正如王雨磊在研究中揭示的，"贫困户收入不仅需要在统计上符合考核要求，而且要能够将贫困户收入进行拆解，明确说明每一笔收入的出处和来源，指出哪些属于贫困户的增收部分，并说明产生脱贫成效的具体原因。"① 同时，这一规则的执行结果显然与乡镇干部这一科层体制成员以及村庄脱贫攻坚责任人的关系更加密切。因此，乡镇干部不得不从引导的后台走向前台，成为建档立卡工作中的主导者和实际操作者，并对不符合逻辑的、信息缺乏的贫困户建档立卡资料进行后期的"查漏补缺"。

此外，根据贫困户、贫困村建档立卡管理规则，村庄需要提供和保存有关贫困户精准识别工作的全部程序性记录，包括贫困村民申请书、民主评议会议记录及评议统计表、驻村工作队签字确认的贫困户初选名单公示表、贫困户审核确认报告书、贫困户初选名单，等等。而由于前一阶段精准识别实际工作中，村庄干部并未完全按照政策规定的程序规则进行，而是采取了相对简化和集中的"应用规则"，并得到上级乡镇领导干部的默许。因此，在这一阶段，村庄干部只好求助于乡镇干部，由乡镇干部"越俎代庖"完成本应属于村干部提交完成的各项记录和报告内容。这不仅是由于非体制内的村庄干部在日常工作过程中遵从的是一套简化的、追求结果的行动逻辑，对于国家技术治理的要求不擅长、不习惯。更重要的原因则在于乡镇干部在结果追求上的"合情合理"，使其不得不采取不太符合规定的形式，主导这些程序性工作和展示性结果的"查漏补缺"。本质上来讲，作为精准识别主要责任人的是乡镇干部而非村庄干部，其对于惩罚的规避以及奖励的积极争取，都将促使其在规则应用上产生相应的变通行为，以实现更好的政策结果。

　　你说的这些东西（民主评议记录及统计表），我们都不太清楚，可能村干部还知道点吧。像我们村那个民主评议的结果都不能写的，写上去都

---

① 王雨磊：《数字下乡：农村精准扶贫中的技术治理》，载《社会学研究》2016 年第 6 期。

算是不符合政策的。民主评议投票的人都没有符合真正贫困户的，那样结果肯定不行，上级检查也通不过。当时这些工作都是分开进行的，我们（村民小组长）只负责和书记他们干部开会，想办法把贫困户选出来，给乡镇一个名单，后面这些会议记录有没有我还真不清楚。（访谈资料：20160820-YJCHZZ）

在乡镇干部进行相应"查漏补缺"的同时，其政策执行的空间并非政策执行中与政策对象面对面的"街头空间"，而是在远离村民日常生活的办公室进行的。就贫困人口识别中必须面对的、直接性的村民舆论和监督压力而言，其政策空间具有隐蔽性，也即戈夫曼印象管理理论当中的"后台"，因而允许行动者出现一些不合规则的、在前台不允许出现的行为。此外，伴随国家精准扶贫政策中技术治理的凸显，各项有关农村扶贫开发的政策执行都需要提供各式各样的表格、信息统计、资料汇总等，乡村干部在整体上已经疲于应付各式各样的技术规则，因而在实际执行中，通常主动采取充分的乡村合作，以规避技术规则带来的大量工作任务，或基于其干部身份进行适当的变通甚至规则再造，尽可能采取简单直接的方式进行结果的生产。而这种乡、村之间的默许和合作，连同不合规则的后台操作，也构成乡村干部在政策执行中的隐秘的共识性"规则"。

因此，如果说对贫困户的识别过程是村庄干部主导的、对程序性规则的再造和应用，那么贫困户建档立卡工作则是乡镇干部对于行动主体执行权限规则的再造，也即本该由村庄干部负责填写、乡镇负责审核的建档立卡工作，在实际操作中则是由乡镇干部主导进行，村组干部则扮演了协助执行的角色。可以说，贫困人口识别过程中产生的规则再造现象，在深层意义上体现了国家技术规则与乡土逻辑之间，以及程式化的科层制工作要求与乡村非正式工作方式之间的偏离和冲突。虽然国家力图实现贫困人口识别管理的精准化和规范化目标，但这一技术治理取向的文本规则却在乡村执行实践中遭遇到乡土社会逻辑的影响，进而产生意外性的政策后果。而国家有关精准识别的政策目标和实现结果，又驱使乡村干部不得不进行相应文本规则的调整和适应，从而通过实践规则的再造，变通性执行相应的政策要求。

四、本章小结

本章基于岩村精准识别的乡村执行过程，展示了乡村干部在贫困人口识别以及建档立卡工作过程中产生的行为和策略。伴随国家贫困治理日益精准化和技术化，国家及地方政府建构了一系列村庄贫困人口识别和管理的政策规则。在精准识别政策实际执行的村庄场域，面对精准识别工作中既定的程序性规则和主体权限的责任分工规则产生的"意外性后果"，乡村干部基于其街头官僚的身份特征，对于这些政策执行的文本规则进行相应的再造，如在村庄贫困人口识别过程中，村干部推翻了民主评议阶段产生的贫困人口推选结果，进而越过这一程序，采取干部直接推选的执行策略，利用其官僚身份以及地方性知识优势进行政策执行结果的"拨乱反正"；在贫困户建档立卡工作过程中，乡镇干部则越过村庄干部主导贫困人口建档立卡的工作权限，从指导者的规定角色转变为主导者，对建档立卡的数据资料及村庄精准识别的程序记录进行补充和完善，以实现上级政策文本规则所要求达到的目标和结果。

由此，我们将乡村干部在精准识别政策执行过程中的行动和策略，概括为政策执行规则的再造，也即重塑或调整政策执行中文本性的程序性规则、主体权限规则，从而推进实际政策执行的顺利进行，以实现政策文本所提出的目标和结果。事实上，这也体现了乡镇干部以及村庄干部基于其街头官僚的身份所进行的自由裁量行为，即由于其官僚执行者的权威身份，村庄干部有能力推翻民主评议的结果，安排村组干部重新进行贫困人口的直接推选，并在向落选者的解释中，利用国家政策话语为其行为提供合法性和合理性；亦能够僭越政策执行的权限规则，由乡镇直接主导建档立卡的工作过程。在这一与村民互动的政策执行场域中，乡村干部一方面远离相应的来自科层体制的监督和制约，另一方面也掌握着政策执行和资源分配的控制权，因而能够在政策执行过程中进行政策执行的文本性规则再造。但与西方街头官僚追求政策执行的安全性、容易性而进行自由裁量不同，乡村干部的规则再造行为及变通性策略更加追求上级政策目标的实现和完成，在动因上主要受国家目标任务导向的驱使。可以说，乡村干部的自由裁量行为，来自于政策执行身份、空间以及互动关系所制造的可能性，更多也是由于中国基层组织普遍面临的压力型体制所产生的结果。国家和上级政府对于政策"保质保量""按时完成"的严格要求，以及与之挂钩的"目标管理责任状"及其背后的职位晋升、物质奖励或行政处罚，促使乡村干部采取变通性的自由裁量方式，以实现上级政府制定的政策目标。

由此，我们既可以发现乡村干部在政策执行中产生的文本性规则再造、选择性执行等变通性策略。同西方街头官僚的政策再造行为一样，其在本质上也是一种自由裁量权的使用和表现。同时，我们也可以发现乡村干部在此过程中的分工和合作，它不同于国家和上级政策文本的规则建构，而更多的是围绕政策执行的目标和结果，基于二者身份以及工作优势而进行的协作和分工。此外，就整个岩村的精准识别的政策执行过程和结果而言，其规则再造的主要目的在于实现国家精准识别目标的实现以及结果的合情、合理与合法。其变通性的自由裁量主要表现在对工作程序性规则的更改或权限性规则的僭越。这些是一种不合法的政策执行方式，但实际上也正是乡村运作和政策执行工作的主要特点。即便国家精准扶贫的技术化治理取向，试图影响和转变乡村治理的手段和形态，但在实际运作过程上，来自顶层设计的技术治理要求和文本规则往往会遭遇乡村行动逻辑的尴尬，甚至产生与政策设计目标相反的结果，或因技术治理的目标取向而诱导乡村采取非正式的、不合法的途径，获取政策执行的"技术效果"。在此，乡村干部基于政策执行文本规则的再造产生了相对合情合理的政策结果，同时这也蕴藏政策执行偏差的可能性风险，如乡村干部在自由裁量的政策执行中极有可能产生个人利益俘获、数据资料造假、工作独断性等风险和危机。

第五章 讲事理与顾关系：乡村扶贫项目实施中的场景生产

在国家有关精准扶贫的政策建构中，贫困村和贫困户精准帮扶是农村精准扶贫的中间环节和关键环节。它要求"对识别出来的贫困户和贫困村，深入分析致贫原因，落实帮扶责任人，逐村逐户制定帮扶计划，集中力量予以扶持"。① 同时，国家提出"发展生产脱贫一批、易地搬迁脱贫一批、生态补偿脱贫一批、发展教育脱贫一批、社会保障兜底一批"的"五个一批"作为农村精准扶贫精准脱贫的基本方略，在一定程度上成为各贫困地区实施精准扶贫政策的行动指南和主要话语实践。

从本质上看，国家主导的农村贫困治理是一种发展干预行为，即为了一定的发展目标而进行的改变现状的人为努力。② 其中，扶贫项目建设作为一种典型的制度性发展干预形式，也是目前中国贫困治理领域普遍采用的一种治理方式和治理手段。与研究者的有关发展干预"政策提出—实施—结果"的执行过程设计不同，以扶贫项目为代表的农村发展干预实践，往往表现出非线性的执行过程，即项目实施的过程和结果，取决于各类行动者及其互动关系，而非政策提出者的设计和预期目标。就乡村社会而言，贫困及反贫困既是国家政策话语的制度性建构及其干预行动实践，同时也是经济发展落后地区农民个体及其家庭生存发展的生活日常。一方面，作为国家精准扶贫政策执行的重要组成

---

① 见国务院扶贫办印发《建立精准扶贫工作机制实施方案》（国开办发〔2014〕30号）。

② 王伊欢、叶敬忠：《农村发展干预的非线性过程》，载《农业经济问题》2005年第7期。

部分，乡村扶贫项目的运作实施旨在促进地区经济开发、实现贫困人口脱贫发展，这与农民利用发展机会实现脱贫致富的目标具有根本的一致性；另一方面，国家与农民在扶贫工作中具有根本利益的一致性，但这并不代表扶贫项目运作的简单线性过程。项目进村的过程实际上也是发展干预政策话语、形象、资金以及物品的转化过程，不同层面的行动者都将对上述内容产生相应的解释和价值取向，而这些又与行动者自身的社会关系和活动一起，对其行为和决策产生影响。①

按照西方街头官僚理论，街头官僚主导的政策实际执行过程中，往往会选择特定的场景或特定的顾客进行互动，以实现对顾客或政策对象的有效管理，同时降低政策过程中出现的不确定性结果。在乡村这一国家政策执行的实践空间和最终场域，乡村干部所面对的不仅仅是宏观指向的国家、非人格化的科层组织结构以及强调技术理性、线性思维和简化模式的发展干预逻辑，同时也面对着共同体意义上的、非程式化的、充满偶然性和随机性的、复杂流变的乡村经验世界。扶贫项目在村庄执行运作中充满了一系列琐碎、复杂甚至冲突对立的互动、场景、事件和过程，而非理论研究当中有关"基层政治动员过程""竞争性项目运作"或"双轨治理机制"等宏观性描述和概括。乡村干部不仅要面临村庄项目的向上争取、向下分配乃至上级和国家层面的评估考核，也面临项目实施过程中分散的、多元的、具有不同利益的农民个体。其精准扶贫政策的顺利执行、项目的有效推进需要遵从正式制度安排的行动规则，争取和实现村庄集体的支持、理解和配合，亦需要采取选择性执行、利益诱导甚至强制手段等非正式的行动策略和方式。因此，从街头官僚的视角出发，特定场景的生产再造亦是乡村干部有效推进政策执行的重要工具或手段。

因此，在基层精准扶贫的政策执行过程中，乡村干部无论是作为政策执行一线和现场的街头官僚，还是作为与乡村共同体单元具有密切关联的个体行动者，他们与政策对象的村民之间始终处于一种面对面的、直接性的接触和互动

---

① 王伊欢、叶敬忠：《农村发展干预的非线性过程》，载《农业经济问题》2005年第7期。

场景当中。场景为我们提供了观察乡村干部政策执行行动的窗口或空间，甚至其本身也构成乡村干部政策执行行动的一部分。乡村干部在推进村庄扶贫项目运作过程中，一方面将尽可能遵从上级政府有关扶贫项目运作的规则和要求，另一方面也会充分利用其街头官僚的身份属性和政策执行特征，产生正式权力的非正式运作、变通执行等灵活性的政策执行方式。因此，本章从精准扶贫政策执行中扶贫项目的村级实施运作出发，基于岩村特色农业产业项目实施产生的一系列事件和过程，探讨乡村干部如何基于街头官僚的身份、政策执行空间以及与政策对象的互动关系，通过相应场景的生产，形成一系列乡土化的行动策略和行为方式，以推进扶贫项目的顺利实施。

一、扶贫项目建设与精准帮扶：制度性发展
干预及其基层实践

在中国农村贫困治理进程中，国家扶贫开发往往采用扶贫项目建设的治理形式和治理手段予以推进，项目制成为中国农村扶贫开发领域所遵从的基本逻辑。[1] 扶贫项目建设同时也是国家对农村贫困问题采取制度化干预的基本形式和基本内容。尤其在当前精准扶贫政策执行过程中，基层贫困治理实践往往突出扶贫项目尤其是产业化扶贫项目与贫困户利益联结有效结合的运作形式，从而实现国家有关精准帮扶的政策目标。

（一）作为国家制度性干预的地方扶贫项目建设

在中国，政府主导的农村贫困治理在本质上是一种制度性发展干预行为，即通过相应的发展规划和发展项目的设计和实施，实现国家贫困人口脱贫发展的目的。具体则表现为国家提出的一系列扶贫开发政策以及扶贫项目建设在农村贫困地区的执行和运作，以实现缓解和消除贫困的目的。在三十多年的农村

---

[1] 李博：《项目制扶贫的运作逻辑与地方性实践——以精准扶贫视角看 A 县竞争性扶贫项目》，载《北京社会科学》2016 年第 3 期。

贫困治理进程中，除推行农村低保、五保等社会救助政策以外，"在发展中解决贫困"成为中国农村贫困治理的主导性思路和基本经验，其基本假设认为，农村贫困地区和贫困人口存在脱贫和发展的可能，因而政府主要采取基础设施建设、劳动力转移就业、农业产业化发展、金融支持和能力培训等方式创造和改善贫困地区以及贫困人口脱贫发展的机会①，并通过市场机制的涓滴效应实现落后地区和弱势群体的减贫和发展目标。

其中，基础设施建设是实现农村贫困地区脱贫发展和产业开发的必要基础和前提。主要是利用大规模的扶贫资金及其他农村发展资金，以贫困村为治理单元，在较短时间内改善贫困村道路、饮水、用电、通信、住房等生活基础设施建设以及灌溉、运输等农业生产性基础设施建设，从而提高贫困地区生产生活条件，优化地区投资环境。当前，整村推进、美丽乡村建设等扶贫项目都是贫困地区基础设施建设的重要内容。农村劳动力转移就业则主要通过对农村劳动力的就业和技能培训，实现农村剩余劳动力转移就业。自 20 世纪初开始，国家相继推行了劳动力转移培训的"阳光工程""雨露计划"等农村劳动力就业技能培训和实用技术培训项目，有效促进贫困地区劳动力转移和脱贫增收，提高贫困地区劳动力素质。产业化扶贫主要是指国家和地方政府扶持贫困地区充分利用其自然资源和劳动力资源优势，通过产业化方式发展商品经济，建立相应的利益联结机制，将贫困户纳入生产、流通、分配等环节，以增加贫困农户收入以及促进贫困地区发展。产业化扶贫项目也是基层农村贫困治理实践当中重要的制度性干预形式和干预行动。金融支持则表现为农村小额信贷、贫困村互助资金等项目形式，主要为具有扶贫开发意愿的农户提供相应的资金支持，以帮助其实现自我就业或自我发展。可以说，这些国家主导的扶贫干预形式主要通过相应的扶贫项目在农村予以实施，包含了基于物质资本、人力资本以及社会资本投资和培育的减贫发展理念，并在中国三十多年的制度化扶贫历程中产生了积极的减贫效益。比较来看，除基础设施建设项目和产业化发展项

---

① 李棉管：《技术难题、政治过程与文化结果——"瞄准偏差"的三种研究视角及其对中国"精准扶贫"的启示》，载《社会学研究》2017 年第 1 期。

目以外，劳动力转移就业、金融支持、能力培训等项目形式主要瞄准个体的贫困人口，其实施运作的主要环节在于相应项目对象的识别瞄准，资源分配形式具有相对的简单化和直接性运作特点。与此同时，伴随新世纪以来中国扶贫开发从以解决温饱为主要任务的阶段转入巩固温饱成果、加快脱贫致富、改善生态环境、提高发展能力、缩小发展差距的新阶段，贫困地区基础设施建设已基本完成，并在推进城乡公共服务一体化过程中逐渐巩固和发展。因而以市场为导向、以贫困人口与区域协同发展的产业化扶贫项目逐渐成为国家扶贫资源和制度性干预行动的主要表现形式，也是当前阶段提高贫困人口造血能力，实现贫困地区脱贫发展可持续性的重要扶贫形式。

作为基层农村贫困治理实践中重要的制度性干预形式和干预行动，农业产业化扶贫突出以产业化方式经营农业以及贫困地区产业发展的益贫性，强调增强贫困人口的内生发展动力。2001 年，《中国农村扶贫开发纲要（2001—2010）》提出推进农业产业化经营，以及形成特色区域主导产业、发展公司加农户模式的订单农业、加强贫困地区农产品批发市场建设等要求，产业化扶贫成为 21 世纪农村贫困治理的重要战略任务。在政策设计上包括确立主导产业，建立生产基地，提供优惠政策，扶持龙头企业以及实现农户企业双赢等内容。① 长期以来，中国在农村贫困治理进程中逐渐形成了多样化的产业化扶贫机制和模式，包括调整贫困地区农业产业结构、发展集约型现代高效农业，以龙头企业、合作社等形式提高农民组织化经营水平，通过经济实体或经营市场为贫困人口提供就业机会、增强贫困人口的发展能力等。② 一方面，农业产业化经营作为一种新的经营机制，不仅有利于降低农业经营风险、提高农业收益，还有助于将农业结构调整提升至新的发展水平。因而在贫困地推进农业产

---

① 张磊主编：《中国扶贫开发政策演变（1949—2005 年）》，中国财政经济出版社 2007 年版，第 160 页。

② 沈洋：《社会资本视角下的农业产业化扶贫研究——以恩施自治州 J 县为例》，华中师范大学 2013 年博士学位论文。

业化能够促进和带动贫困地区产业结构的快速有效调整。[1] 另一方面，农村产业化扶贫项目的立项运行随意性、基层配合不畅、利益联结断裂以及脱离地方实践和贫困群体实际需求等缺陷和弊端也广受研究者批判和质疑。[2] 尽管农业产业化扶贫项目建设的政策效果在实践和研究层面都存在一定的争议，但产业化扶贫无疑仍被作为中国农村贫困治理的主要形式和手段。尤其是国家精准扶贫政策基本方略的"五个一批"，其中就包括"发展生产脱贫一批"的产业化扶贫方式，即通过产业扶贫项目形式，引导和支持具有劳动能力的贫困人口立足当地资源，培育发展贫困地区产业，以促进贫困人口脱贫增收。

同其他贫困治理的制度性干预一样，地方政府推进的产业化扶贫也主要采取扶贫产业项目的形式在农村予以实施和推进。同时，在当前农村日益"空壳化""弱质化"的发展过程中，结合精准扶贫、精准脱贫的政策目标设计，产业扶贫项目突出了"行政吸纳市场"的运作模式以及建立贫困地区产业发展与贫困户利益联结的运作特征，即地方政府一方面将科层体制内的政治动员机制引入市场领域的企业组织，通过与投资企业签订"脱贫责任书"等形式建立对企业参与地区精准扶贫的责任要求和行动约束。另一方面，政府采取"行政吸纳市场"的行动策略，以提供相应的优惠政策激励和吸纳市场主体参与贫困治理，试图建构政府、市场主体、贫困群体等多元利益主体共赢的贫困治理结构[3]，并延续以往开发式扶贫中产业扶贫项目的规模化迷信，试图不断扩大产业项目的规模。由此，地方政府将扶贫开发的产业化发展项目与精准帮扶的政策要求相结合，产生了企业投资、政府支持、贫困村参与的精准扶贫产业发展项目模式。

---

[1]　黄承伟著：《中国农村反贫困的实践与思考》，中财政经济出版社 2004 年版，第 36~41 页。

[2]　马良灿：《农村产业化项目扶贫运作逻辑与机制的完善》，载《湖南农业大学学报（社会科学版）》2014 年第 3 期。

[3]　王蒙、李雪萍：《行政吸纳市场：治理情境约束强化下的基层政府行为——基于湖北省武陵山区 W 贫困县产业扶贫的个案研究》，载《中共福建省委党校学报》2015 年第 10 期。

（二）岩村精准扶贫项目建设的形式与内容

岩村所在西省是全国贫困程度最深的欠发达省份地区，也是近年来国家和地区扶贫开发投入力度最大的贫困地区之一。2011 年以来，按照地区有关精准扶贫的工作部署安排，岩村相继实施了"四在农家·美丽乡村"建设、"特惠贷"金融扶贫贷款、光伏发电扶贫、乡村旅游等多项扶贫开发项目，在改善村庄基础设施环境、帮助贫困人口脱贫致富等方面取得了显著成效。自2014 年起，岩村所在县区开始在全县贫困乡村实施农业特色产业扶贫项目，以进一步调整地区农业产业结构，促进农业现代化发展进程，并与精准扶贫、乡村旅游、新型城镇化建设等政策项目相结合。通过引导农民以土地流转形式入股企业进行集约化生产经营，以及发展乡村旅游的产业结构调整，实现农村土地、劳动力以及生态环境等山区优势资源的优化配置。2014 年年初，全县成立了包括岩村在内的四个现代农业产业园区，以重点推进农业特色产业发展，并以产业发展与贫困户利益联结机制建设为契机，助推国家精准扶贫政策的实施。由此，以特色农业产业为主导的项目实施成为岩村精准扶贫政策执行的主要形式和内容。

由于岩村较周边其他贫困村相比具有相对优越的自然条件和耕地资源。2012 年以前也曾有地方企业在此投资建设了农超对接蔬菜基地，为村庄产业发展奠定了一定基础。因而在新一轮特色农业产业园区建设规划中，岩村被作为特色农业产业园区的核心部分。按照"一村一品"的特色产业发展规划，岩村主导产业被确定为花卉、蔬菜和精品水果种植产业，以及以此为基础的现代旅游观光农业和乡村旅游产业。在精准扶贫工作中，县扶贫部门将岩村及其所在特色农业产业园区作为产业扶贫项目的重点扶持对象，重点支持园区道路、绿化、电力、通信、饮水灌溉等基础设施以及农村集体经济合作组织建设，并对企业投资建设的产业项目提供相应的优惠和政策补贴。自 2014 年 3月开始，伴随岩村及以周边几个村庄相继被纳入农业特色产业园区建设规划范围，园区管理委员会组建成立并入驻岩村作为临时工作点，开始负责整个园区发展的规划、引导工作和项目协调工作。

岩村这个园区的规划思路就是农旅结合，以农业产业发展为基础，以旅游业为引导，现在农业产业就是希望做出两三个龙头产业来。目前最大的一个就是牡丹种植，主张把生态做成产业，把产业做成生态，核心区准备发展一万亩，现在已经种植了 3140 亩，今年准备再种植 5000 亩，要到后年才产生效益。还有就是百果园的精品水果工程，今年种植果树将近 400 亩，基本上猴年可以开始产生效益了。（访谈资料：20160820-GWHFZR）

企业要来这边，要做什么产业、多少资金投入都要有一个规划。等产业引进来，我们就帮忙协调土地入股流转。产业项目的补贴按照政府来办，先建后补，比如一千亩土地的规模，如果要达到 70% 以上的规模，政府按照不同的产业进行不同的补贴。比如一些企业做到省级园区前 50 名的，政府就补助 100 万元，主要采取以奖代补的形式，当然还有产业发展的补助，比如种植、养殖、人工方面还有其他一些补助。（访谈资料：20160820-GWHHLS）

作为农村产业化扶贫的重要形式，特色农业产业园区建设也是一种典型的国家（政府）主导的发展项目。由此，按照上级省委省政府工作部署和实施方案，县政府部门制定了专门性的项目规划和任务分解表，同时要求乡镇政府制定具体的工作方案，以推进农村土地承包经营权确权登记颁证为契机，引导农村土地承包经营权流转①，协助入驻企业流转农民土地，并执行上级有关农业产业扶贫项目及发展乡村旅游的相应政策措施。因此，乡镇政府作为属地管理部门以及贫困村脱贫攻坚第一责任人，除了要负责协助园区管理委员会、投资企业等外部主体推进农业产业项目的实施工作以外，还需要在项目过程中兼顾项目实施与贫困户帮扶以及村民与企业在土地流转入股、收益分红等过程中

---

① 见《省人民政府办公厅关于印发〈贵州省现代高效农业示范园区建设 2015 年工作方案〉的通知》，载《贵州省人民政府公报》2015 年第 6 期。

的利益矛盾问题。而村庄既作为产业扶贫项目的实施对象和主体，又由村庄干部承担大量的项目实施工作，凸显了村庄干部多重代理人的角色和作用。

2014 年开始，伴随第一批投资企业入驻岩村，并进行农民土地流转承租以及牡丹、辣椒和软籽石榴等产业种植和乡村旅游开发项目，岩村产业扶贫项目随即开始展开和推进。围绕产业发展项目的实施推进，流转农民土地入股企业、引导农民调整产业结构以及优化地区投资环境成为岩村精准扶贫过程中的头等大事。但由于企业、农民及政府在项目建设中具有多重利益目标，项目实施过程并不顺利，乡村干部也投入了大量精力进行村民土地流转、纠纷协调以及项目范围内违种现象的处理和解决，在动员村庄土地入股、改变种植结构、优化园区发展环境等具体事件过程中与村民进行了广泛互动。

笔者调研期间，岩村及其所在产业园区已有 15 家企业入驻。其中，2016 年主要在岩村投资的企业包括一家牡丹加工企业、两家农业开发公司以及一家中药材种植企业，他们与地方政府签订相应的精准扶贫协议，并在岩村进行药用牡丹、有机蔬菜、软籽石榴等种植类产业项目。据了解，这些企业大多通过县政府部门及园区管理委员会招商引资进入岩村，采取村庄土地入股、产业工人管理、企业经营销售产品的方式运作，农民可以通过土地流转、园区务工以及年底收益分红等多种形式获得相应收入。同时，按照与政府达成的精准扶贫合作协议，企业要将部分收益交由村集体，用于发展村庄公益事业以及扶持贫困户实现脱贫致富。除此以外，园区借助花卉和百果园种植产业以及县旅游投资公司投资建设的森林公园项目，以期进一步发展旅游观光农业及乡村旅游，逐步调整村庄以种植农业为主的产业结构。

在此过程中，乡村干部作为企业与农民之间的沟通和中介，承担了项目运行中具体的组织协调工作，包括动员宣传、项目规划传达、协调项目实施、接受上级评估验收等。同时，从具体的工作内容看，乡村干部又具有明显的分工，乡镇主要负责与投资企业进行沟通，确保投资项目产业规划与乡镇扶贫产业发展规划相一致，并协商签订企业关于带动贫困人口脱贫的协议和责任书；村庄干部则主要在项目推进过程中负责乡镇意见的传达以及村庄土地流转入股等具体工作。由此，在以农业特色产业扶贫为内容的扶贫项目运作过程中，乡镇与村级干部将在村庄精准扶贫的政策场域，与作为项目对象和参与者的村民一起，产生大量面对面的、直接性的互动和接触。

二、理性场景的生产：乡领导上门"算账"
推进村民土地流转

在岩村精准扶贫过程中，县级政府和扶贫部门将农业特色产业项目作为岩村推进精准扶贫的主要政策行动和帮扶措施，并采取"行政吸纳市场"的方式，鼓励和吸引地方企业参与村庄精准扶贫，力图实现以产业发展带动贫困人口脱贫、壮大村集体经济以及产业结构调整的多重目标。在此过程中，虽然国家、地方政府、乡镇以及村庄、企业等多级行动者的利益和目标都得以体现，但在项目具体实施过程中仍然存在多种多样的困难和压力。尤其是村民对于企业参与产业项目发展的不同态度以及土地流转意愿难以统一，与地方政府统一化、规模化项目实施的目标追求相背离，一部分不愿参与土地流转的农户家庭成为岩村产业发展项目推进过程中的最大阻力。为此，如何协调项目规划范围内的村民土地流转，成为乡村干部推进项目实施的关键环节。

（一）村民诉求与上级要求：岩村项目实施的两难困境

按照上级政府要求，岩村所在的河乡政府基于园区管理委员会及县扶贫部门共同制定的特色农业产业发展项目与精准扶贫实施方案，结合岩村以花卉、蔬菜、精品水果种植以及乡村旅游为主导的产业结构调整目标，制定了岩村产业发展项目的精准扶贫实施方案，并以此为基础推进相应的项目实施。笔者调研前期，恰值牡丹和软籽石榴种植产业项目实施阶段，而通过对项目实施过程的参与式观察，可以管窥扶贫项目在乡村社会的实施运作，以及在此过程中乡村干部的行动选择和行为策略。

项目启动伊始，乡镇干部组织各村村干部集中召开了多次项目会议，要求村干部通过村民会议形式向广大村民传达和部署上级政府有关特色农业产业项目实施的意见和要求，及时组织村庄开展相应的宣传、动员以及项目实施工作。如同园区成立以来多次土地流转问题一样，乡村干部依然面临村民诉求与上级要求双重压力下的两难处境，即一方面是上级政府部门有关精准扶贫和产业发展项目实施的任务性要求，另一面则是来自村民对项目建设和土地流转的不同意见和阻力。

长期以来，岩村村民主要以种植玉米、大豆、水稻等粮食作物为主。伴随20世纪80年代农村劳务经济兴起，岩村同许多中西部贫困农村一样，大量青壮年劳动力选择外出务工，开始在相邻的云南省甚至更远的东部发达地区从事非农产业。留守人口的老龄化、低龄化以及女性化倾向，使得村庄在大量土地抛荒的同时仍然维系着以粮食作物为主的种植结构。因此，对于村民而言，土地虽然不是发家致富的根本，但却具有稳定的生存保障意义以及生于斯长于斯的情感联结。尤其对于村庄一些老年贫困人口来说，土地更意味着是重要的生活、养老和精神依托。事实上，2012年以前，国家也在岩村推行过一些相应的产业扶贫项目，主要通过政府提供种苗和技术支持，动员群众参与种植的形式进行。但由于农户家庭种植规模有限以及市场风险的存在，这些产业最后都不了了之，这在一定程度上也影响到村民对于政府主导发展农业产业的热情和积极性。2012年，在县政府的争取和协调下，当地一家民营企业开始通过流转农民土地的形式，在岩村建立起有机蔬菜种植基地，通过土地入股分红和园区务工，许多村民通过产业发展实现了收入增长。与此同时，企业运营过程中，由于地方政府不断将产业项目"做大做强"的目标加诸于投资企业，而企业效益却在规模扩大过程中不增反降，进而影响到土地流转金、村民务工工资的发放以及村民对政府和企业的信任，这些也构成岩村村民在之后多次土地流转工作过程中，参与性和积极性不高的主要背景和原因。

项目要流转老百姓的土地，但是有的老百姓认识不到是怎么回事，就跟组长讲，把土地流转了以后吃啥子东西。3月份，我们的挂片领导主席、包村干部组长一起下去，从水库那里开始流转，有些老百姓就跟着我们跑，在后面喊，"你们这些政府，为什么就把土地流转出去，以后我们吃啥子"。包括后面合作社鼓励大家把地拿出来入股到村集体合作社，集体种辣子，老百姓也是不同意，喊着我们说是吃草长大的，因为辣椒不能当饭吃，种粮食才能吃饭。一些老年人思想比较保守，认为不种粮食就没得饭吃了。（访谈资料：20160820-YJCLZZ）

我们2012年搞土地流转的时候，在水库上面就花了一个多月的时间。当时企业老板看了以后觉得确实可以，政府也支持，这个企业也就很顺利地进来了。当时企业计划在部分土地上投资，但政府却准备把所有土地都纳入进去。因为行政领导要的是政绩，企业要的是效益，这两个是很难统一的，所以后来就把规模铺大了。牵涉到行政领导、企业的想法不一致，导致面大、经费投资跟不上。到最后企业欠了老百姓的钱，我们就去调和，调和不了我们就走不了。我们毕竟是共产党员，也是拿着工资的人，只是企业和政府的事情确实不是我们能管得了的。（访谈资料：20160821-YJCZCGB）

因此，在产业项目实施过程中，基于土地流转入股问题，村民之间形成了两种不同的观点。一方面，部分村民对土地流转和入股企业发展特色农业产业表示欢迎，认为土地流转将有利于进一步解放村庄剩余劳动力，村民亦可以通过土地流转、在产业园区务工等方式获得相应的收入，并且企业的引入也将在一定程度上带动整个村庄的发展；另一方面，土地作为农民生产生活的基础，具有生存保障的重要意义，而土地流转或转变种植结构都将改变个体农民以粮食生产为主的土地功能和意义，甚至在集体流转中被用于道路、房屋等其他建设而失去复垦的可能性。加上以往政府主导产业发展项目以及企业投资的失败经验，使得部分村民对企业诚信以及产业发展项目前景怀有疑虑，不愿将土地流转入股到企业。特别是一些老年人，对于土地流转持有较强的抵触态度，希望继续保留土地的家庭种植模式，从而为家庭生计提供基本的粮食保障。而从政府角度看，将特色农业产业项目与村庄精准扶贫相结合，突出地区产业发展带动的农村产业结构调整以及贫困户脱贫，不仅有助于实现"发展生产脱贫一批"的政策设计目标，也能够实现农业产业结构调整的政府构想。因此，基于传统产业发展的"规模化"迷信，地方政府更加热衷于鼓励基层乡村进行更大范围的产业发展项目，以扩大已有的产业规模，实现项目"做大做强"的"产业景观效果"。

> 土地流转入股应该也是好事，现在的年轻人都不想种地了，地都闲着，能流转的话收个流转金，年轻人还能继续在外面打工，也挺好。但农民肯定也都有担心，万一企业跑了，这个钱要不回来咋办，再说土地都整合了，到时候想找回来都不太可能了，所以农民的担心也是有道理的。（访谈资料：20160823-YJCYDJ）

在对村民的访谈中，虽然村民对于扶贫项目实施中的土地流转问题存在不同看法，但在整体上仍表示支持国家扶贫项目的发展。与乡村干部"思想偏激落后"的概括性标签不同，一些村民解释了不愿意配合乡村干部进行土地流转的具体原因。在村民看来，政府推行产业发展项目的做法是值得肯定和支持的，但在具体实施过程中，乡村干部基于执行上级任务的"一刀切"式的行政工作方式，忽视了村民对项目发展的参与权和决策权，甚至在逐级简化的会议通知传递过程中，一些村民未能及时了解项目实施的内容和信息。因而在进一步推进土地流转的工作过程中，造成了部分村民的反感情绪，认为产业项目运作实施过程中，乡村干部求急求快而没有"把工作做细致"。

> 以我的看法，搞产业开发是好事，企业进来了可以带领大家致富。但是我觉得土地这块政府不能强制，不能"一窝蜂"地"瞎起劲"，甚至搞"一言堂"说啥就是啥。现在所有的事情都是他们上面定好了，叫我们开会，其实就是个通知，他们（村干部）也是传达个政策，根本没有事先征求过我们的意见，开会讨论即便我们说说，那决定不还是已经做好了的，我们说了也不顶事。再者，土地对于部分年龄大的人来说确实很重要，你把土地流转走了，他也不能去外面打工，说实话那个流转金一年几百块根本不够他吃饭生活，所以他不同意流转。（访谈资料：20160824-YJCSDY）

因此，在实施产业发展项目过程中，虽然乡镇政府、村干部以及村民三者之间具有显著的共同利益，即乡村实施产业发展项目的最终目标——以产业发展推动村庄精准扶贫和精准脱贫。但作为来自不同共同体结构的行动者，他们显然又具有不同的行动目标和价值取向。乡镇政府希望在维护农村稳定、不影响干部与群众的关系的前提下落实和推进产业发展项目，并尽可能营造规模基础上的扶贫政绩；村干部则希望顺利实现项目在村庄层面的落实①，在完成乡镇上级布置的任务的同时尽可能不影响其与村民的关系，从而获得乡镇及村庄层面的共同认同；村民则希望在不损害自身利益的情况下实施项目，并期待以此获得村庄及个人脱贫发展的利益和机会。然而，面对村民对于流转土地的质疑和不满，乡村干部依然在上级政府的施压下，本着"以村庄发展带动百姓致富"的宣传口号，在召开村民会议的程序"合法性"基础上，启动了大规模的土地流转和产业项目建设工作，并通过具体性的乡村干部行动，解决村庄项目实施中遇到的困难和阻力。由此，基于扶贫发展项目的实施推进，乡镇干部、村干部以及村民之间形成了一个行动的界面，它是一个充斥着科层任务压力以及村庄共同体文化的行动集合，也是一系列行动者之间互动的场景和过程，一种在各种实践关系基础上产生建构的行动网络。而乡镇、村庄以及村民等不同行动者在土地流转、收益分配以及补贴赔偿等方面的争议和矛盾，为乡村干部与村民之间互动和接触提供了相应的事件基础。

（二）领导上门"算账"明理：基于理性场景的问题解决

如前所述，作为地方政府一项重要的精准扶贫工作安排，县级部门及乡镇政府在项目实施方案中明确规定了相应的时间和进度安排。在村庄层面，由于村级组织并不属于国家科层管理体制的组成部分，其日常工作的流程和方式往往具有非正式性和简化行动逻辑。因而在村级层面的实施过程中，村干部主要通过村民会议形式向村民传达了地区农业特色产业项目的规划内容和实施要

---

① 梁振华、李倩、齐顾波：《农村发展项目中的村干部能动行为分析——基于宁夏张村的个案研究》，载《中国农业大学学报（社会科学版）》2013 年第 1 期。

求，以及被纳入企业投资项目规划范围内的土地流转及收益补贴情况，并动员村民积极参与土地流转，在规定时间尽快完成土地流转和入股协议的签订。虽然村庄产业发展项目得到了部分村民的支持，在较短时间内完成了大部分土地流转工作，但仍有部分村民在土地流转工作中迟迟未动。

> 我们提前20天就跟小组长讲，你们要下去召集，因为我们村比较大，6个村干部实在搞不定。政府的挂片领导、包村干部、驻村干部都给我们开过会，我们让组长把企业进行开发的政策宣传给老百姓听，把企业的情况介绍一下，要发展的产业做什么都告诉给群众，要求他支持地区和企业的发展。组长确实也下去开过会，但是有的老百姓也认识不到是怎么回事。（访谈资料：20160819-YJCLZR）

> 企业入驻困难的原因首先就是农户土地的流转问题。一般农户的土地比较少，企业入驻，就会整体征用。虽然大部分农户在我们管委会、乡镇干部介入下，都会同意。但是有部分农户不愿意出让，觉得自己种更好，还有部分觉得将来土地租金到不了手，不能按时兑现承诺，就不同意出让土地。一些农户不愿意，特别难做工作，有些农户的观念是宁愿把土地荒着，也不愿意流转给企业。这部分农户太固执了，思想有些偏激，想着企业来了就是赚钱，把自己的土地流转了，把钱赚走了，自己没有得到好的利益。（访谈资料：20160821-GWHFZR）

在以往有关乡村干部角色及其行动策略的研究中，往往展示了其多重代理人的身份以及基层治理当中复杂多样的行为策略。如在农村征税、计划生育政策执行工作中出现的"谋利性"行为或"掠夺性"行为，以及在农村选举当中不合理竞争、非法操作、形式主义等行为，产生了乡镇干部与村庄干部之间"共存庇护关系"或"共存依赖关系"①，村民害怕、敬畏村干部的对立性形

---

① 肖唐镖、董磊明、邱新有、唐晓腾：《中国乡村社会中的选举——对江西省40个村委会选举的一项综合调查》，载《战略与管理》2001年第5期。

象和行为特征。① 在国家与农村社会之间由"汲取型"关系向"服务型"和"给予型"关系转变过程中，乡村干部作为基层政策执行者的角色和行为模式也逐渐发生变化，特别是在政府权力"上收"以及公共服务"下移"过程中，一些强制性、非理性的工作方式和执行手段开始减少，采用心理疏导、人文关怀等"做工作"和"讲道理"的"柔性"② 工作方式和迂回策略成为乡村干部主要的策略形式，体现出乡村基层社会治理的"韧性"特征。

　　而在岩村推进农户土地流转过程中，乡村干部同样采取了"柔性"的变通性执行方式，特别是将政策执行的具体场景作为工作的手段和策略，通过相应场景的生产再造，改变政策执行中政策对象的行为模式。事实上，场景不仅仅是行动发生的环境或背景，同时也可以成为行动的一部分。场景本身也具有一定的影响力，置身其中的个体往往会因为具体的场景而自觉或不自觉地采取与场景本身一致的行为和行动。因此，对于一部分不愿意将土地流转入股到投资企业的农户和家庭，乡村干部并未采取简单的强制性措施，而是组织乡镇领导、驻村书记等具有一定威信的领导干部，由村组干部带领入户，通过与村民面对面核算家庭经济账，强调村民行为决策对于村庄整体发展的意义，以及以乡镇领导名义担保农民土地流转金及务工收入的及时发放等方式，使得村民同意土地流转成为一种更具理性的、合情合理的行动方式，而村民的拒绝行为则是非理性的，同时也是不利于村庄发展的。由此，在具体的理性互动场景下，乡村干部逐步引导村民转变了原有的思维方式，使其主动接受和参与土地流转的项目建设。在此，乡村干部不仅走向田间地头，负责具体的土地测量和流转协议签署等工作，也介入到村民的日常生活当中，通过与村民面对面、具体的互动，构建出理性化的"执行"场景，以引导村民在这一具体的互动场景中作出"合理化"的行为决策。由此，在村庄干部与乡镇干部的配合下，利用具体互动场景的构建，成功"摆平"了部分村民不同意流转土地的"老大难"

---

　　① 朱明国：《基层民主自治进程中乡村计划生育政策落实的困境及出路——基于基层治理中"不出事逻辑"的分析视角》，载《南方人口》2014 年第 1 期。

　　② 刘祖云、孔德斌：《乡村软治理：一个新的学术命题》，载《华中师范大学学报（人文社会科学版）》2013 年第 3 期。

问题，从而顺利实现了岩村产业发展项目中的土地流转工作。

> 从 2012 年开始流转土地到现在，一些老百姓想的就是不种粮食没饭吃，后来我们领导就给他算账，如果种苞谷的话，一亩地最多打一千斤，也就是一千块钱，但是要除去人工、化肥、农药、种子钱，剩不了几个钱。如果土地流转的话，按土地等级给他流转费，最多 800 元一亩。而且不管流转给企业种什么，这个钱都会给，以后每五年还可以增加 10%，再就是可以在园区打工，一个劳力一天 80—150 元不等，甚至有 200 多元，基本上所有村民都能去园区工作，这样一个月至少 2000 多元，一年两万多，这个还是比种苞谷要划算，还不累人。群众不愿意，干部就一家一户地做工作，反正之前花了很长一段时间，做了大量的工作。（访谈资料：20160824-YJCDZR）

> 当时村里面的村干部、网格员都去家里说过，说了好几次。他们说的就是，土地流转是为了让企业能顺利入驻，为了村里发展得更好。我其实也没有不同意，就是担心土地流转金的问题。我们这里挂片领导张主任就来跟我聊了几次，他以前是管教育的，是个实在人，他跟我说政府、银行都有保证金，即使企业不景气也不会欠我们的钱，我就答应他们了。（访谈资料：20160821-YJCWDG）

> 流转土地的事情不答应也不行，大家都同意了，因为自家那一块地项目不能开始也说不过去。其实我留着也只是为了自家种菜，后来领导来跑了几趟，说以后没有地了让我们发展乡村旅游挣钱，我也就答应了。信不信的，反正现在村庄是比以前好多了，企业入驻以后确实有不少变化。（访谈资料：20160821-YJCLEZ）

与此同时，在乡村干部协作"摆平"土地流转的过程中，他们并非以其政策执行者或干部身份进入到与村民的互动过程当中，而是以有文化、懂道理的"明白人"甚至外部专家的身份介入到村民的家庭当中。通过帮助村民算账、比较企业投资开发以后乡村的实际变化等方式，构建一种面对面的互动场景，通过具体的"理由"和"依据"，来为村民流转土地行为提供理性思考和行动支持，从而转变村民思维方式，使其主动接受土地流转的项目安排。而村庄干部更多扮演引路人的角色，具体的说服工作交由乡镇领导或驻村领导干部进行。长期以来，中国小农对于"国家""干部"等具有特殊的心理情结，"畏官""畏权"现象在一定程度上也是中国小农形象的写照。对普通农民尤其是贫困村民而言，乡镇干部属于国家干部，是"公家人""吃商品粮的人"，并代表了其身后的国家以及政府权力，其话语和实践与村干部相比更具有权威性和可信任性。由此，这些理性人、明白人通过面对面的"闲话家常"向村民再次介绍了产业发展项目的具体情况，并对其担忧和顾虑进行互动性的回应和解释，动员其基于家庭脱贫致富及村庄发展的双赢目标主动参与项目的发展建设。

事实上，对村民而言，无论是西方社会理论家恰亚诺夫和斯科特所提出的"生存小农""道义小农"或舒尔茨为代表的"理性小农"以及徐勇等有关中国的"社会化小农"假设，无不揭示了村民基于个体生存、安全等因素考量的主体性行为逻辑，即村民自身具有其相应的行为标准和决策考量，无论是基于生存风险的规避还是收益最大化的追求。特别是在贫困地区，"货币逻辑"仍然主导着村民的生产生活，"生存"和"风险"也仍然是影响其家庭生计的重要因素。因此，村民一方面在货币理性驱使下选择外出务工，以获取家庭绝大部分的货币性生计支持；另一方面家庭留守成员也会坚守传统以粮食作物为主的种植结构和多样化种植传统，以保证家庭基本的粮食需求而最大可能减少市场购买的货币性支出。实际上，"货币逻辑"和"生存风险"都是农民行为选择和行为取向的影响因素。因此，乡村干部理性化场景构建之所以成功的原因，更在于其在面对面的、直接性的互动关系中，具体而深入地阐述了扶贫发展项目信息，并引导村民自身进行相应收益的核算比较以及行为决策的意义确认，并由此产生进一步的行动选择。

总的来看，岩村项目实施中乡村干部的行为策略实际上也是以往研究者提出的"正式权力的非正式运作""变通性策略"或"柔性"执行手段等，但这些研究概念并未有效解释乡村干部产生上述行为策略的机制和原因。本节基于街头官僚理论的分析，则可以为上述变通性行为策略的产生提供相应的解释和分析。无论是"正式权力的非正式运作"或"柔性"执行手段的运用，其事实上都是在一定的互动场景中产生的，同时符合乡村干部与村民行为选择和价值取向的互动场景的达成，是上述策略得以实现的基础和前提。在岩村扶贫项目实施过程中，正是基于村民对项目本身的理性考量与乡村干部的理性说服达成一致，才能够使其转变思想，采取乡村干部所期望的行动方式，也即精准扶贫的项目推进过程中乡村干部以一种理性的局外人身份介入与村民日常互动场景当中，暂时抛却其国家权力代表的身份，而以宣传项目、核算收入、讲事理的理性人、乡村明白人身份，在与村民互动的具体场景中提出农民流转土地的合理性和合利益性，以利益诱导、场景引导的工作方式进行扶贫项目的运作推进。在此，场景不仅仅构成政策执行者与政策对象之间互动的背景或环境，也构成政策执行者行动的一部分，场景成为一种有效的工具或手段，从而推进政策变通性执行的实现可能。

但与此同时，场景本身又是流动的、暂时的，乡村干部基于讲事理的理性场景构建，在与村民面对面的互动过程中的确解决了项目推进中个别村民不愿流转土地的问题，即通过理性的算账、未来收益的期许，转变了农民的思维和观念，进而影响其参与扶贫项目运作中的具体行动，实现了地区扶贫项目的顺利推进。但乡村干部的理性算计是否成为现实，干部的期许能否成真，将再一次影响到农民对于政府和国家的信任以及扶贫行动的参与性。

三、关系场景的生产：村干部"换村拔苗"
解决项目区违种问题

乡村干部通过上门算账等理性场景的生产以及正式权力的非正式运用等策略，"顺利"实现了产业项目建设中的土地流转和村民入股问题，也为转变村民发展观念和思维方式，以及进一步的农业观光旅游项目和乡村旅游发展奠定了基础。与政府吸纳市场共同推进的特色农业产业发展项目相比，岩村以优化园区投资环境、推进旅游观光农业项目发展为目的的高秆农作物禁种政策则遇到了相当大的执行阻力，也引发了乡村干部动员加强制的工作方式和执行策略。

（一）动员加强制："优化园区环境"的乡村努力

岩村土地流转工作结束以后，特色产业发展项目迅速投入了种植和生产。伴随园区特色农业产业项目发展初具规模，也为发展农业观光旅游和乡村旅游项目奠定了基础。为此，县政府提出"鼓励农民在产业带规划范围内的土地上种植矮秆植物，减少高秆农作物种植，以进一步优化村庄发展乡村旅游的投资环境"的政策动员。2016 年年初，县级政府作出"公路两旁、园区规划带外围严禁种植玉米、高粱、芝麻等高秆农作物"的具体政策规定，并动员村民种植辣椒，以推进岩村辣椒产业项目的发展。虽然面临巨大的政策争议，岩村所在乡镇还是向各村村干部传达了这一上级指令，禁种政策成为乡村干部不得不执行和面对的"烫手山芋"。

事实上，岩村土地面积有限，家庭户均耕地不足两亩，特别是进行土地流转以后，全村一半以上土地已经流转给园区企业种植花卉和果树。农民剩余的土地也大多分布在远离村庄的公路两侧、高山地区或者房屋前后的零碎土地。对农民而言，祖祖辈辈种植包谷、高粱等传统农作物，主要是为了满足家庭食用以及养殖的需要。因此，禁种政策显然不符合村庄发展的实际以及村民的种植传统。但作为一项上级政府下发的工作任务，岩村村干部还是通过广播以及会议等形式向村民传达了这一政策要求，并解释了政府为发展农业观光旅游项目优化投资环境、调整产业结构的多重政策目标，鼓励村民在产业规划区种植低秆农作物尤其是有机蔬菜。虽然地方政府在 2010 年 4 月份下达了有关禁种的要求，但在具体执行中，当第一户村民顶风在产业带沿线禁种范围内种植玉米以后，其他村民也心照不宣，秉持着法不责众的侥幸心理，于是大多数公路沿线土地都像往年一样种起了玉米。

首先是通知群众不要种高秆植物，要种矮秆植物。但是不好施行，有些群众就坚持要种高秆植物。当时开会通知的时候大家都有意见，他们说自己种了那么多年的苞谷，种苞谷没有草，种豆的话会有草，后来就说规划区范围内不要种了，但还是有些人在种。（访谈资料：20160824-YJCZZZ）

这个事情今年4月份就提了，不让人种（高秆农作物），通过村里的大喇叭也通知过。政府让种辣椒，可是辣椒哪能天天吃，投入也多，老百姓意见其实很大。后来村民你看我，我看你，就都开始种了。（访谈资料：20160823-YJCGDY）

虽然地方政府基于"优化地区投资环境、推进旅游观光农业发展、调整地区产业结构"的目标，提出了上述禁种政策。但这一政策极大地冲击了地方原有的生产生活传统和惯习，在政策适用性方面受到了地方社会的限制和约束。因此，这一政策在实施过程中，不仅遭到了村民的广泛质疑和反对，也成为乡村干部难以理解的"上级要求"。但作为国家科层体制的一员，乡村干部的政策执行行动和行为决策都被置于中国独特的压力型体制及其目标责任管理制和激励考核机制当中。虽然乡镇干部能够在政策执行过程中产生街头官僚的自由裁量或政策再造行为，但其大多情况下都作为国家和上级政府的政策传递者以及村庄实际政策落实的引导者、监督者甚至管理者。与政策执行的过程相比，乡镇更加重视政策执行的结果。因此，乡镇政府通过村庄干部将禁种政策予以传达和落实，并以其相应的责任利益关联，督促和协助村干部完成这一政策要求。

而对村干部而言，禁种政策的执行将充分考验其作为多重代理人的角色和身份。一方面，作为乡镇组织的实际"下级"和"行动手脚"，村干部不得不按照乡镇有关政策规定和任务要求，在村庄单位落实和执行上级下达的政策指令；另一方面，村干部同时也作为村庄共同体社会的一员及其代理人而存在，面对村民对上级政策的质疑和反对，村庄干部虽然具有与村民相同的看法和感受，但又难以进行村民政策反馈及利益诉求的进一步表达。与国家科层体制的压力相比，村干部面临的是一个由农民组成的共同体，其不仅生于斯长于斯，与村民共享着一套伦理道德和社会规范，其行为选择也无时无刻不受到来自共同体成员的影响。面对上级强制拔苗的政策要求，村干部十分清楚，禁种政策存在一定的不适用性，并且在进一步的政策执行过程中这种不合理性将继续受到村民的批判和指责。同时，这种批判和指责将最终指向乡村干部特别是负责实际执行的村庄干部，这将破坏作为村庄共同体一员的村庄干部与其他村民的交往关系。

事实上，面对这类难以取得乡镇干部和村庄村民同时认可的政策执行，村干部以往也采取了相应的应对手段和应对策略，即政策的选择性执行、诉苦等变通性的策略。一方面，村干部按照乡镇政府的要求，进行政策要求的传达和通知，而选择性忽视乡镇政府需要达到的政策目标和执行要求，对于村民明知而故犯的"违种"行为，村干部也选择"睁一只眼闭一只眼"的默认和忽视。另一方面，当村干部不得不面对上级乡镇政府的执行要求时，则只能通过诉苦的策略，将政策执行的失败归结于执行过程中遇到的现实困难和阻力。同样的，这些行为策略也是乡镇政府应对上级政府时常用的技术策略。无论我们将这一现象归为乡镇非正式治理方式的村庄下移或村庄本土化策略行动的乡镇模仿，都揭示了作为街头官僚的乡村干部在政策执行过程中产生的自由裁量行为。

可见，处于国家科层末端以及乡村共同体社会之间的乡村干部，在基层政策执行过程中面临诸多困境和无奈，尤其是当上级执行政策要求与地方性传统产生冲突和背离时。与此同时，乡村干部也在实践中产生了一套相应的应对策略，包括政策的选择性执行、逐级诉苦等策略。实际上，这些也是乡村干部政策执行过程中自由裁量行为的具体体现。自由裁量既能够为地方政策执行提供相应的灵活性和创新性手段，也可能成为政策执行过程中规避政策刚性而产生的应对性执行策略。

由此，虽然上级政府提出了动员加强制的政策措施，试图禁止村民在规划区范围内种植高秆农作物，以优化地区投资环境，推进旅游观光农业项目的实施，并引导地区调整产业结构。而在乡村干部尤其是村庄干部的选择性执行策略下，岩村禁种政策并没有取得相应的政策效果，村民在村干部的默认下，彼此心照不宣地完成了规划区违种玉米的"集体行动"。

实际上我也知道村民在种，但是我也不能不让老百姓种。这个政策本身大家都很反对，所以程序上我只能按照乡镇领导的要求，该通知的都通知了，该开会的也都开了大会了，但是大家种我就只好睁一只眼闭一只眼了。事实上，我知道有部分村干部也都种了，大家所剩的地不多了，种玉米是因家里养猪所需，不让种的确不合理。（访谈资料：20160825-YJCLZZ）

我家也种了玉米，这个政策当时出来我就去找干部反映过。虽然发展旅游业需要这么干，但是也不能太没有道理了。但是他们说上级政府市县都下了文件，干部也没办法。如果从政策角度来说，我们是不占理的，但是从农民的角度出发，这个政策就是不合理的。（访谈资料：20160825-YJCGDG）

（二）熟人关系规避与陌生场景生产：村干部"换村拔苗"的无奈与变通

禁种政策下达以后，岩村村民并未完全遵照村组干部的禁种要求，而像往常年份一样在规划区内种植了玉米、高粱等高秆作物。随着玉米、高粱等农作物的生长，乡镇干部显然意识到了政策未被执行的严重后果，因而在禁种政策下达一个月以后，进一步要求在规划区范围内种植高秆农作物的农户自觉拔除种植物，并补种其他低秆农作物。而政策的执行结果亦如同禁种政策在村庄的传达和执行过程一样，村民并没有按照村干部通知的要求进行拔苗和改种。由此，乡镇政府不得不采取更加强制的执行手段，要求村组干部在规定时间内拔除村庄所有违种农作物。在政策选择性执行和诉苦策略不再生效的情况下，如何进行拔苗政策的执行，成为岩村村干部面临的又一难题。

当时乡镇组织了网格员、村干部、包村干部去拔，我们村有个网格员听说要拔苞谷，他就先把自己家的先拔了。因为他是网格员，他要拔别人的，还是要先拔自己的，自己的事情要做好，才能管别人。拔的时候，大家真是下不了手，小的拔了还可以种别的，大的就可惜这一季了。（访谈资料：20160825-YJCZXS）

如同村干部访谈中的描述，村庄干部面对不得不执行的拔苗政策，表现出极大的无奈感。一方面，村组干部作为乡镇政权的村级延伸，在村民自治的法律定位和话语宣传下其实更加倾向于帮助乡镇政府进行村庄治理。并且乡镇政府掌握着村庄分配的利益和资源，乡镇资源分配的自由裁量权更加剧了村庄对于乡镇政府的依赖，这在贫困地区的农村显得尤为突出；另一方面，对村庄干部而言，其与村民具有紧密关联，不仅具有相应的血缘、地缘以及亲缘关系，也与村民共享着一套伦理道德和社会规范，而拔苗无疑是对村民私人关系以及干群关系的极大挑衅。同时，传统农村也是典型的"熟人社会"和"情理社会"，人与人之间在持续而频繁的社会互动中建立了密切的情感道义联系以及认同感，人情、道德、面子等也构成乡村社会复杂的关系网络，并影响村庄共同体成员间集体取向的行为方式和互动行为。① 总之，村组干部作为村庄的一员，在与村民交往的场合，其个体的行为和行动要符合乡土社会的规范和伦理要求，村民对于其村庄利益代表以及熟人身份的"角色期待"。在这种约定俗成的"情景定义"或基于共同体而产生的"戏班剧本"当中，村干部一旦做出违反常理的"拔苗"行为，将对这种共同体之间的信任和关系造成单方面的破坏，并受到村庄道德规范的评议以及造成个人人情、面子的丢失。可以说，基于共同体社会产生的熟悉关系，既制造或产生了乡村街头官僚尤其是村组干部对于村庄的地方性知识优势，也由于人情、面子等非正式关系的勾连而产生了相应的舆论压力和无形的公共监督。拔苗政策的执行不仅是对村干部与其近邻、亲族和熟人社会关系的一种破坏，也将降低村组干部个人的威信和社会评价。因此，在人与人之间"抬头不见低头见"的熟人社会，基于人际关

---

① 高庆鹏、胡拥军：《集体行动逻辑、乡土社会嵌入与农村社区公共产品供给——基于演化博弈的分析框架》，载《经济问题探索》2013 年第 1 期。

系、情分、面子等产生了"做事留有余地"的观念，并能够深刻影响到人与人之间互动过程和行为方式。这种相互之间彼此熟悉的共同体环境以及文化观念，也决定了村组干部必须寻求一种不伤和气、维系熟人关系的方式①来解决村民规划区内的违种农作物的拔除问题。

由此，面对上级政府的"信任"和"压力"，以及村庄共同体社会的伦理规范和舆论约束，村组干部不得不转变策略，以规避乡土社会的熟人关系以及附着其上的传统道德评议和村庄舆论压力，通过变通性的应对策略来完成乡镇政府提出的拔苗任务，即在河乡范围内，村组干部选择互相拔邻村违种农作物的形式予以实施，如岩村干部组织拔除邻村水村的违种农作物，并由另一村的村组干部来拔除岩村违种农作物，从而制造一种陌生的、纯粹的任务执行场景，以避免村庄熟人关系的尴尬和冲突，进而也免于受村庄道德规范的评议减轻个人心理压力。

后来村里组织网格员、村干部、包村干部去拔，但是让这个村拔另一个村的。因为自己村里的下不了手，都是村里的组长、网格员，要拔的土地不是自己亲戚的，就是邻居的，哪个能下得了手，这可是让人家在背后骂的事情。当时就有些人站在前面说，你们不是吃饭长大的，你们是吃草长大的，手不会软。（访谈资料：20160825-YJCXZZ）

在村组干部基于换村执行政策任务的行动过程中，拔苗行动还是受到了村民的强烈抵制。陌生关系的再造使得村组干部免除了得罪本村熟人的尴尬和困局，但也使其不再受到熟人社会关系的庇护。此前熟人社会政策执行情境中面子、人情等温情脉脉的东西不再出现，村组干部在拔苗过程中甚至遭遇到村民的驱赶。为此，乡镇政府只好出动派出所工作人员，以武力"保护"村组干部拔苗过程的"顺利实施"。而依靠村组干部基于陌生场景的生产以及换村拔

---

① 王猛：《经济理性、制度结构与乡土逻辑：农村政策执行中的"共谋"现象研究》，载《湖北社会科学》2016 年第 2 期。

苗的变通性执行策略，岩村完成了乡镇政府有关拔苗政策的执行，却也在村民中间留下了不愉快的记忆。

> 当时闹得有点大了，村干部不让种高秆植物，后来乡镇干部、村干部、网格员就带着包村干部下来拔了高头的玉米。一些人肯定心里是不舒服的，就不让拔，但是政府派了派出所的人下来，穿着迷彩服的人一排排地站在边上，不让拔的人就可能要挨打，或者被抓起来带走。（访谈资料：20160827-YJCZYZ）①

由此我们可以窥探出乡村干部在推进扶贫项目实施过程中产生的行动策略和行为方式。场景不仅仅是行动发生的背景或环境，为行动的产生及他者的理解赋予相应的背景性知识和意义，同时也可以成为行动的一部分，或借助场景取得相应的行动意义，即场景可以成为个体行动者行动的制约或影响因素，个体也可以利用相应的场景要素实现相应的行动意义和目标。一方面，乡村干部基于开会、宣传等传统动员形式进行村庄集体层面的政策推进；另一方面，当统一性的国家治理规则、方法和要求难以奏效和实现时，乡村干部则借助街头官僚的自由裁量，在与作为政策对象的村民进行面对面、直接性的互动接触时，生产或制造相应的"执行"场景，并借助这些场景本身，通过讲道理、规避熟人关系等变通性的策略进行政策任务的执行。在此过程中，乡村干部成为名副其实的街头官僚，他们行走在乡间田野，介入农户日常生活，并在适当的场合展示其相应的国家权力代表身份或村民利益当家人、代理人等多重身份，以应对基层政策执行当中出现的一系列个体性、偶然性或特殊性事件，借助相应的场景生产，来应对常规政策执行策略无效的情况和事实。

---

① 随着拔玉米事件越演越烈，甚至有村民因此而受伤，事情也通过微信、贴吧等途径广为传播。在笔者调研前一个月，县政府正式叫停了这一举动，并承诺对于拔除玉米的农户给予相应的补贴。

四、本 章 小 结

本章以岩村扶贫项目进村为分析基础，阐述了乡村干部在精准扶贫的政策执行过程中，基于治理场景的生产，以形成一种具体的理性或关系的生活场景，实现政策的变通性执行，并规避由于项目适应性而产生的困境和阻力，从而推进扶贫项目的顺利进行。具体来看，岩村在以农业特色产业发展项目为代表的扶贫项目运作过程中，遭遇到村民土地流转以及项目规划区违种现象的困境和阻力。从长远来看，当地村民与地方政府在推进农业现代化、调整产业结构，以及据此实现脱贫发展的目标和利益具有一致性。但在项目启动初期，部分村民的不配合举动显然阻碍了扶贫项目的顺利推进。为此，乡村干部通过相应的场景生产以及变通性执行策略，在与政策对象具体的、直接的互动过程中，通过正式权力的非正式运用、政策选择性执行等变通性策略等方式有效化解了项目实施过程中来自村民的阻力和困境，从而顺利推进扶贫项目的进一步实施。

场景是与某一事件相关的背景或环境，社会学研究将场景视为人类行为与文化相结合的可供观察的共同体。个体生活在世界中，也即生活在一系列场景之中。[1] 人的实践活动是通过具体的场景组织起来的，行动与场景之间具有复杂的关系。一方面，人类行动受到情境条件的约束和限制，另一方面，人们也能够通过控制环境要素来实现特定的目标。[2] 如同村庄贫困人口精准识别过程中，乡村干部基于政策规则的再造变通一样，乡村干部在扶贫项目推进过程中扮演了政策执行一线的街头官僚角色。对乡村干部而言，街头官僚不仅是一种身份定义，也是一种空间建构和互动关系，甚至空间或场景本身也可以成为其行动和结果的一部分。在扶贫项目实施运作的村庄场域，乡村干部与村民之间具有普遍的、非正式的关联，以及政策执行者与政策对象的正式关系。因而在面对具体的、与个体直接互动的政策执行过程中，乡村干部能够基于其国家权

---

① 杜威著：《我们怎样思维·经验与教育》，姜文闵译，人民教育出版社 2005 年版，第 262 页。

② 杨善华主编：《当代西方社会学理论》，北京大学出版社 2004 年版，第 124 页。

力代表身份、村组干部的地方当家人等多重身份构造相应的执行场景，通过变通性的、非正式的策略手段，实现扶贫项目的顺利推进。在此过程中，街头官僚将身份与空间、关系进行有效结合，通过相应的自由裁量场景变换，推进了国家贫困治理的村庄实现。

在乡村干部共同推进的扶贫项目运作过程中，我们也可以发现二者存在的隐秘分工和协作，以及在行动价值取向方面存在的差异，即乡镇干部更加重视政策执行的结果而非过程，因而在个别农户土地流转困境中承担理性的说客角色，以促进政策结果的实现；而村组干部在完成上级工作任务要求时，更加注重在村庄共同体单元的政策执行过程，承担大量的日常执行性工作。当然，这种分工也遵循着循序渐进的原则。在推进扶贫项目过程中，一般采取集体动员、具体攻破以及最后使用强制手段的方法和策略。在某一事件处理过程中，也可能同时存在着理性场景、关系场景的生产构建。至于如何选择取舍，则是乡村街头官僚进一步的自由裁量选择。其基本目的是顺利推进国家以及上级政府扶贫项目的推进，并维系地方的稳定以及进一步开展工作的民心和环境。从根本上看，这种场景的生产也是由国家精准扶贫的运动式推进以及压力型体制特征所推动和形塑的，并且是由乡村街头官僚予以主导和控制的。虽然在扶贫项目推进过程中，我们亦可以发现村民的质疑、反对态度以及抗议性行动，但却很难被理解为一种协商民主或参与式治理。尽管在此扶贫项目推进过程中，乡村干部主导制造了大量与农民面对面的接触和互动，但这种互动更多是为了实现政策执行的顺利推进，或者说场景的选择性生产或再造主要是基于政策的顺利推进，以及将街头官僚的目标意图纳入乡土逻辑和村民的理性之中，而非相反将村民的意见表达纳入政策执行的过程。

总之，乡村基层政策执行的过程，是国家正式制度嵌入乡村社会的过程，也是适应农村社会政治生态，与乡村社会非制度形式以及乡土文化相互影响和建构的过程。[①] 一方面，有关项目推进的政策规则和目标限定了乡村干部的行为策略和目标取向，并使其产生了任务取向下的非理性执行策略。另一方面，

---

① 王猛：《经济理性、制度结构与乡土逻辑：农村政策执行中的"共谋"现象研究》，载《湖北社会科学》2016 年第 2 期。

基于村庄共同体社会的伦理规范与地方性知识，也可以成为乡村街头官僚政策执行过程中重要的工具和知识。① 来自村民及村庄社会的压力影响着乡村干部的行为策略，如乡镇干部通过讲道理的工作方式以获取村民的认同，从而实现土地顺利流转的政策结果；而村干部则选择换村拔苗的方式制造相应的陌生执行场景，从而规避政策执行中来自村庄集体的舆论谴责和群体性压力。

① 马翠军：《国家治理与地方性知识：政策执行的双重逻辑——兼论"政策执行"研究现状》，载《中共福建省委党校学报》2015 年第 8 期。

第六章　完善材料与现场：扶贫考核中的结果生产与再造

　　从中国公共政策的执行过程来看，国家和中央政府主要通过目标管理责任制的制度形式，依靠自上而下的科层制组织体系，将国家提出的政策目标和政策要求进行逐级分解、细化和传递，形成各级党政组织具体实施的任务、目标和指标体系，并以此作为国家对各级政策执行组织及其执行者进行管理（如考核、评比、奖励、惩罚等）的依据。当前，中国在推行精准扶贫的农村贫困治理进程中，目标管理责任制依然是国家和地方政府组织管理和政策执行的主要形式。如前所述，各级政府围绕精准扶贫的总体性目标进行相应的指标细化和分解，并通过签订脱贫攻坚目标责任书的形式层层落实责任。而作为国家贫困治理政策执行的终端和实践场域，无论是国家对地方政府、基层乡镇、驻村干部等各类政策执行组织和行动者的工作考核，还是对贫困村及贫困人口减贫脱贫的成效检视，基层乡村都将被作为各类贫困治理的有关检查、评估、考核、观摩等活动的最终落脚点。可以说，乡村场域的政策执行实践和治理效果是检验国家贫困治理政策目标实现与否以及实现程度的根本所在，也是目标管理责任制在基层社会微观运作的实践形态和结果体现。

　　当前在以精准扶贫为代表的农村贫困治理进程中，国家提出"对贫困户和贫困村识别、帮扶、管理的具体成效以及贫困县扶贫工作开展情况进行量化考核"的"精准考核"要求，不仅在考核内容和指标体系上进行了强化和创新，也在中国独特的压力型体制以及"政治锦标赛"的地方竞争模式下，不断加大各级政府间尤其是对基层精准扶贫工作的考核检查。由此，应对上级的检查和考核工作成为基层精准扶贫工作中的重要内容，"天天有检查、周周有汇报、月月有考评"，几乎成为基层乡镇精准扶贫的工作常态。从乡村的角度看，无论是国家和各级政府部门组织的正式评估、考核活动，还是其他组织主体在村庄进行的观摩、学习、调研等非官方活动，都是对基层村庄贫困治理工作以及扶贫脱贫效果的一种展演。而目标考核作为国家和地方政府间目标管理责任制中的重要环节，基层乡村高度重视上级政府部门进行的各类考察、评估、观摩等活动，在不断的"应酬政治"①"迎检游戏"②的过程中发展出了一套"接待""陪同""摆平"等应对策略和手段。③

作为国家治理的一项技术策略及实践性制度形式，目标管理责任制是国家权力嵌入基层社会，实现基层治理中国家权力生产与再生产的重要手段④，也是一套实现基层治理的策略与技术。从研究来看，以往研究者对目标管理责任制形式下地方政府考核检查活动的运作过程、机制特征以及基层政府的应对策略进行了广泛关注。在目标管理责任制的微观运作研究中，研究者很少将村级组织纳入分析的单元，其隐含的假设认为村级组织是与乡镇政府一体的基层政权。事实上，虽然乡镇一级将科层组织间的目标管理责任制"复制"到与村级组织和村庄干部的关系当中，从而建立乡村之间特殊的利益——责任共同体，但二者分属不同的组织和结构，特别是乡村干部在精准识别、扶贫项目实施过程中也具有不同的行为取向和分工策略，这对于乡村干部迎检过程中的行为策略研究提出了新的命题。因此，本章以目标管理责任制有关基层乡村的考核环节入手，以基层精准考核政策实践中乡村干部应对上级考核、检查等工作过程为分析基础，探讨作为街头官僚的乡村干部如何基于贫困治理结果的生产再造，来进行基层政策执行过程和政策效果的展演以及如何应对上级的检查与考核，并假定乡村干部在应对过程中具有不同的行为选择和角色分工，进一步

①　赵树凯：《乡镇政府的应酬政治》，载《经济管理文摘》2006 年第 12 期。

②　吴毅：《迎检的游戏》，载《读书》2007 年第 6 期。

③　艾云：《上下级政府间"考核检查"与"应对"过程的组织学分析——以 A 县"计划生育"年终考核为例》，载《社会》2011 年第 3 期。

④　何绍辉：《目标管理责任制：运作及其特征——对红村扶贫开发的个案研究》，载《中国农业大学学报（社会科学版）》2010 年第 4 期。

细化有关乡村干部政策执行的行动研究。

一、国家目标责任管理制中的精准考核及其政策表达

目标责任管理制是基于国家正式权威而形成的一种实践性制度形式，在本质上是由多个不同行政等级的责任主体相互勾连而成的管理体系①，同时也是国家实现基层社会治理的重要技术策略和手段。从过程和机制来看，目标责任管理制主要包括目标确定、目标分解、目标完成以及目标考核四个主要阶段。本章节有关精准扶贫政策执行的"精准考核"主要是对基层精准扶贫工作实践和政策效果的考核管理，也即目标管理责任制当中的目标考核环节。因此，分析乡村干部在应对上级检查考核的行为策略时，有必要对目标管理责任制的实践形式、运作背景以及精准考核政策表达进行分析阐述。

（一）目标管理责任制及其基层运作环境

20 世纪 80 年代中期，作为政府体制改革与工具运用的结合以及目标管理理论的本土化应用，目标管理责任制逐渐成为中国国家和地方党政工作的一项重要制度形式和管理机制，并被广泛作用于各地政府管理实践，以期通过目标设定和分解、签订目标责任状、工作目标考核等形式来实现政府机构最佳的行政效能。按照"中央统筹、省负总责、县抓落实"的总体性工作原则，自上而下形成了从国家到乡村的贫困治理行动网络。但从政策执行的管理角度来看，这一行动网络实际上也是精准扶贫的目标管理责任网络，即国家提出精准扶贫的战略政策和制度安排，各级政府则将有关精准扶贫的"政治任务"和"民生工程"等硬性指标层层下达至乡镇政府，并加之以"扶贫责任状""扶贫工作一票否决""不脱贫不脱钩"等"压力型"惩罚措施来进一步推动目标责任的完成和落实。同时，囿于"上面千条线，下面一根针"的基层政治生

---

① 　王汉生、王一鸽：《目标管理责任制：农村基层政权的实践逻辑》，载《社会学研究》2009 年第 2 期。

态，乡镇政府亦将基层政府的运作模式和政策实践机制"复制"到乡村关系中，建立起乡村之间基于利益——责任的基层目标责任共同体，并将基于地方县乡两级首尾连贯的"政治承包制"演绎转化为县委（县政府）—乡（镇）党委（政府）—村党支书（村长）的"连坐制度"①，由此构建了从中央到地方的精准扶贫目标管理责任网络。

可以说，目标管理责任制作为一种国家治理的制度形式，同时也是国家权力嵌入基层社会并实现基层治理的技术策略和手段。而对中国目标管理责任制及其表现形式的研究则离不开有关中国政治机制及地方政府运作机制的讨论，尤其是纵向科层体制内各级政府运作的压力型体制，以及横向的地方政府之间竞争激励的政治锦标赛体制。压力型体制是学者对中国行政管理体制及地方政府运作机制的形象描述，最初是由荣敬本等人在 20 世纪 90 年代基于河南省新密地区政治行政体制的实证研究提出的，是指一级政治组织（县、乡）通过采取数量化任务分解的管理方式以及物质化的评价体系，来实现经济赶超以及完成上级下达的各项指标。② 其后，这一概念被广泛引载于国内有关地方政府、基层政权运作的研究中，成为一种研究的背景性知识和学术共识。从其产生背景和历史发展来看，压力型体制是计划经济时期中国传统动员体制在经济社会发展转型过程中发生的演变，强调地方政府运行是对不同来源发展压力的分解和应对，自上而下的政治行政命令是地方政府最核心的压力。③ 在荣敬本等人的研究界定中，管理方式以及数字指标组成的评价体系构成压力型体制的基本要素，"关系"和"统计"则是各级政府缓解上级压力的"减压阀"；杨雪冬进一步提出包含数量化的任务分解机制、各部门共同参与的问题解决机制以及物质化的多层次评价体系的三要素结构。④ 压力型体制对于经济社会发展

---

① 荣敬本、崔之元等著：《从压力型体制向民主合作体制的转变：县乡两级政治体制改革》，中央编译出版社 1998 年版，第 31 页。

② 荣敬本、崔之元等著：《从压力型体制向民主合作体制的转变：县乡两级政治体制改革》，中央编译出版社 1998 年版，第 28 页。

③ 杨雪冬：《压力型体制：一个概念的简明史》，载《社会科学》2012 年第 11 期。

④ 杨雪冬：《压力型体制：一个概念的简明史》，载《社会科学》2012 年第 11 期。

产生过积极的推动作用，但伴随现代化、市场化进程的推进，压力型体制的弊端及其演绎的中央与地方、国家与社会关系日趋紧张，产生了调整和转型的现实需求。事实上，虽然研究者在 20 世纪 90 年代就已经提出了"从压力型体制向民主合作体制的转变"① 的概念和议题，但压力型体制依然是中国地方政府运作特别是县乡两级政府实际运行的主要特征。特别是在微观层面的具体运作中，压力型体制的作用机制并未发生根本性变化，只是在新的意识形态下出现了一定的"名实分离"特征，即地方政府借"科学发展观"之名行"经济增长至上"之实，并倡导政府治理理念的转变。② 由此，压力型体制依然是当前地方政府运作的基本特征。而目标管理责任制作为一种追求行政效能的理想型机制设计和制度工具，也将嵌入在压力型体制的科层组织结构和政治运作背景当中。特别是在县乡以及乡村地方政府和基层政权的运作过程中，自上而下的科层体系是其权力和责任授予的基础和来源，逐级进行的任务分解、指标分配和目标考核构成其运作实践的核心动力。

与压力型体制相比，"政治锦标赛"则主要是对横向地方政府之间运作形态的阐释。周黎安在解释中国政府体制治理与经济增长关系时提出了官员"晋升锦标赛"模式。在其看来，这种模式将行政权力集中与强激励兼容在一起，也是一种治理政府官员的有效模式，是中国解决地方官员激励问题的独特治理方式。行政和人事的集权是其实施的基本前提且不依赖于政治体制的巨大变化，在本质上作为一种激励机制的特性而存在。③ 后续研究者提出"锦标赛体制"将作为行政治理模式的晋升锦标赛扩展到地方竞争体制中。周飞舟以此概括了"大跃进"期间的中央—地方关系，指代在高度中央集权条件下，行政体制自身产生的一种独特现象。中央成为竞赛体制的发起人以及目标、规

---

① 荣敬本：《"压力型体制"研究的回顾》，载《经济社会体制比较》2013 年第 6 期。

② 欧阳静：《压力型体制与乡镇的策略主义逻辑》，载《经济社会体制比较》2011 年第 3 期。

③ 周黎安：《中国地方官员的晋升锦标赛模式研究》，载《经济研究》2007 年第 7 期。

则的制定者，地方则是参赛运动员。跑在前面的、胜出的地方政府会享受到更多的经济资源支持，其领导人也会由此得到政治荣誉和晋升；而落后者则会受到相应的批评和惩罚。同时，中央与省级政府间的这种关系，在省以下各级政府间继续被层层复制和夸大，进而在各级政府间全面展开。① 有关锦标赛的隐喻来自于经济学中的"锦标赛理论"（Tournament Theory），其实质是一种激励机制。在锦标赛体制下，中央政府自上而下进行策划和发动，地方政府则自下而上进行推动和促进。但公共部门的这种竞争未必总会带来高行政管理效率以及公共福利的最大化，在缺少有效外部约束条件下甚至会产生灾难性后果。从宏观历史发展的角度看，无论是作为一种解决地方官员激励的治理方式，还是基于此而在行政体制内部衍生的地方竞赛体制，锦标赛体制在本质上是中国行政管理体制当中的一种激励形式且在当前阶段仍然是中国行政管理体制的重要特征。从计划经济时期到改革开放以来，锦标赛体制的显著变化主要是国家治理重心的调整以及中央政府考核标准的差异，即从计划经济时期的政治挂帅到改革开放初期的经济挂帅，以至目前以和谐社会、脱贫攻坚为代表的民生建设取向，而以锦标赛体制为存在前提的人事权力集中、考核标准可衡量、考核结果可比较、地方政府控制资源、官员高度竞争性等条件都没有发生变化，这一体制模式依然是中国各级政府政策执行实践的主要制度环境。并且从中央政府的角度出发，虽然国家行政体制改革以及地方分权、项目制管理等形式陆续出现，但在成熟可替代性激励机制缺乏的现实条件下，锦标赛体制依然是中央政府主导公共政策走向，以实现预期治理目标的必要手段。②

因此，压力型体制代表了地方政府运作的基本形式，为自上而下的政策传递和指标分配提供了基本的制度基础，也昭示了地方政府在政策执行中的应对实践和行动策略；锦标赛体制作为国家激励地方官员的主要形式以及地方政府间竞争性的治理形态，为各级地方政府官员提供了相应的晋升激励和组织执行

---

① 周飞舟：《锦标赛体制》，载《社会学研究》2009 年第 3 期。
② 金太军、沈承诚：《政府生态治理、地方政府核心行动者与政治锦标赛》，载《南京社会科学》2012 年第 6 期。

动力，也预示了产生政策执行异化偏差的可能，二者共同影响到地方政府政策执行的效率以及治理结果的形成。在当前以精准扶贫政策为代表的中国农村贫困治理过程中，国家将贫困人口的精准扶贫、精准脱贫提高到关乎党和国家政治方向、根本制度以及发展道路的战略高度，要求全党全社会将扶贫开发作为一项重大政治责任和政治任务来完成，充分体现了国家及中央政府对于农村贫困治理以及精准扶贫政策实施的重视和关注。通过层层签订"扶贫军令状"的目标管理责任制，精准扶贫政策推动下的农村贫困治理在压力型体制下逐渐演变为一场从国家到乡村的运动式治理行动。而基层乡村干部作为国家治理及公共政策执行实践的基层行动主体，其位于压力型体制的底端，同时也置于地方政府的政治锦标赛当中，受到来自上级政府的政策执行任务压力以及晋升竞争激励，压力型体制及政治锦标赛体制都将影响到乡村干部的政策执行及治理效果，这些既对乡村干部的政策执行提出了目标任务和指标要求，也提供了相应的激励动力和竞争压力，这些也是进一步探讨乡村干部在目标管理责任制考核过程中产生一系列应对行动和行为策略的制度性背景。

（二）国家及地方政府有关"精准考核"的政策表达

在中国政府组织运作体系的目标管理责任制制度实践中，目标考核是其核心内容。而在国家以"政治任务"和"中心工作"推动的农村贫困治理进程中，精准扶贫的政策执行逐渐演变为一场从国家到乡村的运动式治理行动。在此过程中，国家制定了严格的目标和工作考核制度，各级地方政府则在锦标赛体制以及压力型体制影响下，将任务和指标层层加码、逐级分解，最终形成基层政府有关精准考核的具体规则和指标体系。

2014年，在国务院扶贫办制定的《建立精准扶贫工作机制实施方案》中，国家提出精准扶贫"通过对贫困户和贫困村精准识别、精准帮扶、精准管理和精准考核，引导各类扶贫资源优化配置，实现扶贫到村到户，逐步构建精准扶贫工作长效机制，为科学扶贫奠定坚实基础"的总体性目标以及包括建档立卡与信息化建设、建立干部驻村帮扶工作制度、培育扶贫开发品牌项目等六项重点工作①，形成了有关精准扶贫工作的整体性工作目标任务。在《"十三五"脱贫攻坚规划》中，国家进一步提出"稳定实现现行标准下农村贫困人口不愁吃、不愁穿，义务教育、基本医疗和住房安全有保障"。贫困地区农民人均可支配收入比 2010 年翻一番以上，增长幅度高于全国平均水平，基本公共服务主要领域指标接近全国平均水平②，以及确保中国现行标准下农村贫困人口实现脱贫，贫困县全部摘帽，解决区域性整体贫困的目标和要求。同时制定了"十三五"时期贫困地区发展和贫困人口脱贫的主要指标，包括建档立卡贫困人口实现脱贫，消除建档立卡贫困村、贫困县，实施易地扶贫搬迁贫困人口数达到 981 万，建档立卡贫困户存量危房改造率近 100% 等五项约束性指标以及贫困地区可支配收入年均增速高于全国平均水平、贫困地区农村集中供水率超过 83%、贫困县义务教育巩固率达到 93%、建档立卡贫困户因病致（返）贫基本解决、建档立卡贫困村村集体经济年收入超过 5 万元五项预期性指标。由此，通过一系列政策文本，国家形成了目标管理责任制当中指标体系和考核方式的核心要素，也即压力型体制中的目标、指标及考核体系，以及锦标赛体制中国家制定的"参赛规则"与目标要求。

同时，在《建立精准扶贫工作机制实施方案》中，国家提出了精准考核的目标要求，也即"对贫困户和贫困村识别、帮扶、管理的成效，以及对贫困县开展扶贫工作情况的量化考核，奖优罚劣"。③ 在方案中，国家提出修订贫困县考核工作指导意见以及制定新的扶贫工作考核办法、重点考核党政领导将工作重点放在扶贫开发以及完成减贫增收任务情况、增设精准扶贫考核的内容和指标、重点考核地方政府扶贫责任落实情况以及扶贫成效、建立以考核结果为导向的激励和问责机制以及根据考评和评估情况对精准扶贫工作机制进行完善等方面要求。按照这一规定，2015 年国家进一步制定了《改进贫困县党政领导班子和领导干部经济社会发展实绩考核工作的意见》，提出了从贫困县

---

① 见《建立精准扶贫工作机制实施方案》（国开办发〔2014〕30 号）。

② 见《国务院关于印发"十三五"脱贫攻坚规划的通知》，载《中华人民共和国国务院公报》2016 第 35 期。

③ 见《建立精准扶贫工作机制实施方案》（国开办发〔2014〕30 号）。

实际出发考核发展实绩、突出发展导向、合理设置经济发展的考核指标、把扶贫开发作为经济社会发展实绩考核的主要内容、注重对减贫脱贫紧密关联的民生改善和社会事业发展情况的考核、强化生态环境保护情况的考核、把党的建设纳入实绩考核、改进考核评价方法、强化考核结果运用等有关考核内容和考核方法的原则性要求，形成了有关精准考核规则体系的"国家脚本"。

同精准识别、精准帮扶政策内容的地方性建构一样，各级地方政府亦根据国家精准考核的目标和规则要求，进行目标任务的逐级传递以及指标体系的分解细化，最终形成基层考核的规则和内容。因此，在有关精准扶贫的考核、评估方面，西省自2014年以来相继出台了《市县两级党委和政府扶贫开发工作成效考核办法》《脱贫攻坚工作督查实施办法》《脱贫攻坚问责暂行办法》等政策措施，为精准扶贫的考核和过程管理提供了政策指导和政策依据。2014年年初，西省率先出台了《贫困县扶贫开发工作考核办法》，建立了以精准扶贫为导向的考核机制和差异化的考核评价指标体系，提出将减少建档立卡贫困人口数量、提高建档立卡贫困人口收入以及改善贫困地区生产生活条件作为重点贫困县党政领导干部考核的重要内容。① 对于如何督促贫困地区党政班子和领导干部把主要精力放在精准扶贫、精准脱贫上，进行了进一步探索。2015年3月，西省出台《贫困县党政领导班子和领导干部经济社会发展实绩考核办法》，将国家提出的考核办法进一步细化和具体，包括考核范围和对象、考核内容、考核方式、结果运用、组织保障5部分29条细则。② 2015年4月，西省出台了《关于建立贫困县约束机制的工作意见》③，要求把"减少贫困人口，增加农民收入，提高贫困地区生产生活水平"作为贫困县党委、政府领导的重要政绩观和指挥棒。同时，提出贫困县必须作为、禁止作为和提倡作为

---

① 见《中共贵州省委办公厅 贵州省人民政府办公厅印发〈关于以改革创新精神扎实推进扶贫开发工作的实施意义〉的通知》（黔党办发〔2014〕23号）附件一《贫困县扶贫开发工作考核办法》。

② 见《中共贵州省委办公厅 贵州省人民政府办公厅关于印发〈贵州省贫困县党政领导班子和领导干部经济社会发展实绩考核办法〉的通知》（黔党办发〔2015〕6号）。

③ 见《贵州省扶贫开发领导小组〈关于建立贫困县约束机制的工作意见〉》（黔扶领〔2015〕8号）。

三方面 11 项具体内容。2016 年 7 月，西省继续出台了《市县两级党委和政府扶贫开发工作成效考核办法》①，对考核对象、内容及权重进行了具体规定，将考核分为国家考核指标、省级考核指标两部分，分别占 100 分，考核结果分别按照 40%、60% 的权重进行折算后汇总得到考核总分。其中，国家考核指标以中央对省级党委和政府考核的"减贫成效、精准识别、精准帮扶、扶贫资金管理"四大类 7 项指标为主；省级考核指标围绕《省委省人民政府关于坚决打赢扶贫攻坚战确保同步全面建成小康社会的决定》及相关配套文件，以"五个一批""十项行动"和扶贫工作管理为主要内容。② 2016 年 12 月，西省政府办公厅印发了《大扶贫战略行动监测评价方案》③，提出对于全省 9 个市、州，66 个贫困县、有扶贫开发任务的 19 个非贫困县，190 个贫困乡（镇）的精准识别、精准帮扶情况以及脱贫成效进行测评。方案中对于监测评价的对象、内容、指标、方法等进行了细化分解，其中，指标体系包括一级指标 3 项、二级指标 15 项、三级指标 37 项，监测评价采用综合指数法，通过上级评分、专家评分、问卷调查以及数据上报形式进行材料和数据的收集。

伴随精准扶贫政策的进一步下达，市县级扶贫部门也制定了对贫困乡镇扶贫工作的相应考核指标体系，包括对县直单位、乡镇、驻村工作队、扶贫村以及结对帮扶干部职工的具体考核细则。就乡镇考核而言，主要是在"组织领导、减贫增收、精准扶贫、基础设施、社会事业"五大领域 30 个子项方面的工作实绩进行随机抽查。考核内容具体到乡镇是否将扶贫开发纳入乡镇重要议事日程，每年专题研究扶贫工作的次数是否在 5 次以上，是否成立扶贫开发工作领导小组且具有固定办公场所和主要责任人，以及规划制定、政策宣传、下村指导、听取汇报等工作的具体情况，根据相应的评分标准和考核办法得出相

---

① 见《中共贵州省委办公厅 贵州省人民政府办公厅关于印发〈市县两级党委和政府扶贫开发工作成效考核办法〉的通知》（黔委厅字〔2016〕26 号）。

② 见《中共贵州省委 贵州省人民政府〈关于坚决打赢扶贫攻坚战确保同步全面建成小康社会的决定〉》（黔党发〔2015〕21 号）。

③ 见《省人民政府办公厅关于印发贵州省大扶贫战略行动监测评价方案的通知》（黔府办发〔2016〕49 号）。

应的自查分和考核分，最后将国家考核以及地方考核加权汇总。可以说，市县将省级考核意见的指标和内容进一步分解细化，考核的方法和规则也更加具体，包括从文件制定、会议记录、脱贫标注、帮扶措施、责任机制、实际效果、图片印证等方面进行全方位多角度的考察，以及将扶贫开发工作实绩作为选拔任用干部的重要依据，实行扶贫开发工作考核"一票否决"制的具体规定。

由此，地方政府建立起有关精准扶贫考核评估的规则和内容，并通过在压力型体制以及锦标赛体制下任务逐级分解、层层加码等形式，将精准考核的工作任务落实到基层乡镇政府。乡村也成为国家扶贫政策的执行终端，既是地方政府精准扶贫工作的实践场域，又是精准扶贫、精准脱贫治理效果的展示舞台，其在政策执行过程中将面临国家以及地方各级政府的各项专项考核、综合考核、抽查、检查、评估等各种类型的考评工作，"迎检""接待"甚至成为乡村精准扶贫的重要工作内容。

二、材料结果的生产再造：精准扶贫的
材料检查与乡村应对

由上可知，国家和地方政府基于目标管理责任制的制度形式建立起有关精准扶贫考核评估的规则和内容，并通过在压力型体制以及锦标赛体制下任务逐级分解、层层加码等形式，将精准考核的工作任务落实到基层乡镇政府。而目标考核是政府行政组织管理体系当中目标管理责任制的核心内容，乡村不仅成为国家扶贫政策的执行终端和实践场域，以及贫困治理效果的展示空间，也在政策执行过程中接受来自国家以及地方各级政府的检查考评工作。与此同时，在目标管理责任制底端的乡村两级，既面临资源、权力以及政策执行能力等多方制约，也面临荣誉、晋升、奖励、惩罚等基于组织或个人的激励，因而在迎检工作过程中形成了一套应对策略和手段，包括指标的选择性执行、多级政府或部门间的共谋、技术治理的变通执行等。本节从街头官僚的行动视角出发，阐释乡村干部在迎检宣传过程中基于数据、文本等政策执行当中材料结果的生

产再造以应对上级考核的变通性策略，以及在此过程中形成的乡村协作与分工。

（一）"文件政治"及其扩展下的基层材料治理

在中国，"文件政治"或"文件治国"无疑是科层体制下行政管理的一种典型现象。① 文件也即"红头文件"，最初是国家制度化建设初期，中国共产党用来发布决定的主要形式。随后，文件制度不断扩展至政府及其他科层组织系统，通过发布"红头文件"来推进政策执行逐渐演化成为一种成熟的政治制度。② 从性质划分来看，文件包括了政治文件、管理文件以及信息文件三种主要类型。③ 其中，政治文件一般是由执政党发出，内容大多以意识形态为主体；管理文件主要由政府部门发出，文件内容主要是针对具体问题的解决方案和措施且具有执行政治文件的基本功能；信息文件的发出主体既包括政党部门，也包括政府组织且不受科层级别以及部门网络的限制，内容以传递信息为主。④ 按照这一理解，作为行政治理形式的文件主要是管理性文件，包括各级政府下发的各类规范性、指示性的政策文本，表现为决定、命令、通知、法律、条例、规章、制度、规范等形式或内容。作为政府制定政策及执行政策的主要制度形式，文件承载着国家和地方政府有关经济社会发展各项工作的目标、任务、规划、实施方案以及工作方式等，并在各级政府和部门之间生产、传递。可以说，政策决策的过程也即文件生产的过程，因而具有鲜明的权威等级性、可变动弹性以及一定的私密性和开放性。

在各级地方政府尤其是基层乡镇政府，文件同时具有"象征"与"效能"

---

① 李林倬：《基层政府的文件治理——以县级政府为例》，载《社会学研究》2013 年第 4 期。

② 谢岳主编：《当代中国政治沟通》，上海人民出版社 2006 年版，第 116 页。

③ Wu Guoguang. "Documentary Politics: Hypotheses, Process, and Case Studies". In Carol L Hamrin, Suisheng Zhao. *Decision-Making in Deng's China*. New York: M. E. Sharpe, Inc., 1995, p. 25.

④ 谢岳：《文件制度：政治科沟通的过程与功能》，载《上海交通大学学报（哲学社会科学版）》2007 年第 6 期。

的维度和功用。它既是基层党政领导的"权力符号"，又是地方政府政策贯彻执行和推动工作落实的压力机制，同时也是地方治理变革和制度创新的有力推动工具。"文件治理"中的乡镇政府，既是上级政治类文件的接收者以及相应管理类文件的具体执行者，同时也是信息类文件的制发者。① 在一定程度上，乡镇的日常工作主要围绕各类文件的接收、学习、制发、执行和落实工作。同时，文件也是基层工作开展、绩效考量甚至体制运行的压力来源、动力基础和衡量标准。在以往有关文件治理的研究中，国内一些学者着重探讨了文件制度产生的原因、特点、功能②，政府间文件生产的过程和机制③，以及将文件文本分析作为一种研究方法和视角，分析文件文本所展示的政策话语现象、象征符号功能及其变迁过程等。④ 总体上看，不论是对文件制度运行中问题的批评，还是文件学上对文件的功能阐述，都体现了文件作为现代行政管理中理性治理工具的观点和共识。⑤

在上级政府部门对下级进行检查、考核的工作过程中，"看材料"往往成为一种重要的考核形式和方法。这里的"材料"既包括各类反映政府对某项工作重视情况的管理类文件，如相关政策规划、方案制定等，也包括工作总结、调查研究、资料收集、数据整理、信息统计等以文本或数据呈现的信息类文件。事实上，除政治类文件和管理类文件以外，各级政府部门在政策执行及日常工作中存在着大量以汇报、通报、总结、统计信息等形式出现的信息类文件。与地方政府运作中的政治文件、管理文件相比，这类文件主要功能在于传

---

① 罗大蒙、任中平：《国乡镇基层政权中的文件政治：象征、效能与根源——G乡的表达》，载《学习论坛》2015年第9期。

② 谢岳：《文件制度：政治沟通的过程与功能》，载《上海交通大学学报（哲学社会科学版）》2007年第6期。

③ 李林倬：《基层政府的文件治理——以县级政府为例》，载《社会学研究》2013年第4期。

④ 施从美：《"文件政治"：当下中国乡村治理研究的新视角》，载《江苏社会科学》2008年第1期。

⑤ 李林倬：《基层政府的文件治理——以县级政府为例》，载《社会学研究》2013年第4期。

递信息，因而权威性和私密性较低，政府部门、执政党都可以作为发出主体，同时也可以在上下级机关之间发出。① 信息类文件在基层政府工作当中常常被冠以各式各样的"材料"名号，是"文件治理"当中一类特殊的文件，也是目前研究所忽视的一类文件。与"红头文件"的政治类和管理类文件主要用于工具性目的不同，这类文件主要作为对政府各项工作完成情况的结果记录和信息交流，作为一种痕迹管理形式而发挥"符号性"的证明作用。由此，"文件治理"不仅仅是自上而下国家行政管理当中的典型制度形式和政策工具，也是地方政府特别是基层政府自下而上应对上级考核、检查等管理活动过程中一种必要的应对策略和工作实践，即为应对和回应上级政府有关政策要求和考核管理，基层政府亦需要生产、制造并保存相应的文件材料，包括以文本或数据形式呈现的各类政策规划、具体实施方案等管理类文件以及工作总结、情况汇报、调研报告、管理台账等信息类文件材料，本书将其概括为与"文件治理"语境相对应的"材料治理"。由于乡镇位于国家权力等级的末梢，很少进行政治类、管理类文件的文本生产，而主要负责上级政治类及管理类文件的贯彻落实，并结合地方治理情境进行相应的管理文件再造，以及相应工作过程中大量信息类文件的生产和制造。因此，本书提出的材料治理主要是上述两类文本及数据资料，即上级政策文本的再造以及政策执行过程中产生的各类文本信息和数据信息等。

精准扶贫政策作为一种国家政治类文件和管理性文件而制定，其在自上而下的政策传递中衍生出了一系列地方性管理性文件，如有关精准扶贫具体实施的方案、规定、管理和考核制度等文本性内容。而位于政策实施终端的乡镇政府，则需要按照地方省、市及县级政府和扶贫部门的要求，进行国家扶贫政策的宣传、贫困村及贫困人口的识别管理、各项帮扶政策项目的落实等，同时要负责制作和制定相应的政策宣传资料、工作计划和实施方案、帮扶工作台账记录、工作任务完成情况的总结汇报以及有关精准扶贫的各项会议和工作记录等

---

① 谢岳：《文件制度：政治沟通的过程与功能》，载《上海交通大学学报（哲学社会科学版）》2007 年第 6 期。

各类材料，乡村干部统以"制度上墙、规划上榜、资料上网、工作上账、汇报向上"来对此进行概括。可以说，基层精准扶贫政策的执行和落实工作，始于压力型体制及锦标赛体制下基层干部对各项上级政策文件的分解落实，又要在目标管理责任制的结果上呈现为各类信息类文件材料，尤其是在各级政府部门对乡镇精准扶贫工作的考核工作当中，通过查看材料对相应指标完成情况进行评估计分，已成为上级政府部门主要的考核和检查手段，而材料的生产、保存和展示也成为基层乡镇政府应对一系列考核检查活动的主要工作内容。可以说，迎检考核的制度游戏在基层也是一场基于材料治理的游戏。

（二）"看材料"与"补材料"：文本及数据材料的生产再造

按照"文件治理"的特征和要求，国家和地方政府通过相应的文件制发过程进行治理目标和工作任务的提出、传递，基层乡镇政府则按照上级文件要求，执行并达到相应的政策结果。以往，研究者讨论了乡镇政府在上级文件的指导下，产生正式权力的非正式使用、目标置换、共谋等一系列变通性政策执行策略或手段。因此，有关基层迎检的研究也着重讨论基层乡镇为通过迎检而进行的政策选择性执行、任务目标替换以及诉苦申诉等治理场景转换，其隐含的假设在于，改变政策执行策略或内容就可以有效改变政策执行的结果，从而达到上级政策文件要求的目标或指标，对于未能实现的结果则通过层级政府之间的共谋或诉苦等场景的软化策略予以应对，总体上属于基层乡村干部基于政策执行规则或场景的再造。但事实上，乡村迎检过程中还包含这样一类结果的生产或再造现象，即对于上级考核工作要求中文本或数据材料的生产或再造。与规则、场景的生产再造不同，文本、数据等信息类文件材料的生产本身即为政策执行要求实现的结果，它们是文件治理的一部分，因而也可以视为治理结果或政策执行结果表现形式的生产。同时，与政策执行当中规则和场景的生产再造一样，乡村干部也会基于其街头官僚身份，通过相应的自由裁量行为进行材料结果的生产再造，以更好地应对精准扶贫过程中上级的检查考核工作。

按照精准扶贫的政策以及上级政府的考核工作要求，乡镇精准考核的内容包括了一系列与精准扶贫政策执行相关的文件材料，包括贫困村、贫困户建档立卡信息资料，支持贫困村工作计划与具体实施方案，工作任务和年终总结，发放制作的宣传读本、标语、宣传栏材料，党政领导干部下村指导工作的文字记录和照片资料，精准扶贫贫困户台账及结对帮扶贫困户台账，贫困户制定精准扶贫计划、实施方案、具体措施，结对帮扶贫困户公示牌，乡镇年度减贫目标任务分解方案，小额信贷、金融产业扶贫等各类扶贫工作培训动员记录和政策宣传材料，等等。同时，对于负责扶贫工作的包村干部、驻村干部，还有另外一套相应的考核材料，包括这些干部在贫困村组织建设、基础设施建设、经济建设、社会建设、自身建设、特色六方面工作中相应的规划制定、工作台账、总结汇报材料等，其中，在特色加分项中，还明确提出在市级、省级、国家级刊物或会议上播发单条300字以上的工作亮点和经验做法的，每篇予以不同分值的加分。① 可以说，乡镇扶贫工作过程中充斥着大量的文本和数据资料的收集、整理和生产工作，尤其在压力型体制下的目标考核过程中，一次迎检考察同时也伴随基层干部的材料生产和再造过程。正如吴毅在《迎检的游戏》一文中所描述的：

> "检查任务一宣布，全体干部就都投入到了各种考评资料的准备之中。所谓迎检，往往就是一个重新准备与制作资料的过程。这也真苦了我们的干部，但不这样做就通不过检查，通不过检查就要进'笼子'管理，一旦进了'笼子'，不要说大大小小的检查考评跑不了你，所有的评先、评优、提职、提薪、晋级等也都没有份，直到出'笼子'为止。所以，再苦再累，工作量再大，也要按质、按量、按时地完成。事实往往就是这样的，有稍多调查经历者都知道，一些乡、村的档案，与其说是对日常工作的整理和记录，不如说都是这样在迎检之前的突击中制作出来的。"②

事实上，在岩村调研过程中，我们也再次验证了迎检过程中基层政府的材

---

① 上述资料根据调研乡镇考核细则及驻村帮扶工作队、贫困村考核细则整理。

② 吴毅：《迎检的游戏》，载《读书》2007年第6期。

料治理现象。与此同时，与乡镇干部一样，村庄干部也承担了精准扶贫当中大量的信息报送及造册工作。正如媒体报道中一位驻村扶贫第一书记的吐槽，扶贫工作中存在各类登记表、调查表、明细表、记录表等，"5+2""白加黑"都难以招架，大量时间、精力耗在了纸面上。①

> 一次考察是很复杂的，特别是国家和省里的考察。一般国家级的最多会提前一两个月通知要来，没有确定的时间，比如只是通知会在 8 月底过来。准备工作就是提供相关的汇报材料，完善一下解说词。村里有时候要派代表介绍基本情况，有可能还要作汇报。像这次领导到这边来，主要是了解农业产业园区的做法、典型经验和发展，材料需要由管委会提供。我们也要提前熟悉很多材料，实际上本身也是一个常规工作，只是平时没有做好，所以临时抱佛脚了。（访谈资料：20160827-GWHWZR）

> 现在发展项目多了，上面下来的东西都到村了，不但是要做纸质版，还要电子版，乡镇就是汇总就行。以前做资料很简单，就是纸质版统计下，报数据给乡里，乡里来做。现在就是发个邮箱、发个表格，叫我们做好拷贝进 U 盘给他。不管哪个部门，连派出所的都由我们来做。贫困户以前也建档立卡，村里不知道怎么建，应该都是县里在做。现在要做农户调查表，扶贫的资料很多，要求做的也更细，还要准确，要一户一档，还要入户。（访谈资料：20160822-YJCHZR）

由此可见，一方面，精准扶贫的技术化和精细化治理要求乡村进行有关贫困人口信息的收集整理，以便有效识别贫困人口，并进行有针对性的帮扶开发，为科学扶贫奠定基础；另一方面，在压力型体制的目标管理责任制下，查看资料、核实数据也是上级政府考核基层政策执行工作的主要方式。但就乡村特别是村庄的政策执行而言，其工作具有典型的非制度性、非文本性特点，乡

---

① 谢振华：《莫让"表格"误扶贫（今日谈）》，载人民网，http：//opinion. people. com. cn/n1/2016/1211/c1003-28940043. html，2018 年 5 月 13 日访问。

村干部也未必有时间和精力进行相应工作的文本化和数据化，政策要求的制度性与实际工作的草根性之间存在张力和距离。尤其是贫困治理当中技术治理凸显，以及"大数据"时代的来临，对于乡村信息能力提出了更高要求，无疑加剧了基层工作的文本化、数字化倾向，乡村提供的数据和文本材料不仅要全，还要求质。同时，上级部门确定的检查指标和考核内容，在逐级进行的任务传递过程中往往被不断细化分解，一个指标和一张考核表在基层甚至扩展成几十个数据指标和多张表格。① 因而在考核制度的低端，乡村干部只好按照上级检查考核有关数据、标准、文件等材料的要求准备相应的材料，也即贫困治理效果展演中出现的各类文本、数字等材料的生产和再造。

以上级考核中重点查看的贫困户建档立卡工作为例，岩村乡镇干部为我们展示了一户贫困户的档案材料，包括贫困户申请书、入户核查表、县贫困人口核查一户一档登记表、脱贫前贫困状况（图片资料）、贫困户帮扶手册、扶贫登记卡（复印件资料）等长达17页的信息和内容。同时，作为精准识别工作过程和成效的查看材料，乡镇还需要提供有关贫困户评选的村民代表大会民主评议会议记录、村民代表大会民主评议统计表、村贫困户初选名单公示、关于审核确认贫困户的报告、乡（镇）贫困户审核确认情况公示、乡（镇）贫困户拟定名单、关于复审贫困户的报告，等等。虽然这些材料大多是精准识别程序规范化运作要求的产物，但事实上，由于乡村政策执行过程中应用规则与技术规则的差异以及乡村工作的复杂性，这些后期呈现的文本及数据材料大多是乡村干部特别是乡镇干部在考核前进行突击补充和生产再造的结果。

> 一遇到考核检查，上面就得提前通知准备档案、补充材料。村里做事情哪能那么规规矩矩，比如开个会作记录，一般都是人选出来之后村里来补材料，有些村干部文化水平不行，还得乡镇给个模板照着做，实在不行还得镇上干部来做。反正现在大大小小检查都要看材料，他们驻村干部还要写日记。（访谈资料：20160829-YJCLSZ）

----

① 吴毅：《迎检的游戏》，载《读书》2007年第6期。

　　有些事情我觉得都没必要，而且实际也没做，就是为应付检查才补齐的。现在老百姓都忙着自己挣钱去了，哪有时间关心干部的事情。再说贴标语啥的都不如干点实事，村里的贫困户一般都是智力上有些缺陷的，他字都不识，账也不会算，你去他家里问他收入啥的，他根本答不上来，还不得干部看着填写，又不能空着。实际走访都做了的，但是你要按照贫困户来填写那个表不实际，都是村干部用铅笔先填了，后面乡镇检查一遍再改改面上的一些东西。（访谈资料：20160822-YJCHZR）

　　由此，我们看到了乡村干部应对上级考核过程中基于考核要求而进行的文本和数据材料的生产再造过程。伴随国家贫困治理的精细化和技术化，大量政策执行工作需要落实到村、到户、到人，而与之相伴的则是大量文本记录或信息收集工作。从根本上说，政策执行当中有关文本及数据材料的完善和精准收集，是为了建立更加规范有效的考核、检查和评估工作制度。但实际上，文本化、数据化治理的泛滥几乎使其成为基层政策执行工作的主要内容，使得乡村干部在这一过程中投入大量的精力和时间来完成相应的材料生产工作，甚至在工作后期进行文本或数据的再造，甚至为精准而精准，使其更加符合上级考核的内容和指标要求。

　　因此，无论是在"一票否决"的压力型体制下，乡村干部惧于上级考核压力或政治锦标赛模式中对于相应数据材料作假的"制度性说谎"，无疑都表明了基层政府对于治理结果呈现中文本和数据材料的生产再造行为。与此同时，精准考核工作中乡村基于文本、数据等材料结果的生产再造，无疑也是乡村干部所产生的一种自由裁量行为。实际上，它并没有改变相应政策执行的结果，而是在结果的呈现上进行相应的生产加工或改造完善，使其更加符合上级考核的要求以及材料本身的逻辑性。一方面，乡村干部要赶在考核检查之前进行相应材料的生产加工，甚至加班加点突击准备相应的检查资料；另一方面，对于一些材料特别是村庄提供的数据信息和文本材料，乡镇则需要进行材料的再加工，使其有理有据，更加符合上级的要求。

三、现场结果的生产再造：扶贫现场考核与乡村应对

从实践来看，应对来自上级的考核检查是中国行政管理体制当中基层政府的重要工作内容①，也是科层体制当中普遍的组织现象，上级政府动员部署大量的人力、物力实施目标管理的考核检查，下级政府则采取形形色色的手段、策略予以应对。② 如果说查看相关材料是上级检查考核政策执行行动过程及其结果的重要依据和工作方式，那么基于政策执行现场的检查考核则是另一种重要的工作方式。如前所述，上级政府基于材料的检查考核促生了乡村干部对文本、数据等材料"结果"的呈现进行生产再造，而扶贫现场的考核工作也引发了乡村干部有关现场"结果的生产再造行为。"

（一）实地查看与调查走访：基于治理现场的基层考核

由于中国行政管理体制当中政策制定与政策执行的分离特征以及各级政府间的信息不对称问题，如何获取有关基层政策落实和执行效果的真实信息是上级政府检查考核工作的关键所在。而上级基于文本、数据材料的单向度审查，往往难以获取基层政策执行工作的全面信息，同时也为基层干部提供了作假、应付的准备空间。因此，除对相应文本、数据材料进行检查考核以外，上级政府往往还通过直接进入现场或直接与调查对象接触、甚至采取"突然袭击式"越过乡镇政府的现场检查形式，以缩短信息流程、避免基层政府干扰、确保获取考核信息的真实性和全面性。因此，在上级政府对乡镇工作检查考核的制度安排中，也包括实地查看、调查走访、抽查暗访等基于政策执行现场而进行的考核方式。

与查看材料的检查考核相比，这类检查考核活动往往需要由检查人员深入

---

① 赵树凯：《乡镇政府的应酬生活——10 省（区）20 个乡镇的调查》，载《红旗文稿》2005 年第 10 期。

② 艾云：《上下级政府间"考核检查"与"应对"过程的组织学分析：以 A 县"计划生育"年终考核为例》，载《社会》2011 年第 3 期。

项目现场、田间地头，按照政策实施方案，基于工作落实现场的具体情况以及村民感受进行相应的评估和考核。一方面，伴随近年来农村税费改革取消以及大量惠农政策的落实，大量政府行政性事务下沉到农村村庄治理单元，国家对于农村贫困治理的绩效要求与评估机制也导致科层制要素不断嵌入基层社会治理中，实绩考核需要基于村庄治理的效果以及村民的广泛参与，因而这类"看现场"的检查考核方式，被广泛应用于上级政府对基层扶贫工作的检查考核当中，并越来越倾向于采取不打招呼、直接进入的方式，以提高基层考核的有效性，防止干部作假、形式主义的走过场以及地方政府间的共谋包庇。另一方面，"看现场"不仅是乡镇基层工作考核当中经常出现的工作方式，也成为乡村干部日常工作中的常用语汇，即使在一些专家学者、媒体记者等外来人员入村调查采访时，上级政府官员会特别强调安排乡镇干部带领去"看现场"，即参观一些已经完成或正在实施的扶贫项目，或到田间地头进行实地走访，以进行地方政策执行效果的展示和宣传。

而与一般外部人员的"参观走访"不同，基层检查考核工作当中的"看现场"则是目标责任考核当中的重要组成部分，具有明确的制度规范和工作程序。一般而言，上级政府会事先向接受检查的乡镇发出通知，但很少确定确切的检查时间。特别是遇到省级及国家级部门组织的考核组，则具有更加严密的程序和步骤，事先没有确切的时间、行程以及调查地点，检查组的信息、行踪处于严密的保密状态，直到最后一刻才确定抽查的地点。正如赵树凯描述计划生育突击检查时的情形，"当检查车辆出发时，检查组人员也不知道目的地，而是在上车后打开第一个信封，得知去某县；直到某县境内打开第二个信封，得知去某乡；到达某乡以后，再打开第三个信封，得知去某村。"① 而与高层略带神秘的检查考核行程相比，基层则是轰轰烈烈的准备行动，为迎检而产生的工作甚至远比考核本身更为重要和繁忙。在岩村实地调研中，根据有关部门提供的一份国家部门领导检查观摩活动的工作方案，包括了日程安排、座

---

① 赵树凯：《乡镇政府的应酬生活——10 省（区）20 个乡镇的调查》，载《红旗文稿》2005 年第 10 期。

谈会方案、乘车安排、住宿安排、县市参加人员、联络人员等详细的工作安排。其中，日程安排具体到每个案例点的具体停留时间和相关路线，以及各个环节进行情况汇报的领导情况和同乘车人员名单。沿途乡镇领导干部则负责在相应的点上等候并介绍现场项目点的情况，如果需要安排座谈会，则需要拟定初步的参会人员和发言顺序，并提前通知参加人员准备和及时到场。

虽然上级政府出台了有关检查组不准接待、不准陪同的要求和通知，在制度安排中刻意规避检查组与基层政府非正式关系的影响，避免调查组与基层政府的非正式互动等。但实际上，检查考核中基层各级政府的"接待""陪同"几乎成为检查者与被检查者以及各级政府之间"共享的常识"。如艾云的分析展示了基层政府面对上级检查组的动态应对过程，包括接待、陪同、摆平等一系列与考核检查同时发生的应对策略和手段，并从信息控制、非正式运作以及激励机制这单个组织机制的不兼容和内在矛盾解释考核制度实施当中的失败。① 周雪光则指出基层政府在执行来自上级部门特别是中央政府的各种政策指令时，常常共谋策划，进而通过"上有政策、下有对策"的各种做法，联手应付来自上级的政策要求以及随之而来的各种检查，并在政策实际执行过程中产生了偏离政策设计初衷的结果。② 对乡镇基层社会而言，这是其工作中的一部分，但这种过程又是短暂而偶然的，更多的则是各式各样的日常工作检查和考核、观摩等活动。本节讨论的即是基于现场的检查考核活动中，乡村干部的应对行为和策略，尤其是迎检过程中乡村干部的准备工作。

（二）点面结合的迎检准备：扶贫现场的生产再造

对乡村干部而言，所有的检查工作事实上也代表着来自上级政府的重视。检查考核的过程同时也是展示基层工作成效、地区形象以及个人工作能力的绝佳机会。因此，与现场检查的紧张时刻相比，漫长的准备工作和等待过程则是

---

① 艾云：《上下级政府间"考核检查"与"应对"过程的组织学分析——以 A 县"计划生育"年终考核为例》，载《社会》2011 年第 3 期。

② 周雪光：《基层政府间的"共谋现象"——一个政府行为的制度逻辑》，载《开放时代》2009 年第 12 期。

乡镇工作的日常。

笔者调研期间，恰逢西省某省级部门对岩村所在县精准扶贫工作情况进行检查。根据乡镇干部提供的有关本次检查考核的工作安排，方案中涉及实地查看和调查走访的考核内容，包括了贫困户结对帮扶落实情况、贫困村基础设施建设情况（包括村容整治、基础建设以及群众反映的重难点问题解决情况）、贫困户农民增收情况、贫困户精准扶贫情况、扶贫资金管理情况以及重点项目落实情况（包括光伏扶贫、产业扶贫、异地搬迁、金融扶贫）等多项内容。这些工作既涉及对村庄内部分贫困人口个人的调查走访，又涉及宏观层面对整个村庄建设情况的检查考核。事实上，虽然乡镇在这次检查考核中并不作为主要的考核对象，而是整个检查工作的协调配合者和陪同接待者，但在应对共同上级的检查工作中，乡镇依然要为地区迎检工作作充分的准备。

> 我从一月份过来驻村，到现在八个月，领导检查来得很频繁，以前的话基本上没有县里的领导来过，现在是从中央到省市都来，一般是参观一下农业产业的状况、效果、规模，二是调查企业收益、老百姓收益，三是通过座谈了解这里发展的情况。远的地方来的有时候一天，近的地方就半天。有时候也不叫检查，应该叫踩点。（访谈资料：20160826-YJCZCGB）

> 一次检查是很复杂的，一般会提前通知。准备工作就是提供相关的汇报材料，完善一下解说词，完善一下硬件设施。比如农业产业园里该除草的除草，该补种的补种。上级来检查的时候我们不用参与，即便到村里，也是由乡镇来引导，村里也不用参与。但有时候村里要参与介绍基本情况，还有可能要作汇报。像这次省里的来检查，就是扶贫局和乡镇来引导。在产业园区里面，比如遇到老百姓在里面工作，就可能会随机性地问一下。（访谈资料：20160824-YJCHZR）

由此可以看出，乡村都将来自各级上级政府部门的检查考核活动作为一项大事来准备，同时又具有相对清晰的乡村分工。就乡镇而言，其作为考核对象和接待陪同的主体，往往要负责检查考核工作当中的对接、联络以及协调工作，同时将相应的准备工作下达给村庄干部。就村庄干部而言，其主要的工作则在于宏观层面的村庄环境整治工作，提前通知相应的村民作好准备，甚至对需要发言的村民进行相应官话说辞的"培训"。

> 乡镇介绍的话根据调研主题来安排，比如要考察旅游，就安排他们旅游公司的代表；入户的话就根据选的地点，就请村支书安排相应的村民或者安排三到五户贫困户在家里等候着。开座谈会的话，要根据代表来找一些企业代表、政府代表、村民代表，等等。道路、环境这块主要是以园区范围为主，需要哪个村的话，就请乡镇去协调哪个村的村民去做好环境这类工作，对其他村民没有其他要求，只是对卫生这块重点强调，比如说平时要干净，领导来了以后要更干净。（访谈资料：20160828-PXHFG）

> 检查的工作天天都在做，天天都有人来。明天就有一个同步小康工程达标验收会，这种验收会我们村委会不用参加，主要是县里的领导来，乡镇负责引导。如果需要我们协调配合的乡镇就跟我们办公室联系，我们做该做的工作。现在分工很明确，我们就做该做的事情，以前没有分工的什么事情都是我们做。（访谈资料：20160825-YJCHZR）

从乡镇干部的访谈来看，作为扶贫亮点的岩村近年来频频成为各种考核、检查、视察活动的"选点"。而与一般田野观察中高度紧张的乡村干部相比，岩村乡镇干部尤其是村庄干部则比较从容。这与考核内容与村干部责任利益联系不大有关，也与乡镇所承担的不同工作内容有关。但在此过程中，我们也看到了悬浮于村民生活的考核检查过程，虽然基于现场的考核要求检查考核过程，比如走进项目现场和村民日常生活的场景中，但"造点"的逻辑延续到基层应对上级检查考核的过程。尤其是这样一个已经成为典型、亮点的示范点，甚至村民的参与也成为乡村干部迎检准备工作中"现场"结果的再造和管理。

总的来看，如同为了应对上级检查而进行文本、数据材料的生产再造一样，乡村干部在迎接上级检查考核过程中也会进行治理结果的再造，包括项目园区的农作物补种、村容整洁的维护、道路的修缮甚至走访村民的说辞应对等。乡村干部利用其街头官僚的政策执行者身份，不仅能够在政策执行后期进行相应文本或数据结果的生产再造，也能够选择性地构造或呈现相应的政策执行"场景"，从而"顺利"通过上级政府"以点代面"的检查和抽查。同时，乡村之间又具有相应的分工和主次之分，即相对于精准扶贫当中其他政策执行工作相比，村干部明显处于检查考核的边缘，作为乡镇工作的协助者来进行，而乡镇干部既作为基层扶贫工作的主要责任者，同时也是目标责任管理责任制考核的对象，因而在对基层贫困治理结果的迎检宣传过程中更加主动、重视和紧张。虽然迎检的过程有乡镇、村庄以及村民的广泛参与和共同应对，但事实上其又悬浮于基层贫困治理的日常运作实践以及村民的日常生活，而呈现出典型事件过程中昙花一现的场景。乡镇干部将其视为一项重要的工作，进而花费大量精力进行政策执行"结果"的修饰和装点，在村庄这一政策执行空间内生产出一幅完满的工作场景。

四、本 章 小 结

基层乡村作为国家贫困治理的政策执行终端，是一系列政策行动者围绕贫困问题进行干预和互动的实践场域，也是检视和呈现国家贫困治理政策执行效果的舞台和空间。因此，来自国家和上级部门形形色色的检查、考核、评估、观摩等活动，在根本上都表现为基层乡村有关地方贫困治理过程和效果的全面或片面的展演或宣传。本章以岩村应对上级检查考核中乡村干部的行为策略为分析基础，阐述位于政策执行底端和一线的乡村干部，如何基于上级检查考核的工作要求，利用其街头官僚的自由裁量权对于政策执行当中文本、数据等材料进行生产再造，以及选择性的场景呈现或修饰，以呈现政策执行"现场"的结果，从而顺利通过上级政府"查看材料"和"现场检查"的检查考核工作。

从根本上看，岩村精准扶贫过程中上级部门对于基层乡村的检查考核活动，来自于国家行政管理的目标管理责任制这一制度形式，也是国家精准扶贫政策有关"精准考核"目标的要求。在中国独特的压力型体制以及政治锦标赛模式下，位于科层"金字塔"底端的乡镇政府及其村级代理人，对于迎检工作的高度重视以及迎检过程中充满非正式性、变通性和技术性的应对策略，已经成为一种较为普遍和常见的基层政治生态。以往研究对于乡村干部的"迎检游戏"及其运作的过程、产生的机制以及行动者的应对策略等都进行了广泛的研究，并提出从压力型体制、干部激励机制等制度性原因解释乡村干部的策略性行为。但事实上，岩村精准扶贫的迎检应对过程，则展示了乡村干部基于对政策执行"结果"生产再造的街头行政行为，以及在此过程中乡村干部不同角色分工和行为选择，即在应对上级有关精准扶贫工作"查看材料"及"现场检查"的目标考核过程中，乡村干部基于检查考核的"材料"和"现场"进行有准备的生产再造，以求在乡村扶贫工作及扶贫效果的呈现上，展示出符合上级考核要求的相应"结果"。与以往研究中有关基层政府在迎检中的"接待""陪同""摆平"甚至"诉苦"等检查过程中非正式的迂回策略不同，结果的生产再造没有试图通过改变相应的检查过程，或借用非正式关系软化检查情境进而改变相应的检查结果，而是在迎检的准备工作中按照检查考核的技术化要求，进行相应的补充、完善或检查考核现场的修饰和选择性呈现。总体上看，这些策略都是一种非正式的变通性行为，但前者来源于非正式的乡土规则或私人关系的应用，后者更多由于街头官僚所具有的地方性信息优势以及政策执行当中所形成的自由裁量权。与此同时，乡村干部在相应的材料生产或现场生产再造中，也具有不同的角色作用和行为选择，与乡镇主导的迎检过程相比，村庄干部显然扮演边缘化的协助者和参与者角色，这是国家目标管理责任制的制度性结果，同时也更加加剧了目标考核对于村民贫困治理实践生活的悬浮和脱离。村干部缺乏检查考核的责任利益关联，因而也淡化了相应的政策执行动力和激励。尤其是农村贫困治理的"造点"以及"亮点工程"树立以后，接待了无数次的检查、评估、考核的乡村干部，反而成为一种日常工作的常态。与高度紧张的迎检游戏不同，基层乡村干部的准备工作更像是查缺补漏工作的锦上添花，这也许是当前农村贫困治理高度政治化动员和运动式推进的附加效应，但也可能出现理性的表面化、地区之间的分化区隔，或为考核而扶贫、为精准而精准的政策偏离和目标置换。

第七章 结论与讨论

一、本书研究的基本结论

当前，在中国以精准扶贫为代表的农村贫困治理政策执行过程中，位于国家科层体制"金字塔"底端的乡镇干部以及村民自治组织产生的村庄干部，扮演了西方政策执行研究中经典的"街头官僚"角色。他们位于精准扶贫政策执行的一线和现场，与作为政策对象的村民进行面对面的接触和互动。其实际政策执行的结果，不仅决定了国家政策目标的实现程度，也直接影响到村民对国家和政府的评价和看法。本书从乡村干部的行动者视角出发，以国家贫困治理的精准扶贫政策在乡村社会的执行实践为切入点，基于西方政策执行的街头官僚理论以及社会学有关互动、场景的理论和概念，将街头官僚的身份属性扩展到政策执行中流动的、暂时性的"街头"行政空间以及与政策对象面对面的、直接的互动关系，从而构建了扩展的街头官僚分析框架，即兼具街头性与官僚性身份、面临科层组织和乡土社会双重空间、正式互动与非正式互动并存的中国式街头官僚。以中国西省河乡岩村的精准扶贫政策执行为分析个案，借用行动者为导向的研究方法，研究展示了乡村干部在贫困人口识别、扶贫项目实施以及应对上级检查考核过程中，基于贫困治理规则、场景以及呈现结果的生产再造，而产生的行为选择和行动策略，并对乡村干部的行为进行系统分析，以此观照国家贫困治理的乡村实践形态以及基层运作模式，形成了以下研究的基本结论。

（一）贫困治理政策实践与街头官僚行动：规则、场景、结果的生产再造

按照国家贫困治理的行动体系和制度实践，中央负责有关国家扶贫开发政策的顶层设计和资源分配，由各级地方政府承担各自区域内的政策制定完善、指标和资源分配，以及运作管理过程中的监督评估等相应职责。而位于国家科层体制"金字塔"底端的乡镇政府及其权力延伸的村民自治组织，无疑成为贫困治理政策执行和落实过程中最主要的基层行动者。在贫困治理终端及政策实践场域的乡村，乡村干部的政策执行行为和执行结果，在一定程度上决定了国家贫困治理目标的实现程度。在中国独特的压力型体制下，精准扶贫的政策过程经历了目标任务的层层传递和逐级加码，这一上升到国家政治任务的精准扶贫运动无疑也成为基层乡村的中心工作和政治任务。在此背景下，岩村及其所在的河乡领导干部通过驻村包村等形式进入到村庄政策执行的一线和现场，与其权力延伸的村庄干部一起，开始作为政策执行前端、与村民面对面直接接触的乡村"街头官僚"，参与到贫困人口精准识别、产业扶贫项目实施以及应对上级检查考核等相应的活动过程中，并与"在场"的国家领导人、上级政府代表以及广大村民一起，构成村庄政策实践场域的重要行动者。

具体来看，在岩村精准扶贫的贫困人口识别过程中，乡镇政府按照国家及上级政府的要求，制定了乡村贫困人口识别的具体标准和流程，突出贫困人口公开评审、建档立卡数字化管理等国家贫困治理的参与性、技术化和精细化特征，以及压力型体制下各级政府将国家扶贫目标转换为政府工作任务，对其完成时间、完成质量、相应材料收集等具体性工作要求的强调，并依循科层组织结构的行动要求，形成了村庄贫困人口识别的相应文本性规则。在村庄实践层面，由于受乡土社会人情网络的影响，贫困人口民主评议过程中出现了"选亲未选贫"的意外性政策后果。为此，村组干部在具体操作中不得不进行相应的自由裁量，通过治理规则的再造，摒弃或象征性地执行上级的相应程序性要求，而在实践过程中采取另外一套由村组干部个人推选、更为"有效"的识别方式。乡镇干部实际上默许并认可了村干部的规则再造行为，并在贫困人

口的建档立卡管理过程中，由"指导者"跃升为"主导者"，以弥补村组干部精准识别工作过程文本化、数据化的能力缺陷，确保精准识别管理工作的"有理有据"。在此过程中，乡村干部基于其街头官僚的多重身份以及街头行政的空间特征，进行国家贫困治理政策文本规则的再造，从而在乡村干部协作下，"不合法"地产出了更为"合情、合理"的识别结果。在岩村以扶贫项目推进精准扶贫过程中，为推进项目实施中土地流转和项目区违种问题的解决，乡镇干部主动进入农户日常生活，利用其"国家干部"和"明白人"的身份以及面对面互动关系的建构，通过算账等理性行动场景的生产，引导农民"自愿"同意土地流转。在解决项目区违种问题的拔苗行动中，村组干部则通过"换村拔苗"的政策执行方式，构建一种陌生化的政策执行场景，从而规避来自村庄的熟人关系，以及附着其上的传统道德评议和舆论压力，"顺利"完成了上级政府下达的政策任务，即乡村干部制造相应的执行场景，通过讲道理、规避熟人关系等变通性策略推进政策任务的执行。在应对国家和上级政府对政策运行的检查考核过程中，乡村干部则致力于村庄政策执行实践中"呈现结果"的生产再造。一方面，在上级检查前突击补充和完善相应的文本和数据材料，另一方面则是在贫困治理的现场进行查漏补缺、锦上添花，并在迎检过程中有选择性地进行现场场景的呈现。可以说，自由裁量能够从宽泛意义上概括乡村干部的政策执行行动。但实际上，乡村干部更是基于其兼具街头性与官僚性身份、面临科层组织和乡土社会双重空间以及正式互动与非正式互动并存的街头官僚特征，有选择地进行相应的自由裁量，从而表现出富于变通性的执行行为和行动策略。

由此，本书将精准扶贫的政策执行与乡村干部的街头官僚行动相结合，展示了乡村干部作为基层政策执行者的实践行动和行为策略。村庄精准扶贫政策执行过程中，乡村干部作为基层政策执行网络的重要行动者，主导并参与了精准识别、精准实施以及精准考核等一系列政策过程，并在科层体制以及乡村共同体共同形塑的行动情境中，利用其街头官僚的身份、政策执行空间以及与政策对象面对面的直接互动关系，对贫困治理过程中的规则、场景以及呈现结果进行相应的生产再造，从而推进国家贫困治理目标以及上级政策任务的实现和完成。

(二) 基层贫困治理的运作形态：任务性扶贫与变通性执行

通过上述对贫困治理政策执行实践以及乡村街头官僚行动的分析，我们亦可以管窥基层以任务性扶贫为表征的贫困治理形态，以及乡村干部基于街头官僚行动进行的变通性执行策略。

在中国国家主导的农村贫困治理进程中，中央政府提出精准扶贫的战略政策以及相应的贫困治理目标，并通过科层体制内自上而下的政策传递和地方性建构，形成基层乡村有关贫困治理运动的行动脚本和规则内容。与此同时，纵向的压力型体制以及横向政治锦标赛模式下，国家贫困治理的目标也逐渐被转换为基层政策执行的具体工作任务。在此过程中，乡镇作为中国行政管理体制的最低一级，自然被纳入国家贫困治理的政策行动体系，并在中国特殊的乡政村治模式下，将作为自治组织的村民委员会纳入乡镇精准扶贫的政策执行行动，成为基层政策实践的重要参与者和行动者。按照奥斯特罗姆的制度分析与发展框架，政策行动者、规则体系以及行动所属的共同体结构和资源，共同构成了政策行动的舞台，而规则体系、共同体结构及资源则构成政策执行的行动情境。① 因此，处于国家和农民联结点的乡村社会，形成了精准扶贫政策执行的特殊场域，并由于乡村干部所属行政科层体系与乡土共同体单元的双重结构面向，而形成特殊的行动情境。在此行动情境下，乡村干部的政策执行行动既包含贫困治理的国家逻辑，又具有典型目标——任务取向的科层逻辑，以及村庄非程式化乡土社会逻辑的影响。正是由于基层贫困治理行动情境的特殊性，以及乡村干部具有的多重行动逻辑，催生了乡村干部街头政策执行中基于规则、场景以及结果生产再造的自由裁量，进而形成了基层贫困治理以任务性扶贫为表征的基本运作形态以及乡村干部的变通性执行策略。

从岩村精准扶贫的政策实践来看，在国家和上级政府部门的要求下，乡镇

---

① ［美］埃丽诺·奥斯特罗姆著：《公共事物的治理之道——集体行动制度的演进》，余逊达、陈旭东译，上海：上海三联书店 2000 年版，第 75 页。

一级组建了相应的精准扶贫工作组，负责制定本级有关精准扶贫的实施方案和工作要求，延续了国家贫困治理运动的目标治理和技术治理特征。事实上，乡村干部在进行贫困人口识别、产业扶贫项目推进以及应对上级检查考核过程中，突出了国家治理目标、科层组织目标以及乡村社会发展目标等多重目标的碰撞。如精准识别过程中，乡村干部要按照相应的政策，完成文本性规则规定的工作程序和步骤，还要实现国家精准扶贫的治理目标；在扶贫项目推进过程中，既要顺利推进国家有关"通过产业发展脱贫一批"的精准帮扶目标以及地方产业发展目标，又要力求"做大、做强"规模化现代农业，以及地方政府打造"扶贫亮点工程"的政绩效应，并兼顾政策推进中的农村稳定与乡村秩序；在应对上级检查考核过程中，乡村干部则着重强调文本、数据材料的完整性以及贫困治理现场的结果性。然而，在国家贫困治理、政策执行任务以及乡村稳定发展的多重目标下，乡村干部显然更加倾向于首先完成政策执行任务，并在不同行动情境下产生了目标——任务取向的任务性扶贫治理形态以及变通性执行策略。

可以说，基层贫困治理的任务性扶贫取向，是乡村干部基于压力型体制以及地方政治锦标赛模式下推进贫困治理运动的产物。虽然国家试图将精准扶贫的贫困治理目标，纳入科层组织政策执行的目标任务中，通过相应官僚组织成员的行动，实现国家贫困治理目标的村庄生产。但在政策传递和地方性建构，尤其是层层加码的指标、任务分配过程中，扶贫政策本身被附加了更多的政策执行任务。精准扶贫在基层实践中成为一项重要的工作任务，其实现与否及实现程度不仅关乎国家贫困治理的目标达成，也通过相应的责任——利益关联而影响到多级政府的政绩目标和官员个人利益。从一定程度上看，国家贫困治理的技术治理和精准化要求，以及目标管理体制的严格考核在一定程度上反而更加导致了基层扶贫的任务性特征。一方面，伴随精准扶贫的推进，上级有关乡村精准扶贫政策执行的检查考核更加频繁和严格；另一方面，基层乡村则因而更加突出贫困治理结果呈现的生产再造，即致力于政策执行过程的文本化、政策执行的数据化和现场化努力，从而忽视了贫困治理的发展目标，陷入贫困治理内卷化的泥淖。与此同时，乡村干部所处的村庄社会，基于血缘、亲缘、地缘性基础形成的熟人社会团体格局及其村庄伦理道德取向，既构成政策执行一线乡村街头官僚的地方性知识，也对其行为策略产生一定的影响和制约，由此促生了乡村干部"正式权力的非正式使用""治理的韧性"等变通性策略手段得以实施的社会基础。

因此，在村庄这一基层精准扶贫政策执行的实践场域，国家贫困治理、科层组织的政策执行以及乡村社会的稳定发展等多重目标相互交织，制度化的管理规则与非制度化生活经验之间相互牵制与重构，进而形成了任务性扶贫的基层贫困治理形态，以及乡村干部的变通性执行策略。从国家的视角来看，精准扶贫的政策实践是国家扶贫话语建构，以及自上而下治理目标和政策传递的过程，并伴随地方政府的层层加码、考核监督等目标管理机制；从乡村的角度来看，则是以乡镇干部为主的基层政策执行网络，自下而上完成相应政策任务的执行过程。尤其在当前中国贫困治理的话语实践当中，国家不断强调精准扶贫、精准脱贫的目标实现。一方面，这些促进了基层乡村干部政策执行过程中的灵活、创新和变通，产生了诸多具有可复制性和可推广性的政策执行创新，并实现了国家精准扶贫的顺利推进；另一方面，在政策传递过程中，国家贫困治理的目标逐渐被转化为政策执行的任务性目标，特别是政策执行过程和效果的基层展示和宣传过程，将很有可能造成基层政策执行追求国家治理目标的"形式合理性"，而忽视"过程合理性"以及"实质合理性"，使得最后的精准扶贫演变为基层生产再造形成的文本、数据等材料以及治理现场的选择性呈现。

（三）本土化语境下的街头官僚：乡村干部政策执行差异及其互动关系

作为国家贫困治理行动的基层空间以及政策执行的终极对象，乡村社会无疑也是国家、地方政府、基层乡镇、村级组织以及村民等多元利益主体互动博弈的行动舞台。在中国独特的基层治理生态下，一般很难将乡镇干部与村级干部进行明确的角色和行动划分。一方面，乡镇政府往往将科层组织的目标管理责任制复制到乡村关系中，并基于国家正式权威以及对乡村发展资源的分配权力，形成村级组织对乡镇政府的从属和依赖；另一方面，乡镇及村庄干部大多与乡村共同体社会具有千丝万缕的关联，乡村干部之间也存在着大量非正式交往关系，这种交往关系和交往模式也会影响到正式的政策执行过程和执行行动。本书指出了在以乡村干部为实际行动者的基层政策执行过程中，产生了任务性扶贫的贫困治理形态以及乡村干部的变通性执行策略。

事实上，由于基层乡镇政权的复杂性及其与村民自治组织的特殊关系，乡镇与地方政府、国家权力以及村庄社会等相关概念性主体之间，存在一种模糊的界定和区分，乡镇政府时而被作为国家权力的代表被纳入地方政府层面，时而又被作为乡村基层组织而与村民自治组织的村委会混为一谈。基于本书，乡村干部不仅是具体的政策执行者，同时也代表了国家权力进入乡村社会与数量众多且又高度分散的小农相对接，并进行相应贫困治理问题的关键性媒介。与理论研究中的乡村干部形象不同，乡村干部并非以与村民关系疏远的陌生化形象呈现，或扮演损害农民利益的"剥夺者"角色。在岩村精准扶贫的政策实践中，乡镇以及村庄干部同样作为政策执行前端的街头官僚。虽然乡镇干部具有国家行政管理官员的身份特征，但其政策执行的空间则是与其具有广泛关联的乡村社会且在具体政策实践中，往往也需要建立与村民政策对象面对面的直接性互动关系。在政策执行过程中，乡村干部展现出与西方街头官僚不同的行为特征，即中国的乡村干部虽然在政策执行的一线性、现场性特征方面，与西方街头官僚一致，但他们在政策执行的自由裁量权方面存在显著差异。中国式街头官僚的自由裁量行为更多存在于政策执行的过程中，并在结果上追求尽量与政策要求相一致，其行动的逻辑不仅仅是出于追求工作容易以及规避风险，而是在于迎合和完成上级要求的政策目标和工作任务，更多是一种任务导向型的自由裁量，而非个体利益导向的自由裁量，甚至并非是在执行困境中产生的被动性行动，有时也是一种街头官僚主动性的策略选择。同时，乡镇街头官僚与村庄街头官僚在行为逻辑和具体策略上也存在明显的差异和分工协作。这些构成了中国本土语境下乡村街头官僚的独特特征，也是基层政策执行的复杂行动情境所形塑和产生的结果。

具体来看，作为科层组织结构的一员，乡镇干部在村庄贫困治理过程中往往更偏重于实现上级有关政策执行的任务和工作安排，因而在执行过程中突出表现为对贫困治理结果进行生产再造的自由裁量，以及管理型的街头官僚行动。如贫困人口识别中，乡镇主要负责按照上级部门要求，形成有关村庄精准识别的技术规则和实施方案，而对识别结果的精准性要求使得村庄干部成为精准识别的关键，进而产生了村庄干部的规则再造行为，而乡镇干部则对此进行选择性的忽视和结果默认。在扶贫项目推进过程中，项目发展的"规模"迷信以及上级政府"制造政绩""打造亮点"的行为逻辑，使得乡镇干部以产业项目"做大做强"为主要任务目标，因而在征地改种过程中既能够借以干部"理性人"的身份特征，通过"理性"场景的构建实施"柔性"执行策略，又能够以行政命令的形式强制性地执行项目区的禁种政策，而村庄干部在执行上级任务的同时则必须考虑村庄共同体内的熟人社会关联和伦理舆论压力，从而采取"换村"拔苗的变通性策略。在面对上级政府检查考核的过程中，乡镇再次成为政策实践的主导者，并突出对于贫困治理结果的生产再造，扮演管理型街头官僚的角色；而村组干部则退居相对边缘的位置，承担协调性的辅助工作。可以说，乡村干部共同参与的政策执行过程中充满了正式规则与变通性执行策略、行政化和去行政化行为取向的相互交织和共存。

由此，我们可以看出乡村干部在政策执行过程中的行动差异以及相应的协作分工，并以此总结中国本土语境下乡村干部在政策执行中所具有的不同的街头官僚特点，即注重政策执行结果并主要进行结果裁量的乡镇街头官僚，以及注重政策执行过程并主导过程裁量的村庄街头官僚；追求"做好事情""完成任务"的管理型乡镇街头官僚以及追求"好做事情"的过程型村庄街头官僚，这些将对于西方街头官僚理论中的分类研究以及本土化探索，提供新的研究材料和基础。

同时，乡村街头官僚的政策执行差异也是由乡村干部面对的不同政策执行情境所决定的。科层组织体制内的乡镇干部，往往更加注重目标任务完成取向下将事情做好，而村庄干部则主要是在乡镇干部的授意下进行政策的执行，其行为具有非程式化、非正式性特征，在政策执行过程中更加追求事情的简化和容易，并且作为乡村共同体社会的一员，乡土社会的熟人社会关联，以及村庄公共伦理规范不仅构成其政策执行当中的"地方性知识",同时也构成其行为选择和行动策略的非正式规制和压力。因此,村庄干部囿于其所在的村庄共同体特性,不仅会选择有效规避相应的传统乡土性要求,也会在自由裁量过程中产生相应的自我利益倾向。

因此,从基层政策执行中的行为选择和行动逻辑来看,乡村干部具有一定的行为差异,但从另一层面讲,这种差异又是从基于乡村干部之间的互动中产生的。与其说乡村干部政策执行中存在差异性的角色分工,不如说是二者基于共同完成上级政策执行目标任务而进行相互协作的行动建构,是乡村街头官僚面对贫困治理日益精准化、技术化的要求,从而对乡村治理结构和政策执行结构所做的一种适应性变通和调整。一方面,基于国家对贫困治理工作的重视和加强,乡镇政府围绕这一中心工作进行执行策略的适应性调整,即伴随精准扶贫的技术化和精准化治理取向,以及大量政策、项目资源进村,国家试图加强与村庄的联系及其参与贫困治理的能力;另一方面则是在悬浮型政权背景下,基层政权与村庄社会的关系渐趋疏离,乡村干部亦需要借助熟人社会关系、村庄道义伦理等非正式的乡土文化网络,使得来自国家和地方政府的政策规定以一种乡土社会普遍认同的方式得到贯彻执行,并重新将游离的乡村社会予以控制。由此,精准扶贫政策执行中乡村干部之间的互动和协作分工,事实上也将对于基层社会的乡村关系以及乡村治理产生重要影响,它既有可能激活和调动村民参与村庄自治以及公共服务供给的主动性,也有可能继续强化村庄干部以及乡村关系的行政化取向和利益关联。

二、本书的政策意涵

伴随国家精准扶贫政策的提出,各地贫困地区掀起了轰轰烈烈的精准扶贫运动。尤其是在贫困治理实践的空间场域以及政策执行终端的乡村社会,精准扶贫的政策执行成为贫困乡村基层干部的"中心工作"和"政治任务"。基于岩村精准扶贫的政策执行实践,我们看到了国家对农村贫困治理问题的高度重视,以及扶贫政策日益精准化、技术化的治理取向,同时也看到了位于政策执行一线的乡村街头官僚在执行过程中广泛的自由裁量，基于治理规则、场景和结果生产再造的变通性执行策略，以及由此而形成的任务性扶贫导向下的乡村贫困治理形态。换言之，乡村干部依循非正式的执行策略行为，在贫困治理的结果上达成了国家治理目标的"形式合理性"，而在一定程度上忽视了"过程合理性"以及"实质合理性"。但从政策执行的过程和实践结果来看，它又在一定程度上实现了国家提出的政策目标要求，看似不合理实则合理。但从长远来看，它既可能脱离于乡镇工作的日常，又可能悬浮于村庄脱贫发展的需求，或游离于上级检查考核的真实扶贫效果之外。在农村扶贫一片欣欣向荣、轰轰烈烈的运动式治理图景背后，隐藏着贫困治理目标置换或偏离的风险和可能。鉴于此，基于为更有效推进国家精准扶贫政策提供参考，从而助力国家贫困治理目标的真正实现，本书提出以下政策建议。

（一）明确乡村干部角色定位，打通扶贫政策执行的"最后一公里"

乡镇是中国科层体系最基层的政权组织机构，以村委会为代表的自治组织则是村民实现自我管理、自我教育与自我服务的基层群众性自治组织。由于中国独特的政治生态，基层乡镇政府与村民自治组织具有紧密的关联，共同构成基层贫困治理的行动网络。在国家贫困治理的乡村场域，乡镇干部以及村庄干部始终处于扶贫政策执行的一线和现场，并与作为政策执行对象的村民进行面对面的互动和接触，扮演了基层政策执行中的"街头官僚"角色。由于国家治理目标、政府政策文本统一性与地方乡村社会异质性之间的差异，以及基层政策执行行动情境的特殊性，乡村干部实际主导的扶贫政策执行过程中，产生了大量的自由裁量行为，包括本书中指出的乡村干部基于贫困治理规则、场景及结果的生产再造而产生的一系列变通性执行，不仅能够改变政策执行的文本规则、执行场景，也能够对政策执行过程记录和结果呈现进行一定的生产再造。可以说，作为基层乡村场域以及政策执行底端的实际执行者，乡村干部实际主导的政策执行行动将在很大程度上决定国家贫困治理目标的实现程度。

作为国家农村贫困治理的"最后一公里"，基层乡村场域的扶贫政策执行以及乡村干部的自由裁量行为一直以来备受国家和社会的关注。一方面，常有新闻媒体曝光各地乡村干部出现贪污扶贫款项、打造形象工程、强制推行项目建设等现象，研究者也从理论层面提出基层政策执行具有精英俘获、选择性执行、策略主义等特征，进而产生了扶贫政策目标在基层执行中的置换或偏离，影响国家贫困治理目标的有效实现；另一方面，基层乡村干部也是国家贫困治理工作方式和扶贫模式创新的基础和源泉。在政策执行的一线和现场，乡村干部的自由裁量行为创造了诸多具有创新性、可推广性、可复制性的扶贫理念和工作方法，为中国本土化农村扶贫开发道路的发展贡献了丰富的理念和实践素材。结合本书，凸显国家贫困治理精准化和技术化治理取向的精准扶贫政策在基层乡村的运作过程中，其政策文本及其所要求的技术规则和执行程序，在实际执行中遭遇到乡土社会逻辑的影响和压力，如"精准识别"的民主评议在村庄强社会网络影响下，出现了"选亲而未选贫"的尴尬性"意外后果"；精准帮扶则在基层执行过程中出现了政策项目的完全代入以及基层"规模化""做大做强"的项目迷信，偏离村民脱贫发展的需求而在具体执行中遭遇村民阻力；甚至国家"精准考核"也成为乡村干部孜孜以求进行的文本、数据或现场等"结果"的生产再造，进而出现为精准而精准、为扶贫而扶贫的政策执行变异以及贫困治理的内卷化。虽然乡村干部基于其街头官僚的政策执行行动，有效化解、利用或规避了乡土社会对于政策执行的影响，从而推进政策工作的顺利进行。但从长远来看，这一上升到国家政治任务的贫困治理运动在成为地方中心工作过程中，将很有可能在具体运作中成为国家和地方政府主导的一场表演性治理。因此，打通国家农村贫困治理的"最后一公里"，有效推进以精准扶贫政策为核心的农村扶贫开发，有必要明确乡村干部在此过程中的角色和定位，有效约束其政策执行中产生的不当自由裁量，充分发挥其街头官僚政策执行的正向功能和作用。

实际上，在中共中央办公厅、国务院办公厅最新出台的《关于加强乡镇政府服务能力建设的意见》中，国家已经提出加强乡镇服务能力建设、促进乡镇职能转变以及推进乡镇治理体系和治理能力现代化的重要要求。特别是提出将农村扶贫开发、扶贫济困等任务列入乡镇公共服务事项目录，进一步凸显乡镇在国家贫困治理体系中的重要位置和作用。而事实上，增加乡镇在农村贫困治理等方面的服务管理权限、减少上级政府转嫁下派工作任务以及合理划分县乡财政事权和支出责任等要求，也将逐步改善当前基层乡村政策执行的行动情境。此外，结合乡村干部在基层精准扶贫政策执行中的行动过程和行为策略，应重视其街头官僚的行为特征，在国家和地方政府有关扶贫政策的设计完善过程中，促进和增加乡村干部在此过程中的参与性，发挥其街头官僚的现场性、一线性以及与政策对象长期互动而形成的地方性知识优势，提高扶贫政策及其规则程序设计的乡土适应性，将农村政治社会生态、地方性知识对政策执行的影响纳入政策制定考虑的因素，并适当关注政策运行的真实情境及互动结构，提高政策的乡村适用性。

（二）尊重扶贫对象的主体地位，提高村民参与贫困治理的主动性和决策能力

从农村贫困治理的政策对象看，其专门指向特定的贫困人口。但事实上，贫困治理往往是以村为单位进行的，无论是贫困人口的识别瞄准，还是扶贫资源的分配以及扶贫项目的实施，往往是在整个村庄范围内，作为一种集体性行动而存在的。因此，村庄是国家贫困治理政策执行的基本空间和实践场域，围绕扶贫政策的执行，来自不同工作结构的行动主体在村庄范围内形成各式各样的互动、场景、事件和过程。它既是一个从政策提出、宣传到执行以及评估检查的政策过程，也是农民与作为主要政策执行者的乡村干部进行面对面接触和互动的生活日常。农民扶贫脱贫的结果亦不仅仅止于相应的数字生产，而是持续性的收入增长和生计改善。精准扶贫政策提出以后，国家提出"扶贫到户、精准到人"的政策要求，但除了一部分现金形式发放的补贴是以具体的贫困户、贫困人口为分配主体以外，大部分扶贫政策和资源仍以扶贫项目的形式进入村庄，并以整个村庄为治理单元进行具体政策对象的识别、瞄准以及资源项目的分配和实施。可以说，在国家和地方政府大规模推进的贫困治理运动中，贫困治理成为地方各级政府的"中心工作"，并在目标管理责任制形式下进行目标提出、目标分解、目标考核等一系列具体的程序和过程。而个体的农民被裹挟其中，国家贫困治理与其日常生活并存。

本书虽然没有将农民作为主要的行动主体进行专门性的分析，但在分析阐述中无不彰显和体现出农民及其行动的身影。他们参与村庄贫困人口精准识别的评选过程，在项目推进过程中坚持个体的一套行动逻辑和理性算计，并对上级检查考核以及国家扶贫政策持有自己的评价和判断。于国家和地方政府而言，农村贫困治理或者说精准扶贫政策的执行，是一种政治任务或政府行动的建构；而对于普通村民而言，则是其进行家庭资源配置、获取经济收入、提高生活水平、实现脱贫致富的梦想和生活日常。虽然在以基层乡村干部为主导的政策执行过程中，存在乡村干部与村民的广泛而多样化的互动行为，但这种互动更多的是乡村干部基于政策执行的顺利推进或政策结果的有效呈现而主动生产或制造的，对于农民个体的利益和诉求则缺乏相应的倾听和回应。一旦有农民提出相应的政策质疑时，他们会以国家政策要求的规则和身份权威予以解释；当农民不愿配合时，他们也会采取各式各样的柔性或强制策略，转变个体农民的行为模式或规避与之产生的冲突。贫困人口更多被作为扶贫政策执行的对象、脱贫攻坚任务的对象、结对帮扶工作的对象而非需要扶持和帮助的、具有发展意愿的行动主体。由于上级压力型体制的要求以及精细化治理手段的加强，农村贫困治理甚至演变成为一种规则、场景与结果生产再造的政府行为过程。在此过程中，农民的参与仍然是一种形式性参与或被动性参与，甚至其本身也成为地方表演性治理的一部分，成为贫困治理结果呈现的场景或道具。

因此，从这一政策现象进行反思，国家和地方政府应在农村贫困治理的政策执行过程中，提高贫困人口的参与性和决策能力，真正将农民作为减贫发展的主体，而非单纯的政府执行对象或扶贫任务对象，真正进行以人为本的农村贫困治理，鼓励和回应农民政策执行过程中产生的诉求和愿望，从而提高扶贫政策执行的有效性以及农村贫困治理的可持续性。

（三）改善基层考核激励机制，提高乡村干部的贫困治理能力

基于政策执行目标的考核是国家目标管理责任制制度形式的核心内容。可以说，考核是政策执行的"指挥棒"和"风向标"，国家对贫困治理的考核内容很大程度上将决定乡村干部精准扶贫政策执行工作的重点和方向。在精准扶

贫政策体系中，国家提出精准考核的重要内容，旨在对贫困户和贫困村识别、帮扶、管理的过程和成效，以及贫困县开展扶贫工作情况进行相应的量化考核，以推进国家精准扶贫政策的有效落实。由此，国家和各级政府都提出将提高贫困人口生活水平和减少贫困人口数量作为主要考核指标，逐步建立起以考核结果为导向的激励和问责机制，并根据考核和评估结果进一步改进和完善当前精准扶贫的工作机制。

案例村庄在精准扶贫政策执行的迎检宣传过程中，尤其突出了乡村干部任务性扶贫的工作导向。针对上级检查考核的内容和形式，乡村街头官僚致力于贫困治理结果呈现的生产再造，包括政策执行过程中一系列文本、数据性的材料呈现以及扶贫项目和扶贫效果的现场完善。可以说，整个基层贫困治理行动是以国家和地方政府的政策执行任务为导向的。在此过程中，地方政府和基层乡村干部逐渐将国家贫困治理的目标演变为政策执行任务的目标，从而产生了一系列街头官僚的变通性执行策略和执行行动。对乡村干部而言，检查考核不仅是对其政策执行工作情况的考察，也关乎上级政府对地区发展的认可和评价，以及个人荣誉、晋升、物质奖励或相应的负向激励内容。因此，在压力型体制以及地方政府锦标赛模式下，基层乡村干部不得不进行考核结果的生产再造，并将科层体制的目标管理责任制复制到乡村关系当中，从而合力实现上级政府规定的相应考核指标。同时，与乡镇干部相比，村庄干部则在迎检宣传过程中扮演了边缘性的参与者角色。他们主要按照乡镇干部的工作要求，做好村庄环境维护、秩序稳定以及通知村民等辅助性的工作，甚至不参与迎检宣传的场景和现场。而事实上，村庄干部在政策执行过程中扮演了重要角色，其工作内容与考核激励的不对称，也在一定程度上影响了村庄干部参与村庄贫困治理的积极性。

检查、考核的目的在于实现国家贫困治理的目标，但在具体执行过程中则出现了为扶贫而扶贫、为精准而精准的任务性扶贫取向。因此，未来扶贫政策执行过程中还应改善当前干部考核激励机制，增加贫困村民的参与性评估以及村庄干部的激励，并减少相应的文牍政治或材料治理，从而真正解放乡村干部，使其致力于实实在在的村庄精准扶贫工作，而非进行治理"结果"呈现形式的生产再造。

三、未尽的研究话题

（一）扩展的街头官僚抑或"田间干部"：乡村干部的再认识

街头官僚理论是西方政策执行研究中重要的理论内容，并在 20 世纪 90 年代被引入中国。目前，国内有关街头官僚的研究主要是基于乡镇干部、村庄干部、城管等基层一线政策执行者进行的研究，主要从街头官僚的自由裁量权方面解释政策执行中出现的偏差或变异现象。在本书中，基于街头官僚政策执行的空间性特征以及与政策对象的特殊互动关系，笔者将街头官僚的概念进行扩展，从而形成了兼具街头性与官僚性身份、面临科层组织和乡土社会双重空间以及正式互动与非正式互动并存的中国式街头官僚。

从乡村干部的身份属性看，中国村庄干部特有的行政化或半行政化取向，及其与乡镇干部之间的责任和利益联结，使其本身也具有相应的官僚权威色彩。二者又与乡土社会具有千丝万缕的关联，因而在政策执行中具有官僚性和街头性的双重身份特征。在政策执行的空间层面，乡村街头官僚的执行空间位于乡村基层社会，它不同于西方理论中政策主体与政策对象偶然相遇的、流动的、暂时性的街头空间，中国的乡村社会是相对固定的、封闭的，并具有熟人社会关系，同时又与乡镇干部及其面临的科层制组织结构紧密相连，因而其行动情境具有乡土社会与科层组织的双重特点。在政府执行者与政策对象的关系方面，它也不仅仅存在西方社会政策执行者与社会公众或服务者与服务对象的关系，也存在着乡村干部个体作为村庄共同体成员与村民的关系以及作为国家干部与政策对象的多重关系类型。因此，中国式乡村街头官僚的政策执行行动，在突出政策目标取向的同时，也存在相应非制度性的、非程式化的行为方式。与西方街头官僚自由裁量的经典理论议题不同，在中国政策执行中，自由裁量恰恰不是最为突出的一点，中国乡村街头官僚受到国家行动逻辑、科层组织逻辑、乡土社会逻辑以及多重共同体属性的制约，与西方社会追求政策执行过程容易、简单的自由裁量行为不同，其追求做好事情、完成上级目标、维系社会关系等多重行动目标。

同时，与以往研究认为乡村干部在经济社会发展过程中逐渐疏离于国家和社会，具有独立利益取向的双重身份经营者①，或行政管理系统与村民自治系统的中间边际人②观点不同，本书展示了乡村干部在政策执行当中强大的政策执行力，尤其是国家政治任务导向推动下精准扶贫政策的乡村实施，基层政府不仅对村庄精准扶贫、精准脱贫负有直接责任，同时也在政策实践过程中进行了直接性的参与和行动，在密切其与村庄干部关系的同时，重新进行了乡村干部的分工以及自由裁量权的分配。可以说，精准扶贫的运动式治理极大地促进了基层乡镇乃至村级组织的活跃度，使其日益悬浮的角色得到改善。无论是国家派驻的驻村干部、第一书记等，其都要借助于乡村干部的有效指引和引介，而大量的政策执行任务和项目实施、资源分配都有赖于乡村干部的参与和推进。但与此同时，在任务性扶贫指引下，乡村干部不得不花费大量精力应对上级形形色色的检查、考核、评估、观摩、调研等活动，使得乡村干部在一系列政策的执行中以国家贫困治理所要求的数据、材料、现场展示为旨归，并试图通过其街头官僚身份以及街头行政的空间和互动关系，进行相应的自由裁量式变通。一方面，这种变通不适用于将乡村社会的政策执行规则改造为更加实际的操作规则，从而实现国家治理的拨乱反正；另一方面，也利用相应的自由裁量进行文本、数据材料的生产再造以及现场的选择性呈现，这无疑会影响到政策执行的真实效果，并脱离于村民扶贫脱贫的日常。

从研究来看，囿于个案的单一性和选择性，岩村精准扶贫政策执行行动中的乡村干部不足以代表普遍性的乡村干部的形象和特征。同完整的政策执行过程展示不同，本书亦没有进行完整性、持续性的政策跟踪和观察，而是选取其中带有典型性的事件和过程，以"碎片化的故事"分析阐释了乡村干部在政

---

① 张静：《村庄自治与国家政权建设》，载中国社会科学院社会学研究所编：《中国社会学·第一卷》，上海人民出版社 2002 年版，第 142~172 页。

② 王思斌：《村干部的边际地位与行为分析》，载《社会学研究》1991 年第 4 期。

策执行中的行动和策略，难免带有一定的局限性。但基于身份、空间以及互动关系的扩展的街头官僚视角，揭示了乡村干部在政策执行尤其是变通性政策执行策略背后所隐蔽的行为特征，也能够对于乡村干部研究提供相应的分析资源和基础。然而，如同任何西方理论的本土化或适用性争议一样，西方街头官僚理论有其产生发展的社会历史背景，并且在概念意涵上更加倾向于城市社会进行政策执行的一线官僚、街头行政人员，而中国乡村干部显然具有与此不同的政策执行情境，并在本书所展示的政策执行过程中产生了独特的行为方式和自由裁量选择。与其说是一种基于流动的、开放的"街头"空间进行政策执行的"街头官僚"，"田间干部"这一概念似乎也能够概括中国农村社会政策执行一线的基层乡村干部。虽然说在概念的使用上仍存商榷，但基于身份、空间以及互动关系进行阐释的"街头官僚"分析框架，无疑可以为理解基层公共政策执行中的乡村干部提供相应的研究启示，而如何基于这一分析视角，或一般基层治理或其他观察事件的切入点，提出更富于概括性和普遍性的研究概念，丰富和深化对于中国乡村干部的认识和理解，是未来开展进一步研究的可能的主题和方向。

（二）后扶贫时代贫困治理与乡村治理的关系讨论

在中国三十多年的农村贫困治理制度化进程中，逐渐形成了以扶贫开发政策安排和扶贫政策执行为基础的农村贫困治理形式。从国家到乡村社会，中国形成了自上而下的政策执行网络以及行动体系，包括国家顶层政策的设计和完善，从省级到县乡的地方性政策制定和细化，乡村具体执行者、农户家庭及村民等各式各样的参与主体。同时，国家适时提出精准扶贫的政策安排作为当前及未来一段时期中国农村贫困治理的主要制度形式，并将精准扶贫、精准脱贫上升至国家政治任务的战略高度，开启了精准扶贫的运动化治理进程。大量政策、资源、项目以及扶贫组织机构和干部主体进入乡村基层社会，各地贫困村掀起了轰轰烈烈的贫困治理实践。

对贫困村而言，以精准扶贫为代表的贫困治理不仅是其实现 2020 年国家剩余贫困村全部脱贫目标的重要实践形式，也是其当前乡村治理的基础和主要内容。尤其是在精准扶贫政策执行过程中，基层乡镇政府以及村级自治组织的广泛参与，极大地增强了乡村干部的政策执行能力。由于精准扶贫政策的精准化、技术化治理取向，国家科层治理的程式化、专门化特征开始向村庄政策执行的过程下移。在精准扶贫政策执行过程中，不少贫困村由此建立了专门的村庄活动室，并积累了一定村集体发展资金，开展了一定的村庄公共服务和公益建设。尤其是大量扶贫工作事务的产生，有效推进了村干部的专业化和职业化水平。在岩村，自 2012 年建立村活动室以后，村干部有了固定的办公场所，由此也明确了相应干部的职能和责任分工，村民会议也有了具体的场所，而不再以以往的田间地头、屋场会等非正式形式进行，村庄治理在形式上更加趋向制度化和规范化，科层组织的职能分工、组织纪律规训等逐渐开始进入以村干部为主导的村级治理过程，使之呈现出一定的制度化和规范性特征。虽然在具体的政策执行过程中，村干部的行为策略仍然表现为非正式工作手段的应用以及非程式化的工作方式，但以精准扶贫为代表的贫困治理无疑将对村庄基层社会治理产生更加深远的影响。

虽然各地贫困村在国家政治动员以及目标管理责任制下开展了如火如荼的精准扶贫政策执行实践，并以此加快了地区贫困人口脱贫致富的速度。但贫困治理是一项长期性和综合性的国家治理内容和治理实践，农村贫困治理不仅需要当前的精准扶贫、精准脱贫，更需要实现贫困人口稳定脱贫、实现家庭生计的可持续性改善和发展。因此，当前精准扶贫政策执行中产生的乡村干部行为及其所推动影响的基层治理取向，是否会在精准扶贫政策执行完成以后阶段持续或发展，或者伴随精准扶贫政策执行目标的完成，贫困村基层治理再次陷入沉寂或混乱，都将是 2020 年后中国农村贫困治理研究需要进一步思考和关注的问题。特别是党的十九大报告提出要实施乡村振兴战略，"坚持农业农村优先发展，按照产业兴旺、生态宜居、乡风文明、治理有效、生活富裕的总要求，建立健全城乡融合发展体制机制和政策体系，加快推进农业农村现代化。"可以说，乡村振兴是一个系统性工程，既包括经济、社会和文化振兴，又包括治理体系创新和生态文明进步，是一个全面振兴的综合概念。其中，夯实农村基层党组织建设，充分发挥村级党组织、村民自治组织和村集体经济组织的作用，实现农村组织振兴是乡村振兴不可缺少的重要部分，也是乡村振兴发展的基础和根本保障。习近平总书记在参加山东代表团审议时强调，要推动乡村组织振兴，打造千千万万个坚强的农村基层党组织，培养千千万万名优秀的农村基层党组织书记，深化村民自治实践，发展农民合作经济组织，建立健全党委领导、政府负责、社会协同、公众参与、法治保障的现代乡村社会治理体制。因此，后扶贫时代，实现乡村全面振兴、巩固党在农村执政基础、满足农民群众美好生活需要，必然要求进一步推进乡村治理体系和治理能力现代化建设。

同时，对基层乡镇政权及村民自治组织而言，它们作为国家科层体制的基层单位以及国家权力的村庄延伸，是国家贫困治理政策的实际执行者，同时也是各项国家和地方性公共政策、公共服务的落实者和具体提供者。在以精准扶贫为代表的贫困治理政策激发了乡村干部作为基层政策执行者和贫困治理行动主体的参与和作用，但其主要的作用和功能不仅仅在于精准扶贫政策的执行和落实，国家贫困治理实践对于基层乡村干部的影响，同样也对提高其未来乡村振兴阶段的基层治理能力产生重要的影响和作用。此外，由于本书观察个案的局限性，岩村在现时状态下的基层治理基本上是以贫困治理为主要形式和内容，这对于探讨贫困村基层治理与贫困治理的关系问题也具有一定的观察局限性。

因此，在以精准扶贫为代表的贫困治理政策执行过程中，贫困村基层治理与贫困治理的关系，特别是在未来乡村振兴战略实施阶段，当国家精准扶贫政策目标实现以后，国家扶贫政策执行将会对基层乡镇政府、村级组织建设以及乡村治理产生怎样的影响，乡村干部的政策执行策略以及乡村干部之间的协作分工关系是否会发生改变，如何推进乡村振兴过程中的组织振兴和基层治理有效，这些都将是2020年后中国扶贫开发以及脱贫攻坚与乡村振兴战略衔接阶段应进一步思考和研究的问题。

参 考 文 献

一、著作类

[1] [美] 多丽斯·A. 格拉伯著：《沟通的力量——公共组织的信息管理》，复旦大学出版社 2007 年版。

[2] [英] 安东尼·吉登斯著：《民族国家与暴力》，胡宗泽等译，生活·读书·新知三联书店 1998 年版。

[3] [美] 杜赞奇著：《文化、权力与国家：1900—1942 年的华北农村》，王福明译，江苏人民出版社 1996 年版。

[4] [美] 乔尔·S. 米格代尔著：《社会中的国家：国家与社会如何相互改变与相互构成》，李杨、郭一聪译，江苏人民出版社 2013 年版。

[5] [英] H. K. 科尔巴奇著：《政策》，张毅、韩志明译，吉林人民出版社 2005 年版。

[6] [英] 米切尔·黑尧著：《现代国家的政策过程》，赵成根译，中国青年出版社 2004 年版。

[7] [美] 詹姆斯·C. 斯科特著：《弱者的武器》，郑广怀等译，译林出版社 2011 年版。

[8] [美] 伯纳德·施瓦茨著：《行政法》，徐炳译，群众出版社 1986 年版。

[9] [美] 詹姆斯·威尔逊著：《官僚机构：政府机构的行为及其原因》，孙艳译，上海三联书店 2006 年版。

[10] [美] 查尔斯·T. 葛德塞尔著：《为官僚制正名——一场公共行政的辩论》，张怡译，复旦大学出版社 2007 年版。

[11] [美] 欧文·戈夫曼著：《日常生活中的自我呈现》，黄爱华、冯钢译，

浙江人民出版社 1989 年版。

［12］［英］安东尼·吉登斯著：《社会的构成：结构化理论大纲》，李康、李猛译，生活·读书·新知三联书店 1998 年版。

［13］［美］杜威著：《我们怎样思维·经验与教育》，姜文闵译，人民教育出版社 2005 年版。

［14］［美］詹姆斯·C. 斯科特著：《国家的视角：那些试图改善人类状况的项目是如何失败的》，王晓毅译，社会科学文献出版社 2012 年版。

［15］［德］马克斯·韦伯著：《支配社会学》，广西师范大学出版社 2004 年版。

［16］［美］埃丽诺·奥斯特罗姆著：《公共事物的治理之道——集体行动制度的演进》，余逊达、陈旭东译，上海三联书店 2000 年版。

［17］荣敬本、崔之元等著：《从压力型体制向民主合作体制的转变：县乡两级政治体制改革》，中央编译出版社 1998 年版。

［18］徐勇著：《中国农村村民自治》，华中师范大学出版社 1997 年版。

［19］金太军、施从美著：《乡村关系与村民自治》，广东人民出版社 2002 年版。

［20］阎云翔著：《礼物的流动：一个中国村庄中的互惠原则与社会网络》，李放春、刘瑜译，上海人民出版社 2000 年版。

［21］李培林著：《村落的终结——羊城村的故事》，商务印书馆 2004 年版。

［22］费孝通著：《乡土中国 生育制度》，北京大学出版社 1998 年版。

［23］吴重庆著：《无主体熟人社会及社会重建》，社会科学文献出版社 2014 年版。

［24］谢岳著：《当代中国政治沟通》，上海人民出版社 2006 年版。

［25］中国社会科学院社会学研究所编著：《中国社会学：第一卷》，上海人民出版社 2002 年版。

［26］杨善华著：《当代西方社会学理论》，北京大学出版社 2004 年版。

［27］周怡著：《解读社会——文化与结构的路径》，社会科学文献出版社 2004 年版。

[28] 胡伟著：《政府过程》，浙江人民出版社 1998 年版。

[29] 张静著：《基层政权：乡村制度诸问题》，浙江人民出版社 2000 年版。

[30] 风笑天著：《社会学研究方法（第三版）》，中国人民大学出版社 2009 年版。

[31] 李允杰、丘昌泰著：《政策执行与评估》，北京大学出版社 2008 年版。

[32] 张磊主编：《中国扶贫开发政策演变（1949—2005 年）》，中国财政经 济出版社 2007 年版。

二、期刊类

[1] 陈家建、边慧敏、邓湘树：《科层结构与政策执行》，载《社会学研究》 2013 年第 6 期。

[2] 贺东航、孔繁斌：《公共政策执行的中国经验》，载《中国社会科学》 2011 年第 5 期。

[3] 艾云：《上下级政府间"考核检查"与"应对"过程的组织学分析：以 A 县"计划生育"年终考核为例》，载《社会》2011 年第 3 期。

[4] 周雪光：《权威体制与有效治理：当代中国国家治理的制度逻辑》，载 《开放时代》2011 年第 10 期。

[5] 周雪光、练宏：《政府内部上下级间谈判的一个分析模型》，载《中国社 会科学》2011 年第 5 期。

[6] 周雪光：《基层政府间的"共谋现象"———一个政府行为的制度逻辑》， 载《开放时代》2009 年第 12 期。

[7] 吕方：《治理情境分析：风险约束下的地方政府行为——基于武陵市扶贫 办"申诉"个案的研究》，载《社会学研究》2013 年第 2 期。

[8] 陈家建、张琼文：《政策执行波动与基层治理问题》，载《社会学研究》 2015 年第 3 期。

[9] 徐勇：《"政党下乡"：现代国家对乡土的整合》，载《学术月刊》2007 年 第 7 期。

[10] 凌文豪、刘欣：《中国特色扶贫开发的理念、实践及其世界意义》，载 《社会主义研究》2016 年第 4 期。

［11］岳经纶、邓智平：《国家治理现代化离不开社会政策》，载《中共浙江省委党校学报》2014 年第 5 期。

［12］陈丽君、傅衍：《我国公共政策执行逻辑研究述评》，载《北京行政学院学报》2016 年第 5 期。

［13］胡业飞、崔杨杨：《模糊政策的政策执行研究——以中国社会化养老政策为例》，载《公共管理学报》2015 年第 2 期。

［14］欧阳静：《运作于压力型科层制与乡土社会之间的乡镇政权：以桔镇为研究对象》，载《社会》2009 年第 5 期。

［15］寇浩宁：《政策何以落实？——政策执行研究的源起、演进及主要理论》，载《广东行政学院学报》2014 年第 4 期。

［16］宁国良：《论公共政策执行偏差及其矫正》，载《湖南大学学报（社会科学版）》2000 年第 3 期。

［17］周芬芬：《地方政府在农村中小学布局调整中的执行策略》，载《教育与经济》2006 年第 3 期。

［18］马翠军：《国家治理与地方性知识：政策执行的双重逻辑——兼论"政策执行"研究现状》，载《中共福建省委党校学报》2015 年第 8 期。

［19］何艳玲、汪广龙：《不可退出的谈判：对中国科层组织"有效治理"现象的一种解释》，载《管理世界》2012 年第 12 期。

［20］马翠军：《加强中央监督地方权力的思路创新》，载《领导科学》2013 年第 11 期。

［21］寇浩宁：《村庄社会基础与农村低保办理模式——基于三个调查村庄的比较》，载《江汉论坛》2015 年第 8 期。

［22］尹利民、全文婷：《村委会选举、目标管理与"治理乱象"：多重逻辑下的基层治理——以新华村第八届村委会换届选举为切入视角》，载《中国农村研究》2013 年第 1 期。

［23］丁煌：《利益分析：研究政策执行问题的基本方法论原则》，载《广东行政学院学报》2004 年第 3 期。

［24］折晓叶、陈婴婴：《项目制的分级运作机制和治理逻辑——对"项目进

村"案例的社会学分析》，载《中国社会科学》2011 年第 4 期。

[25] 李祖佩：《项目下乡、乡镇政府"自利"与基层治理困境——基于某国家级贫困县涉农项目运作的实证分析》，载《南京农业大学学报（社会科学版）》2014 年第 5 期。

[26] 王国红：《公共权力失范与政策执行失序》，载《学术论坛》2007 年第 9 期。

[27] 丁煌、杨代福：《政策网络、博弈与政策执行：以我国房价宏观调控政策为例》，载《学海》2008 年第 6 期。

[28] 王家峰：《作为设计的政策执行——执行风格理论》，载《中国行政管理》2009 年第 5 期。

[29] 彭华安：《独立学院政策执行困境研究——多重制度逻辑的视角》，载《复旦教育论坛》2012 年第 4 期。

[30] 邹东升、陈达：《公共政策执行困境的解决之道：宏观逻辑与微观机制的统一》，载《探索》2007 年第 2 期。

[31] 唐睿、肖唐镖：《农村扶贫中的政府行为分析》，载《中国行政管理》2009 年第 3 期。

[32] 应小丽、钱凌燕：《"项目进村"中的技术治理逻辑及困境分析》，载《行政论坛》2015 年第 3 期。

[33] 印子：《治理消解行政：对国家政策执行偏差的一种解释——基于豫南 G 镇低保政策的实践分析》，载《南京农业大学学报（社会科学版）》2014 年第 3 期。

[34] 李博：《项目制扶贫的运作逻辑与地方性实践——以精准扶贫视角看 A 县竞争性扶贫项目》，载《北京社会科学》2016 年第 3 期。

[35] 许汉泽：《精准扶贫与动员型治理：基层政权的贫困治理实践及其后果——以滇南 M 县"扶贫攻坚"工作为个案》，载《山西农业大学学报（社会科学版）》2016 年第 8 期。

[36] 邢成举：《压力型体制下的"扶贫军令状"与贫困治理中的政府失灵》，载《南京农业大学学报（社会科学版）》2016 年第 5 期。

[37] 朱亚鹏、刘云香：《制度环境、自由裁量权与中国社会政策执——以 C 市城市低保政策执行为例》，载《中山大学学报（社会科学版）》2014 年第 6 期。

[38] 吴毅：《"双重角色""经纪模式"与"守夜人"和"撞钟者"》，载《开放时代》2001 年第 12 期。

[39] 徐勇：《村干部的双重角色：代理人与当家人》，载《二十一世纪（香港）》1997 年 8 月号总第 42 期。

[40] 杨善华：《家族政治与农村基层政治精英的选拔、角色定位和精英更替——一个分析框架》，载《社会学研究》2000 年第 3 期。

[41] 郑明怀：《"引领者""当家人""经营者"：富豪村干部角色研究》，载《唯实》2011 年第 1 期。

[42] 王思斌：《村干部的边际地位与行为分析》，载《社会学研究》1991 年第 4 期。

[43] 杨善华、苏红：《从"代理型政权经营者"到"谋利型政权经营者"》，载《社会学研究》2002 年第 1 期。

[44] 周飞舟：《从汲取型政权到"悬浮型"政权——税费改革对国家与农民关系之影响》，载《社会学研究》2006 年第 3 期。

[45] 程同顺：《村民自治中的乡村关系及其出路》，载《调研世界》2001 年第 7 期。

[46] 王荣武、王思斌：《乡村干部之间的交往结构分析——河南省一乡三村调查》，载《社会学研究》1995 年第 3 期。

[47] 强世功：《"法律不入之地"的民事调解——一起"依法收贷"案的再分析》，载《比较法研究》1998 年第 3 期。

[48] 孙立平、郭于华：《"软硬兼施"：正式权力的非正式运作的过程分析》，载《清华社会学评论》特辑 2000 年。

[49] 陈丽君、傅衍：《我国公共政策执行逻辑研究述评》，载《北京行政学院学报》2016 年第 5 期。

[50] 张群梅：《村委会农地流转政策的执行逻辑及其规制——基于街头官僚

视角》，载《河南大学学报（社会科学版）》2014 年第 1 期。

[51] 贺雪峰：《论半熟人社会——理解村委会选举的一个视角》，载《政治学研究》2000 年第 3 期。

[52] 涂锋：《从执行研究到治理的发展：方法论视角》，载《公共管理学报》2009 年第 3 期。

[53] 张静：《关于街头官僚理论研究的文献综述》，载《牡丹江大学学报》2013 年第 2 期。

[54] 曹长义：《街头官僚：基于国内研究文献的述评》，载《山东行政学院学报》2014 年第 12 期。

[55] 周定财：《街头官僚理论视野下我国乡镇政府政策执行研究——基于政策执行主体的考察》，载《湖北社会科学》2010 年第 5 期。

[56] 于伟：《街头官僚控制的困境：以我国房地产调控问题为例》，载《前沿》，2008 年第 1 期。

[57] 韩志明：《街头官僚的空间阐释：基于工作界面的比较分析》，载《武汉大学学报（哲学社会科学版）》2010 年第 4 期。

[58] 韩志明：《街头官僚及其行动的空间辩证法：对街头官僚概念与理论命题的重构》，载《经济社会体制比较研究》2010 年第 3 期。

[59] 陈建：《从管制到治理：我国街头官僚转型探析》，载《安徽行政学院学报》2014 年第 4 期。

[60] 刘升：《街头官僚制定政策的机制研究——以 A 市城管为例》，载《云南行政学院学报》2016 年第 1 期。

[61] 杨卫玲：《街头官僚政策执行的失灵及其矫正——基于制度分析的视角》，载《领导科学》2012 年第 1 期。

[62] 林卡、范晓光：《贫困和反贫困——对中国贫困类型变迁及反贫困政策的研究》，载《社会科学战线》2006 年第 1 期。

[63] 王雨磊：《数字下乡：农村精准扶贫中的技术治理》，载《社会学研究》2016 年第 6 期。

[64] 左停、杨雨鑫、钟玲：《精准扶贫：技术靶向、理论解析和现实挑战》，

载《贵州社会科学》2015 年第 8 期。

[65] 陈元：《农村扶贫中非政府组织的参与》，载《农业经济》2007 年第 6 期。

[66] 沈红：《中国贫困研究的社会学评述》，载《社会学研究》2000 年第 2 期。

[67] 黄承伟、覃志敏：《论精准扶贫与国家扶贫治理体系建构》，载《中国延安干部学院学报》2015 年第 1 期。

[68] 冯仕政：《中国国家运动的形成与变异：基于政体的整体性解释》，载《开放时代》2011 年第 1 期。

[69] 陈楚洁：《动员式治理中的政府组织传播：南京个案》，载《重庆社会科学》2009 年第 9 期。

[70] 狄金华：《通过运动进行治理：乡镇基层政权的治理策略》，载《社会》2010 年第 3 期。

[71] 黄科：《运动式治理：基于国内研究文献的述评》，载《中国行政管理》2013 年第 10 期。

[72] 唐贤兴：《政策工具的选择与政府的社会动员能力——对"运动式治理"的一个解释》，载《学习与探索》2009 年第 3 期。

[73] 唐皇凤：《常态社会与运动式治理——中国社会治安治理中的"严打"政策研究》，载《开放时代》2007 年第 3 期。

[74] 曹龙虎：《国家治理中的"路径依赖"与"范式转换"：运动式治理再认识》，载《学海》2014 年第 3 期。

[75] 倪星、原超：《地方政府的运动式治理是如何走向"常规化"的？——基于 S 市市监局"清无"专项行动的分析》，载《公共行政评论》2014 年第 2 期。

[76] 付伟、焦长权：《"协调型"政权：项目制运作下的乡镇政府》，载《社会学研究》，2015 年第 2 期。

[77] 欧阳静：《"维控型政权"：多重结构中的乡镇政权特性》，载《社会》2011 年第 3 期。

[78] 欧阳静：《压力型体制与乡镇的策略主义逻辑》，载《经济社会体制比较》2011 年第 3 期。

[79] 贺雪峰：《村级权力的利益网络》，载《社会科学辑刊》2001 年第 4 期。

[80] 贺雪峰、徐扬：《村级治理：要解决的问题和可借用的资源》，载《中国农村观察》1999 年第 3 期。

[81] 金太军、董磊明：《近年来的中国农村政治研究》，载《政治学研究》1999 年第 4 期。

[82] 贺东航、谢伟民：《中国共产党与现代国家互动历程研究》，载《经济社会体制比较（双月刊）》2011 年第 4 期。

[83] 项继权：《乡村关系的调适与嬗变——河南南街、山东向高和甘肃方家泉村的考察分析》，载《华中师范大学学报（人文社会科学版）》1998 年第 2 期。

[84] 赵晓峰：《粮食直补政策的实践反思与展望》，载《调研世界》2008 年第 7 期。

[85] 狄金华：《情境构建与策略表达：信访话语中的国家与农民——兼论政府治理上访的困境》，载《中国研究》2013 年第 2 期。

[86] 李猛：《从帕森斯时代到后帕森斯时代的西方社会学》，载《清华大学学报（哲学社会科学版）》1996 年第 2 期。

[87] 荣敬本：《变"零和博弈"为"双赢机制"——如何改变压力型体制》，载《人民论坛》2009 年第 1 期。

[88] 苟天来、左停：《从熟人社会到弱熟人社会——来自皖西山区村落人际交往关系的社会网络分析》，载《社会》2009 年第 1 期。

[89] 陆益龙：《后乡土性：理解乡村社会变迁的一个理论框架》，载《人文杂志》2016 年第 11 期。

[90] 张全红、张建华：《中国农村贫困变动：1981—2005——基于不同贫困线标准和指数的对比分析》，载《统计研究》2010 年第 2 期。

[91] 杨龙、李萌、汪三贵：《我国贫困瞄准政策的表达与实践》，载《农村经济》2015 年第 1 期。

［92］汪三贵、Albert Park：《中国农村贫困人口的估计与瞄准问题》，载《贵州社会科学》2010 年第 2 期。

［93］赵树凯：《乡村关系：在控制中脱节》，载《华中师范大学学报（人文社会科学版）》2005 年第 5 期。

［94］吴理财：《从农业社会税费征收视角审视乡村社会的变迁》，载《中州学刊》2005 年第 6 期。

［95］郑怀明：《乡村博弈的张力："逆保护"的分析框架》，载《湖北社会科学》2008 年第 8 期。

［96］王荣武、王思斌：《乡村干部的交往结构分析——河南省一乡三村调查》，载《社会学研究》1995 年第 3 期。

［97］王伊欢、叶敬忠：《农村发展干预的非线性过程》，载《农业经济问题》2005 年第 7 期。

［98］李棉管：《技术难题、政治过程与文化结果——"瞄准偏差"的三种研究视角及其对中国"精准扶贫"的启示》，载《社会学研究》2017 年第 1 期。

［99］陈心想：《从陈村计划生育中的博弈看基层社会运作》，载《社会学研究》2004 年第 3 期。

［100］马良灿：《农村产业化项目扶贫运作逻辑与机制的完善》，载《湖南农业大学学报（社会科学版）》2014 年第 3 期。

［101］王蒙、李雪萍：《行政吸纳市场：治理情境约束强化下的基层政府行为——基于湖北省武陵山区 W 贫困县产业扶贫的个案研究》，载《中共福建省委党校学报》2015 年第 10 期。

［102］肖唐镖、董磊明、邱新有、唐晓腾：《中国乡村社会中的选举——对江西省 40 个村委会选举的一项综合调查》，载《战略与管理》2001 年第 5 期。

［103］朱明国：《基层民主自治进程中乡村计划生育政策落实的困境及出路——基于基层治理中"不出事逻辑"的分析视角》，载《南方人口》2014 年第 1 期。

［104］刘祖云、孔德斌：《乡村软治理：一个新的学术命题》，载《华中师范大学学报（人文社会科学版）》2013 年第 3 期。

［105］高庆鹏、胡拥军：《集体行动逻辑、乡土社会嵌入与农村社区公共产品供给——基于演化博弈的分析框架》，载《经济问题探索》2013 年第 1 期。

［106］王猛：《经济理性、制度结构与乡土逻辑：农村政策执行中的"共谋"现象研究》，载《湖北社会科学》2016 年第 2 期。

［107］赵树凯：《乡镇政府的应酬政治》，载《经济管理文摘》2006 年第 12 期。

［108］吴毅：《迎检的游戏》，载《读书》2007 年第 6 期。

［109］何绍辉：《目标管理责任制：运作及其特征——对红村扶贫开发的个案研究》，载《中国农业大学学报（社会科学版）》2010 年第 4 期。

［110］王汉生、王一鸽：《目标管理责任制：农村基层政权的实践逻辑》，载《社会学研究》2009 年第 2 期。

［111］杨雪冬：《压力型体制：一个概念的简明史》，载《社会科学》2012 年第 11 期。

［112］荣敬本：《"压力型体制"研究的回顾》，载《经济社会体制比较》2013 年第 6 期。

［113］周黎安：《中国地方官员的晋升锦标赛模式研究》，载《经济研究》2007 年第 7 期。

［114］周飞舟：《锦标赛体制》，载《社会学研究》2009 年第 3 期。

［115］金太军、沈承诚：《政府生态治理、地方政府核心行动者与政治锦标赛》，载《南京社会科学》2012 年第 6 期。

［116］李林倬：《基层政府的文件治理——以县级政府为例》，载《社会学研究》2013 年第 4 期。

［117］谢岳：《文件制度：政治沟通的过程与功能》，载《上海交通大学学报（哲学社会科学版）》2007 年第 6 期。

［118］罗大蒙、任中平：《国乡镇基层政权中的文件政治：象征、效能与根

源——G 乡的表达》，载《学习论坛》2015 年第 9 期。

［119］赵树凯：《乡镇政府的应酬生活——10 省（区）20 个乡镇的调查》，载
　　　　《红旗文稿》2005 年第 10 期。

［120］施从美：《"文件政治"：当下中国乡村治理研究的新视角》，载《江苏
　　　　社会科学》2008 年第 1 期。

三、外文文献

［1 ］ Elmore R F. "Backward mapping：Implementation research and policy
　　　 decisions". *Political Science Quarterly*，Vol. 94，No. 4，1980.

［2 ］ Hjern B，Porter D O. "Implementation structures：A new unit of adminis-
　　　 trative analysis". *Organization Studies*，Vol. 2，No. 3，1981.

［3 ］ Matland R E. "Synthesizing the implementation literature：The ambiguity-
　　　 conflict model of policy implementation". *Journal of Public Administration
　　　 Research and Theory*，Vol. 5，No. 2，1995.

［4 ］ O'Brien，Kevin J，Lianjiang Li. "selective policy implementation in rural
　　　 China". *Comparative Politic*，Vol. 31，No. 2，1999.

［5 ］ Michacl Lipsky. *Street-level bureaucracy*. New York：Russell Sage Foundation，
　　　 1980.

［6 ］ Lipsky M. "Toward a theory of street-level bureaucracy". *University of
　　　 Wisconsin*，1969.

［7 ］ Lipsky M. "Street-level bureaucracy and the analysis of urban reform". *Urban
　　　 Affairs Review*，Vol. 6，No. 4，1971.

［8 ］ Lipsky M. *Street-level bureaucracy：Dilemmas of the individual in public services*.
　　　 New York：Russell Sage Foundation，1980.

［9 ］ Meyers M K，Vorsanger S. "Street-level bureaucrats and the implementation of
　　　 public policy". In B G Peters，J Pierre（Eds.），*Handbook of public
　　　 administration*. London，UK：Sage，2003.

［10］ Vinzant J C，Crothers L. *Street-level leadership：Discretion and legitimacy in
　　　 front-line public service*. Washington，DC：Georgetown University Press，1998.

[11] Behn R D. *Rethinking democratic accountability*. Washington, DC: Brookings Institution, 2001.

[12] Hupe P, Hill M. "Street-level bureaucracy and public accountability". *Public administration*, Vol. 85, No. 2, 2007.

[13] Brehm J, Gates S. *Working, shirking, and sabotage: Bureaucratic response to a democratic public*. Ann Arbor, MI: University of Michigan Press, 1997.

[14] Maynard-Moody S, Musheno M. *Cops, teachers, counsellors: Narratives of street-level judgment*. Ann Arbor, MI: University of Michigan Press, 2003.

[15] Moore, Scott. "The theory of street-level bureaucracy: A positive critique". *Administration & Society*, Vol. 19, No. 1, 1983.

[16] Riccucci N M. *How management matters: street-level bureaucrats and welfare reform*. Washington D. C: Georgetown University Press, 2005.

[17] Scott P G. "Assessing determinants of bureaucratic discretion: An experiment in street-level decision-making". *Journal of Public Administration Research and Theory*, 1997 (7).

[18] Kim Loyens, Jeroen Maesschalck. "Toward a theoretical framework for ethical decision making of street-level bureaucracy: existing models reconsidered". *Administration & Society*, Vol. 42, No. 1, 2010.

[18] Kaufman H. *The forest ranger: A study in administrative behavior*. Baltimore, MD: Johns Hopkins University Press, 1960.

[19] Handler J F, Hollingsworth E J. *The "deserving poor": A study of welfare administration*. Markham Pub. Co, 1971.

[20] Davis K C. *Discretionary justice: A preliminary inquiry*. Baton Rouge, LA: Louisiana State University Press, 1969.

[21] Galligan D J. *Discretionary powers: A legal study of official discretion*. Oxford, UK: Clarendon, 1990.

[22] Hawkins K. *The uses of discretion*. Oxford, UK: Clarendon, 1992.

[23] Baldwin R. *Rules and government*. Oxford, UK: Oxford University

Press, 1995.

[24] Jowell J. *The legal control of administrative discretion*. Public Law, 1973.

[25] Dimaggio P J, Powel W. The iron cage revisited: Institutional isomorphism and collective rationality in organizational field. *American Sociological Review*, Vol. 48, No. 3, 1983.

[26] Satyamurti C. *Occupational survival: The case of the local authority social worker*. Oxford, UK: Blackwell, 1981.

[27] Davis K C. *Discretionary justice: A preliminary inquiry*. Baton Rouge, LA: Louisiana State University Press, 1969.

[28] Brigham J, Brown D W. *Policy implementation: Penalties or incentives*. Beverly Hills, CA: Sage, 1980.

[29] Deutsch K. "On theory and research in innovation". In R. Merrit, A. Merrit (Eds.), *Innovation in the public sector*. Beverly Hills, CA: Sage, 1985.

[30] Handler J F. *The conditions of discretion: Autonomy, community, bureaucracy*. New York, NY: Russell Sage, 1986.

[31] Lincoln Y. *Organization theory and inquiry: The paradigm revolution*. Beverly Hills, CA: Sage, 1985.

[32] Fineman S. *Street-level bureaucrats and the social construction of environmental control*. Organization Studies, 1998, 19.

[33] Nielsen V L. "Are street-level bureaucrats compelled or enticed to cope". Public administration, Vol. 84, No. 4, 2006.

[34] Bull D. "The anti-discretion movement in Britain: Fact or phantom?" *Journal of Social Welfare Law*, 1980 (3).

[35] Hupe P, Hill. M. Street-level bureaucracy and public accountability. Public Administration, Vol. 2, No. 2, 2007.

[36] Moody, Steven M, Suzanne Leland. *Stories from the lines of public management: Street -level workers as responsible actors. Washington*. D. C. : Georgetown University Press, 2000.

［37］ Bovens, Mark, Stavros Zouridis. "From street-level to system-level bureaucracies". *Public Administration Review*, Vol. 62, No. 2, 2002.

［38］ Blumer, Herbert. *Symbolic interactionism: perspective and method*. University of California Press, 1986.

［39］ Garfinkel H. *Studies in ethnomethodology*. Prentice Hall, 1967.

［40］ Erving Goffman. *Behaviour in public places*. New York: Free Press, 1963.

［41］ M. Merleau-Ponty. *Phenomenology of perception*. London: Routledge, 1974.

［42］ H. D. Lasswell and A. Kaplan. *Power and society*. Mc Graw-Hill Books Co.. 1963.

［43］ Andreas J. "The Structure of charismatic mobilization: A case study of rebellion during the chinese cultural revolution". *American Sociological Review*, Vol. 72, No. 3, 2007.

［44］ Whyte M. "Who hates bureaucracy? A chinese puzzle". In Nee V, Stark D, Selden M. Eds. *Remarking the economic institutions of socialism: China and Easter Europe*. Stanford, Calif: Stanford University Press, 1989.

［45］ Wu Guoguang. "Documentary politics: Hypotheses, process, and case studies". In Carol L Hamrin, Suisheng Zhao. *Decision-Making in Deng's China*. New York: M. E. Sharpe, Inc. , 1995.

四、其他文献

［1］ 沈洋：《社会资本视角下的农业产业化扶贫研究——以恩施自治州 J 县为例》，华中师范大学 2013 年博士学位论文。

［2］ 杨亮承：《扶贫治理的实践逻辑——场域视角下扶贫资源的传递与分配》，中国农业大学 2016 年博士学位论文。

［3］ 尤琳：《中国乡村关系——基于国家治能的检讨》，华中师范大学 2013 年博士学位论文。

［4］ 王荣武：《乡村干部与农村政策运行：河南省花乡的实地研究》，北京大学 1996 年硕士学位论文。

［5］ 刘杰：《权力结构与个体行动：公务员日常公务行为研究》，复旦大学

2013 年博士学位论文。

［6］夏春林：《形象资本与村干部的地位维持策略：对山东一个村庄的实地研究》，北京大学 1998 年硕士学位论文。

［7］《国务院关于印发"十三五"脱贫攻坚规划的通知》，载《中华人民共和国国务院公报》2016 第 35 期。

［8］《省人民政府办公厅关于印发〈贵州省现代高效农业示范园区建设 2015 年工作方案〉的通知》，载《贵州省人民政府公报》2015 年第 6 期。

［9］《建立精准扶贫工作机制实施方案》（国开办发〔2014〕30 号）。

［10］《中共贵州省委办公厅 贵州省人民政府办公厅引发〈关于以改革创新精神扎实推进扶贫开发工作的实施意义〉的通知》（黔党办发〔2014〕23 号）。

［11］《中共贵州省委办公厅 贵州省人民政府办公厅关于印发〈贵州省贫困县党政领导班子和领导干部经济社会发展实绩考核办法〉的通知》（黔党办发〔2014〕6 号）。

［12］《贵州省扶贫开发领导小组〈关于建立贫困县约束机制的工作意见〉》（黔扶领〔2015〕8 号）。

［13］《中共贵州省委 贵州省人民政府〈关于坚决打赢扶贫攻坚战确保同步全面建成小康社会的决定〉》（黔党发〔2015〕21 号）。

［14］《省人民政府办公厅关于印发贵州省大扶贫战略行动监测评价方案的通知》（黔府办发〔2016〕49 号）。

［15］陈诗宗：《盘县：坚决打赢脱贫攻坚战》，载《贵州日报》2016 年 4 月 6 日。

［16］谢振华：《莫让"表格"误扶贫（今日谈）》，载人民网，http：//opinion. people. com. cn/n1/2016/1211/c1003-28940043. html。

［17］《习近平：把群众安危冷暖时刻放在心上》，载新华网，http：//news. xinhuanet. com/politics/2012-12/30/c_114206411. htm。

［18］新华网授权发布：《中共中央 国务院关于打赢脱贫攻坚战的决定》，载新华网，http：//news. xinhuanet. com/politics/2015-12/07/c _ 11173839

87. htm。

[19] 新华网：国家统计局：改革开放以来我国农村贫困人口减少 7 亿，载新华网，http：//news. xinhuanet. com/politics/2015-10/16/c ＿ 1116848645. htm。

[20] 中华人民共和国中央人民政府：《中华人民共和国村民委员会组织法》，载中国政府网，http：//www. gov. cn/flfg/2010-10/28/content ＿ 173298 6. htm。

附　　录

一、乡镇干部访谈提纲

1. 请介绍下您及所在乡镇的基本情况、贫困人口以及精准扶贫政策的实施概况。

2. 请介绍下所在乡镇政府机构的概况。（包括人员组成、结构、职能分工、干部常居地区、对于村庄发展的态度等）

3. 请介绍下所在乡镇 2000 年以来扶贫开发的基本历程和重要事件。

4. 请介绍下当前乡镇下辖贫困村开展精准扶贫政策执行的基本情况。（包括贫困人口识别、扶贫项目实施、上级检查考核等方面）

5. 请介绍下乡镇主要的扶贫项目开展情况。（包括项目来源、申请或获得程序途径、分配瞄准过程、具体运作过程、评估验收情况等）

6. 请介绍下乡镇干部以及村庄干部在精准扶贫政策执行中承担的具体职责。

7. 请介绍下村民（普通村民及贫困人口等不同群体）对于地区精准扶贫政策执行的认知和态度。

8. 请谈一下当前精准扶贫政策执行与之前地区开展村庄贫困治理的异同点。

9. 请谈一下您在精准扶贫政策执行中所承担的具体工作内容或指责。

10. 请评价一下当前精准扶贫政策的执行过程和执行效果。

11. 请谈一下乡镇及村庄在精准扶贫政策执行中分别遇到怎样的困难和阻

力，又是如何解决和应对的。

12. 请谈一下精准扶贫政策执行对于乡镇和村庄干部工作方式以及基层治理的影响。

二、村庄干部访谈提纲

1. 请介绍下您及所在村庄的基本情况、贫困人口以及精准扶贫政策的实施概况。

2. 请介绍下所在村委会及村民小组概况。（人员组成、结构、职能分工、常居地区、对于村庄发展态度）

3. 请介绍下所在村庄 2000 年以来扶贫开发的历程、重要事件。

4. 请谈一下您及村委会在精准扶贫政策执行中承担的职责。

5. 请介绍下当前所在村庄精准扶贫政策执行的基本情况。（包括贫困人口识别、扶贫项目实施、上级检查考核等方面）

6. 请介绍下村庄村庄扶贫项目开展的具体情况。（项目来源、申请或获得程序途径、分配瞄准过程、具体运作过程、评估验收情况等）

7. 请介绍下村民（普通村民及贫困人口等不同群体）对于村庄精准扶贫政策执行的认知和态度。

8. 请谈一下当前精准扶贫政策执行与之前村庄贫困治理的异同点。

9. 请谈一下您在精准扶贫政策执行中所承担的具体工作内容或职责。

10. 请评价一下当前精准扶贫政策在村庄层面的执行过程和执行效果。

11. 请谈一下村庄在精准扶贫政策执行中分别遇到怎样的困难和阻力，又是如何解决和应对的。

12. 请谈一下精准扶贫政策执行对于乡镇以及村庄干部工作方式以及村庄治理的影响。

三、村民访谈提纲

1. 请介绍下您及所在村庄的基本情况以及精准扶贫政策的实施概况。

2. 请介绍下所在村庄 2000 年以来扶贫开发的历程、重要事件。

3. 请谈一下您觉得乡镇和村委会在精准扶贫政策执行中应承担怎样的职责。

4. 请介绍下当前所在村庄精准扶贫政策执行的基本情况。（包括贫困人口识别、扶贫项目实施、上级检查考核等方面）

5. 请介绍下您参与村庄精准扶贫政策执行的具体内容和过程。（如贫困人口识别、扶贫项目实施、上级检查考核等方面）

6. 请谈一下村民（普通村民及贫困人口等不同群体）对于村庄精准扶贫政策执行的认知和态度。

7. 请谈一下当前精准扶贫政策执行与之前村庄贫困治理的异同点。

8. 请评价一下当前精准扶贫政策在村庄层面的执行过程和执行效果。

9. 请谈一下村庄在精准扶贫政策执行中分别遇到怎样的困难和阻力，乡村干部又是如何解决和应对的。

10. 请谈一下精准扶贫政策执行对于乡镇以及村庄干部工作方式以及村庄治理的影响。

11. 请谈一下您认为好的贫困治理政策执行是怎样的。

12. 请谈一下您理想中好的乡镇干部和村庄干部是怎样的形象。

后　记

　　曾经最希望写到的后记，却是书稿统稿后，迟迟未敢下笔的部分。本书是在我的博士学位论文基础上修改而成的。自 2017 年 6 月博士毕业离开武汉华中师范大学的校园，不觉已经三年。时间仿佛倏忽而逝，却又似乎经历满满。在此期间，我经历了短暂的求职、离职、申请博士后、进站、出站、求职、入职，也从一个二十几岁的大龄女博士变成了一位妻子、母亲。似乎都已经不太记得那段写博士论文的日子，每天仿佛都伴随着熬夜、紧张和焦虑，恨不能将这个过程压缩、穿越和整段过渡。却清晰记得在论文第一次统稿修改快要结束时，看着文档上字数统计出现的数字，莫名感到一阵激动和感慨。回忆此间焦虑怅惘的过往，在那么一刻突然觉得曾经的付出是那样深刻有意义。

　　读博之初，导师就提醒我及早做好选题，以便三年的学习中能够多多进行研究问题的观察和分析。还记得那时候自己向导师提交的三份选题，其中之一就是乡镇在扶贫开发过程中的角色和地位。这是从攻读硕士学位以来在多次调研中引发我思考的一个问题，并在日常学习中进行了一定的文献积累。仓促开题时一波三折，反反复复，最后竟然回到了最初的研究兴趣，能够做自己喜欢的研究，不得不说是我的一种幸运。后来的时间，也是跟随老师，不断加深和拓展着有关贫困及农村发展问题的研究认识，并成为我未来研究的主要方向。

　　回望华师六年的学习，特别感谢我的导师黄承伟研究员。老师虽然没有长期在华师的校园里，但多年来我们师生的交流从邮件、电话、短信到微信，在无数次的往来邮件和信息里传递着老师对于学生的指导和帮助。特别是博二下学期到博三上学期，在中国国际中心和全国扶贫宣传教育中心实习期间，能够在老师办公室的隔壁，耳濡目染、亲身感受老师的谆谆教诲，是读博期间的又

214

一幸运。及至毕业后到北京师范大学从事博士后研究，更是有幸经常得到老师的指导点拨，也在细碎日常的交流相处中更加熟悉亲近。老师学识渊博，对待研究和工作认真、勤奋且谨慎，在长期的实践工作和理论研究中积累了丰富的扶贫研究基础，并一直保持着关注国家社会发展以及时刻更新知识的学习习惯。对待学生更是细心且耐心，不仅尽心指导和帮助我的学习研究，也同师母一起关心我的生活和健康。老师不仅是恩师，也是亲切的长辈。毕业后三年来，遇到各种"风风雨雨"，老师一句"解决困难的办法总比困难多"总能在各种困境中给予我宽慰支持。愿及秋果硕，桃李报春风，黄老师不仅仅是一名优秀的博士生导师，更是值得学生一生仰望和感激的人生导师。本书的出版，希望也是对导师多年来谆谆教导的一次成果汇报。

在此，还要感谢母校华中师范大学的江立华教授、陆汉文教授、符平教授以及李亚雄教授，感谢各位老师在博士论文开题时给予的有益意见和启发。特别是陆老师、符老师以及李雪萍老师、徐晓军老师、吕方老师、刘杰老师在我论文开题、写作以及后期修改过程中给予的多次指导和建议。感谢夏玉珍老师、郑广怀老师、张兆曙老师等社会学院所有的老师们，感谢他们在学院论文评审环节的认真评阅，以及六年来每一次课堂上的认真教导。感谢翟娟、汪玉玲两位辅导员老师对我学习及生活的诸多关心和帮助。感谢现在华中科技大学的向德平教授，向老师是我硕士期间的在校指导老师，其虽然离开了华师，但一直是我学习、研究过程中的可敬良师，是我生活、工作中可以寻求意见、支持的亲切长辈。

感谢我的师姐周晶，硕博期间一起调研、学习、讨论和分享，参加和协助我进行博士论文的实地调查，给予我极大的支持和帮助。感谢已经毕业的师兄沈洋、覃志敏、向家宇、苏海，虽然大家远在各地，但在难得的相遇和调研过程中，或通过电话、邮件给予我很多的论文指导和信心鼓励。感谢华中农业大学的袁泉师兄、西北农林科技大学的王蒙师姐，感谢你们在论文选题、写作及修改过程中给予的真诚指导和建议。感谢学弟彭堂超多次与我进行论文的讨论、交流，与我分享了论文写作中的诸多想法和思路。

感谢北京师范大学经济与资源管理研究院张琦教授、关成华教授、韩晶教授、林卫斌教授、林永生副教授、宋涛副教授、万君副教授以及王颖老师、杨柳老师、徐佳佳老师、肖芝老师等所有老师和同事们，感谢经济与资源管理研究院中国扶贫研究院给予我从事博士后研究的平台和支持，感谢一起工作、学习，共同成长进步的所有"小伙伴们"，是在与他们一起学习、探讨的过程中逐渐深化了我的贫困研究。

感谢中国国际扶贫中心以及全国扶贫宣传教育中心的领导和同事们，感谢他们给予我实习工作中的包容、鼓励和帮助。北京实习的生活教会我太多东西。感谢贵州省扶贫办、盘州市扶贫局的领导和工作人员对我调研活动的支持和协助，感谢两河街道办、普古乡人民政府以及岩脚村、舍烹村的领导干部以及善良亲切的村民们。他们不仅为我的调研提供了大量的支持协助，也为我的论文提供了丰富的调研素材和叙述故事。及至今日，当时调研时结识的人们依然活跃在我的微信。也是通过他们的朋友圈，我看到哒拉仙谷和娘娘山的旅游日渐发展，看到舍烹入选了"中国美丽休闲乡村"，看到岩脚村主任的林果业初见成效，也看到我曾经借住农户的大嫂在家门口的幼儿园实现了就业……伴随脱贫攻坚进程不断推进，那些曾经封闭落后的贫困山村迎来了新的发展机遇，搭上了通往小康的列车。也希望乘着乡村振兴的春风，岩脚、舍烹以及更多的中国农村都能迎来更好的发展，真正实现"农业强、农村美、农民富"。

感谢同窗好友卜清平给予我的真诚帮助，感谢一起读博的刘小峰、李文君等同学，感谢你们与我一起度过的三年时光。感谢我的好友周亚、璐璐、黎晨、熠妹，以及室友芳姐，感谢你们在我读博过程中的支持和陪伴。感谢小师妹冯瑞英，总以一种乐观积极帮助和感染着身边人，同我一起调研，分享知识和生活种种。

感谢武汉大学出版社胡荣编辑，感谢她在出版本书过程中给予的诸多支持。特别是经逢全国新冠疫情期间，胡老师的职业水平和工作态度，让我非常钦佩。

最后要特别感谢我的家人，感谢父母一路支持我读到博士，他们的鼓励和信任是支撑我一直前行的动力，也给予了我每一次试图退缩时的温柔支持。感谢我的弟弟弟妹，在我不断求学期间承担了太多照顾父母、家人的责任。感谢从男友变成丈夫、变成孩子爸爸的我的先生闫伟，在我论文写作过程中常常以一个非社会学人的立场，努力理解我的论文和观点，甚至每每看到有关扶贫的新闻也要及时与我交流分享。感谢他严厉的监督，督促我按照约定时间完成论文的初稿和修改，感谢在我每一次的挫败、焦虑、失落和委屈时，给予我的开解、鼓励、支持与理解。感谢幼子闫熙，虽然有你的时间妈妈的工作时间变成了夜晚，但也因为你，拥有了点亮我们生活的最亮的星星。未来的生活，希望我们成为彼此踏实的信任、温暖的支持以及一直的陪伴。